MANFRED PORKERT
CHINA – KONSTANTEN IM WANDEL

MANFRED PORKERT

CHINA – KONSTANTEN IM WANDEL

MODERNE INTERPRETATIONEN
DER CHINESISCHEN KLASSIK

S. HIRZEL VERLAG STUTTGART
1978

CIP-Kurztitelaufnahme der Deutschen Bibliothek

Porkert, Manfred

China, Konstanten im Wandel : moderne Interpretationen d. chines. Klassik. – 1. Aufl. – Stuttgart: Hirzel, 1978.

ISBN 3-7776-0337-6

Alle Rechte vorbehalten
Ohne ausdrückliche Genehmigung des Verlages ist es auch nicht gestattet, das Werk oder einzelne Teile daraus nachzudrucken oder auf photomechanischem Wege (Photokopie, Mikrokopie usw.) zu vervielfältigen. © 1978 by S. Hirzel Verlag, Stuttgart.
Satz: Copo-Satz, Seeheim; Druck: Offsetdruckerei Proff & Co. KG, Bad Honnef
Printed in Germany

INHALT

Vorwort VII

Volksmentalität, Sprache, Schrift

Die zwei Gesichter Chinas....................... 1
Die chinesische Mentalität im Spiegel der Sprache 14
Die chinesische Schrift......................... 26

Religion und Philosophie

Die fortwährende Relevanz des chinesischen Denkens...... 31
Taoismus–Legende und Wirklichkeit................. 45
Konfuzianismus — Vergangenheit und Vermächtnis....... 58
Der Kosmos der chinesischen Kulte................. 71

Wissenschaft, Ideologie, Forschung

Die chinesische Lehre vom Menschen — Weisheit oder
  Wissenschaft?............................. 83
K'ang Yu-wei und seine Vorstellung von der Großen
  Gemeinsamkeit............................ 91
Was ist chinesische Wissenschaft?.................. 114
Die Reisen des Cheng Ho 127

Literatur, Theater

Die zwiespältige Rolle des Chiang Tzu-ya, der Zentralfigur im
  Feng-shen Yen-i 140
Die legitime Revolution. Die Bedeutung des politischen
  Umbruchs im chinesischen Volksbewußtsein......... 150
Räuber oder Rebell. Zur Typologie des chinesischen
  Revolutionärs............................. 162
Der Ehrenkodex des Aufständischen. Die Revolutionsethik im
  chinesischen Volksroman 172
Das chinesische Theater und sein Publikum 183

Über den Verfasser 198

VORWORT

Die vorliegende Sammlung enthält 16 deutschsprachige Aufsätze, die ich im Verlauf von fast zwei Jahrzehnten an verschiedener Stelle dargeboten hatte – als Funkvorträge, öffentliche Vorträge, wissenschaftliche Vorträge, Symposiumsbeiträge ... Diese Aufsätze haben Konstanten der chinesischen Kultur zum Gegenstand, wie sie uns im Alltagsleben, in der Sprache, Mentalität, Philosophie, Wissenschaft und Literatur eindringlich vor Augen treten.

Und zwar spreche ich von solchen Konstanten, von denen ich meine, daß sie für uns Menschen im Westen in der Gegenwart und absehbaren Zukunft hohe, ja höchste Bedeutung besitzen: die rationale Begründung und der praktische Vollzug der Normen zwischenmenschlichen Verhaltens, die Wahrnehmung und Berücksichtigung der allgemeinen menschlichen Grundstrebungen und Triebe und ihre harmonische Integration im Verhalten der Einzelpersönlichkeit sowie in der Ethik der Gemeinschaft.

Mit dieser Betrachtungsweise hebe ich ab gegenüber zwei weitverbreiteten Klischees, nämlich erstens, daß China ein Hort der „fernöstlichen Lebensweisheit" sei; oder, zweitens, daß sich in China heute der „neue Mensch" in einer „neuen Gesellschaft" schlechthin verkörpere.

Die Einsicht gewinnt an Boden, daß es uns jetzt weniger denn je an erbaulichen Maximen und Parolen fehlt, wohl aber an fundierten und ergreifenden Leitgedanken, welche unserer Individuation den ethischen Rückhalt und unserem Handeln seinen bleibenden Sinn verleihen. Nach meinem Empfinden lohnt daher der beträchtliche persönliche Einsatz, den jede echte sinologische Forschung erfordert, nur, wenn er letztlich eben jene rationale, zugleich vitale und lebensnahe Ethik klarer erkennen läßt, die im Reich der Mitte zu beispielhafter Vollendung gelangt ist.

Daß China als Kulturstaat eine längere historische Kontinuität als jedes andere, heute bestehende Gemeinwesen aufweist, ist unumstritten. Deshalb kann eine Aussage darüber, ob und welche Bedeutung den soziologischen Neubildungen in der Volksrepublik China auch für unsere Gesellschaft zukommt, nicht — wie heute die Regel — aus der bloßen Dokumentation der vergangenen drei oder vier Jahrzehnte gewonnen werden. Vielmehr bedarf sie der gründlichen, d.h. auf einem Quellenstudium fußenden Kenntnis positiver Details im Gefüge einer historischen Übersicht.

Bei solcher übergreifenden Betrachtungsweise schrumpfen auch momentane politische Gegensätze, die für den Alltag mancher in sie verstrickten Personen schlechthin allesbestimmend erscheinen, auf ihre wahre Proportion. Insofern bedarf das in den Aufsätzen zu beobachtende Nebeneinander von Aperçus aus den verschiedensten Ländern Ostasiens keiner weiteren Begründung.

Mein ausdrücklicher Dank geht an Herrn Vincent Sieveking, der mich für den Verlag bei der Auswahl der Aufsätze beraten und bei ihrer redaktionellen Gestaltung umsichtig unterstützt hat.

Paris, den 13. November 1977

Quellenhinweis: Alle nachfolgend abgedruckten Aufsätze sind zwischen 1960 und 1975 von einer westdeutschen Rundfunkanstalt gesendet und in der Regel auch in einer Zeitschrift abgedruckt worden.
Ausnahmen: *Die zwiespältige Rolle des Chiang Tzu-ya* ist 1970 in der Zeitschrift SINOLOGICA erschienen. Die lange Fassung des Aufsatzes über K'ang Yu-wei ist zwar bereits 1964 im Auftrag des Hessischen Rundfunks entstanden, jedoch in dieser Ausführlichkeit bisher weder gesendet, noch gedruckt worden.

Kleine Auswahlbibliographie

Die in der vorliegenden Sammlung behandelten Themen werden zwar in der heute greifbaren westlichen Chinaliteratur, die noch immer vorwiegend philologisch oder historisch orientiert ist und die weiterhin die Grundkonzepte des westlichen Denkens zum Maßstab für die Beurteilung auch der chinesischen Kultur nimmt, zumeist nur indirekt und kursorisch behandelt. Dennoch erscheint es uns richtig, auf die wichtigsten Teile dieser Literatur hinzuweisen. Dem kritischen Leser mag gerade aus dem Vergleich jener und unserer Interpretationen die Relevanz und Notwendigkeit einer neuen Sicht erst recht ins Bewußtsein treten.

Auch ist gerechterweise daran zu erinnern, daß, wenn wir heute manchen Aussagen früherer Autoren nur noch eine eingeschränkte Gültigkeit zuerkennen, dies einmal daher rührt, daß jenen vor sechs, ja selbst noch vor drei Jahrzehnten wesentlich bescheidenere philologische Hilfsmittel zu Gebote standen als uns heute; sodann aus der Tatsache, daß wir selbst, erst durch ihr Werk angeregt, gewissermaßen auf ihren Schultern stehend, unsere heutigen Ergebnisse vortragen können.

1. *Mentalität, Denken*
   Das im Kern noch heute unverändert gültige Standardwerk zu diesem Thema:
   Marcel Granet, *Das chinesische Denken*
   ist 1934 französisch erschienen und liegt seit 1963 in überarbeiteter deutscher Fassung, seit 1971 in zweiter Auflage vor (Piper).

2. *Philosophische Klassik*
   In deutscher Sprache vermitteln weiterhin die Übersetzungen
   Richard Wilhelms
   sowohl von den konfuzianischen als auch von den taoistischen Klassikern den deutlichsten Gesamteindruck. Seit 1910 sind hiervon viele Ausgaben und Auflagen erschienen. Derzeit verfügbar:
   Die Philosophie Chinas
   5 Bde. (Diederichs) sowie verschiedene Einzelausgaben.
   In englischer Sprache ist außerdem
   Arthur Waley, *Analects*
   [d.h. die Übersetzung der „Gespräche des Konfuzius" (*Lun-yü*)] zu empfehlen; ferner, als von den Prämissen her fragwürdiger, stofflich aber überaus reichhaltiger und damit anregender Überblick:
   Joseph Needham: *Science and Civilisation in China, Vol. 2: History of Scientific Thought*, 1956.

3. *Zeitgenössische Philosophie*
   K'ang Yu-wei: *Ta T'ung Shu*
   – unter diesem Titel liegt seit 1974 (Diederichs) eine gekürzte, aus dem Englischen übersetzte Paraphrase des „Buchs der großen Gemeinsamkeit" vor; sie kann zur erweiterten Orientierung dienen.

4. *Chinesische Romanklassiker*
   In deutscher Sprache vermitteln die verfügbaren Adaptierungen von Franz Kuhn (Insel Verlag), wie z.B.
   Die Räuber vom Liang-schan Moor [*Shui-hu*],
   Der Traum der Roten Kammer [*Hung-lou-meng*],
   Die Schwurbrüder vom Pfirsichgarten [*San-kuo yen-i*]
   im allgemeinen keinen authentischen Eindruck jener Werke: Kuhn übersetzt selten wörtlich, überspringt schwierige Passagen, verschiebt vollkommen die Akzente, kürzt die Werke auf ein Drittel und weniger ihres ursprünglichen Umfangs.
   Einen authentischen Eindruck vermitteln hingegen verschiedene englische Übersetzungen wie
   Wu Ch'eng-en: *Monkey*
   (übersetzt von Arthur Waley [*Hsi-yu-chi.*] – Deutsche Nachübersetzung dieser Waleyschen Fassung: *Der rebellische Affe,* 1961 in Rowohlts Klassiker erschienen, seit Jahren vergriffen).
   Gut gelungen ist auch die englische Gesamtübersetzung des
   Ju-lin wai-shih
   unter dem Titel *The Scholars,* 1957 und in Neuauflagen im Foreign Languages Press, Peking erschienen.
   Nicht zuletzt möchten wir auf die vorzügliche Einführung in die sechs berühmtesten chinesischen Romanklassiker hinweisen:
   C. T. Hsia: *The Classic Chinese Novel – A Critical Introduction*
   New York and London, 1968.

Hinweise zur Aussprache der chinesischen Wörter

In der vorliegenden Sammlung wird für chinesische Wörter durchwegs die in Wissenschaft und Publizistik weiterhin gebräuchlichste Umschrift, das sogenannte *Wade-Giles*-System verwendet.
Darin gilt:
1. Die Aussprache der Vokale (a, e, i, o, u, ü) erfolgt wie im Deutschen.
2. Doppelvokale sind separat zu artikulieren, also ei: e-i, ao: a-o, ou: o-u usw.
3. Die Aussprache der Konsonanten erfolgt im allgemeinen wie im Englischen; jedoch wird die Aspiration grundsätzlich durch ein ' angezeigt. Daraus folgert im Vergleich zum Deutschen z.B. cha = dscha, ch'a = tscha, chi = dji, ch'i = tschi, tao = dau, pi = bi, p'i = pi usw.
4. Besonderheiten: Die Verbindungen *zu* (in szu, tzu, tz'u) sowie *ih* (in shih, chih, ch'ih) zeigen an, daß ein schwacher Vokal ähnlich dem harten i des Russischen auf einen Zischlaut folgt.

DIE ZWEI GESICHTER CHINAS

Wohl kaum ein Mensch pflegt das Verhalten, das er gegenüber seinen Freunden und Vertrauten an den Tag legt, auch gegenüber der weiteren Öffentlichkeit beizubehalten. Dennoch besteht immer ein innerer Zusammenhang zwischen dem öffentlichen und dem familiären Auftreten einer Person. Deshalb weiß man, daß ein einigermaßen treffendes Charakterbild eines Menschen sich erst aus dem Vergleich seiner öffentlichen und seiner privaten Verhaltensweisen zeichnen läßt. Ein solcher Vergleich gestaltet sich schwierig, wenn uns wichtige Handlungen einer Person unzugänglich, und als Folge davon der Zusammenhang zwischen ihren ganz verschieden gerichteten Akten verdeckt bleibt. In einem solchen Fall sind wir mitunter versucht, von den „zwei Gesichtern" eines Menschen zu sprechen.

Die soeben beschriebene Erfahrung eines gespaltenen Verhaltenskodex findet sich nicht nur beim Einzelindividuum, sondern sie läßt sich, entsprechend gewandelt, auch bei Organismen höherer Art, bei den sozialen Gruppen beobachten: Familien, Berufsverbände, Landsmannschaften, Nationen, Kulturen verhalten sich nach innen – gegenüber ihren Mitgliedern – ganz anders als gegenüber den Fremden und Außenseitern. Auch hier also ist eine einigermaßen treffende Beurteilung nur durch einen Vergleich von Innen und Außen möglich.

China, seine Menschen und seine Kultur gelten bei uns bis heute als Inbegriff des Fremdartigen und Undurchschaubaren. Denn noch immer spiegeln die große Mehrzahl der zu diesem Thema erscheinenden Veröffentlichungen ausschließlich die Außenansicht des chinesischen Wesens. So besteht hinlänglich Grund, im folgenden zu versuchen, in typischen Aperçus die äußeren Eindrücke mit jenen Verhaltensweisen zu vergleichen, die Chinesen gegenüber den bekunden, der ihre Sprache spricht, ihre Überlieferungen kennt, ihre Empfindungen und Interessen teilt.

In Taipei, jener Großstadt von 1,8 Millionen Einwohnern, in der herkömmlicher chinesischer Lebensstil sich am wenigsten vermischt darstellt, sind die Straßen auf das genaueste beschildert – nicht nur die großzügigen Verkehrsachsen –, sondern auch die bescheideneren Gassen in den Wohngebieten am Stadtrand. Allerdings tragen die Straßenschilder grundsätzlich nur chinesische Zeichen. Nun dienen Straßenschilder in aller Welt vor allem der Orientierung des Ortsfremden. Zu den Ortsfremden zählen in Taipei ganz gewiß die etlichen Zehntausend nichtchinesischer Touristen, die jedes Jahr durchpassieren, die Tausende von Angehörigen der amerikanischen Garnison und natürlich auch das Personal der erst in letzter Zeit dahinschwindenden ausländischen diplomatischen Vertretungen – kurzum ein Heer von Fremden, in dem kaum einer auch nur ein einziges chinesisches Zeichen lesen kann. Wenn man bedenkt, was es bedeutet, daß alle Nichtchinesen in Taipei bereits für einen zwanglosen Stadtbummel auf bezahlte einheimische Helfer angewiesen sind, kann man sich vorstellen, um wieviel dürftiger und primitiver aller spontane Kontakt mit dem Land und seinen Menschen sich gestalten muß: er vollzieht sich nahezu ausschließlich über die Organe der Touristenindustrie, über das Personal von Fluggesellschaften und teuren Hotels, über die Fremdenführer und Antiquitätenhändler oder über die Dienstboten und Angestellten der ausländischen Haushalte.

Man glaube aber nicht, die ausschließlich chinesische Beschriftung der Straßen in Taipei sei die Panne einer Provinzialverwaltung. Sie ist vielmehr paradoxer Ausdruck der außerordentlichen Selbstzentriertheit der Chinesen. Erinnern wir uns hier, daß das alltägliche und gängige chinesische Wort für ‚China', ‚chinesisch': *chung-kuo*, wörtlich „Land der Mitte", „mittelländisch" ist. Die Selbstbezeichnung ‚wir Chinesen' *wo-men chung-kuo-jen*, bedeutet im vollen Wortsinn „wir Menschen des Lands der Mitte". Wenn der Chinese bereits durch bloße Nennung seines Volksnamens immer wieder daran erinnert wird, daß sein Land, sein Volk den Angelpunkt und Mittelpunkt aller menschlichen Kultur und politischen Ordnung darstellt, so bedeutet dies für ihn nicht eine bloße historische Reminiszenz oder gar einen linguistischen Zufall, sondern es ist ihm ein jeden Augenblick zu reproduzierendes Bewußtseinselement. Die folgende Episode unter vielen mag uns dies vor Augen führen.

Die chinesischen Kaiser hatten sich seit mehr als tausend Jahren als Kunstsammler betätigt. Was von ihren Schätzen die Feuersbrünste und Plünderungen überdauerte, die in Zeiten politischen Umbruchs auch den Kaiserpalast nicht verschonten, bildet die kaiserliche Palastsammlung, die 1912, nach dem Sturz der Monarchie, in den Besitz der chinesischen Republik überging. 1949 hatte die Regierung Chiang Kai-shek auf der Flucht vor den Kommunisten diese ganze Sammlung zusammen mit dem Inhalt der Kaiserlichen Archive auf die Insel Taiwan transportiert und zunächst in Speichern und Stollen verschlossen. Erst 1965 entschloß man sich im Aufwind einer als „Chinesische Kulturrenaissance" genannten Bewegung dazu, das sogenannte Palastmuseum *(Ku-kung Po-wu-kuan)* zu bauen, in dem jeweils ein kleiner Ausschnitt dieses nach Umfang und Wert beispiellosen Schatzes besichtigt werden kann. Seit seiner Eröffnung 1969 bildet dieses „Museum des Alten Palasts" eine Pilgerstätte für Kunstsinnige und Forscher der ganzen Welt, zugleich eine der wenigen Touristenattraktionen Taipeis. Ganz klar, daß dort auch die Taxifahrer beim Transport der Touristen und Besucher ein einträgliches Geschäft machen.

Als ich eines Mittags aus dem Museum trat, bot mir denn auch sogleich eine ganze Schar von Taxifahrern in passablem Englisch ihre Dienste an. Ich antwortete Chinesisch, sagte, daß ich keine Eile hätte, daß ich eigentlich mit dem Bus fahren wolle. Nach einigen Minuten des zwanglosen Plauderns machte man mir den Vorschlag: „Weil Sie so gut Chinesisch sprechen, fahren wir Sie mit 20 % Nachlaß auf die Taximeteranzeige!" – Dies war genau der Kulanzsatz, den die Einheimischen für längere Strecken – zu der die Fahrt vom Museum zur Stadt gewöhnlich nicht rechnete – zahlten. Die von den Taxifahrern für ihr Entgegenkommen gegebene Begründung war ebensowenig ein Geschäftstrick, wie die schon erwähnte rein chinesische Beschriftung der Straßenschilder das Versehen eines Verwaltungsbeamten darstellt. Solchem Verhalten liegt vielmehr die stillschweigende Annahme zu Grunde, daß chinesische Lebensart und chinesische Kultur die maßgebenden sind. Wer sich ihnen anbequemt, ist ein Mensch, wer ihrer unfähig ist, ein unkultivierter Ausländer, ein Barbar. Heute, wo viele der älteren Chinesen sich mühsam die Kenntnis einiger hundert Zeichen angeeignet haben und die Angehörigen der mittleren und jungen Generation durchweg lesen und schreiben können, verfallen die im übrigen nicht weiter gebildeten Durchschnittschinesen gegenüber den Besuchern aus westlichen Ländern einem ähnlichen Dünkel wie die europäischen Touristen in einem kaum zivilisierten Land: „Nicht einmal lesen und schreiben können diese Menschen!"

Die modernen Verkehrsmittel, die die menschliche Kraft der Fortbewegung vielfach überhöhen, wirken wie ein Vergrößerungsglas bei der Beobachtung der Temperamente, lassen sie doch den Ängstlichen noch ängstlicher, den Aggressiven noch aggressiver, den Bedachtsamen noch vorsichtiger, den Sorglosen noch unbekümmerter erscheinen. Wenn man den Chinesen im Straßenverkehr erlebt (Hongkong mit seiner englischen Verwaltung ist hier nicht ganz typisch), ist der erste Eindruck, daß jeder fährt und sich bewegt, als ob er allein auf der Straße sei; jeder nimmt sich seine Rechte. Verkehrszeichen und Regeln und selbst Ampeln versteht man als Orientierungshilfen, nicht als absolute und abstrakte Gesetze. Wenn an einer Ampelkreuzung kein Verkehr herrscht, werden nicht nur Radfahrer, sondern selbst Taxis und Busse nicht zögern, bei Rot in die Kreuzung einzufahren. Und gewiß käme in Taipei kein Fußgänger auf die Idee, sich durch ein Ampellicht aufhalten zu lassen. Dennoch ereignen sich, gemessen an der Dichte des Verkehrs, verhältnismäßig wenige Unfälle.

Wir erwähnten schon die „Selbstzentriertheit" der Chinesen und wir sagten „Selbstzentriertheit", nicht „Egozentrizität", weil letzterer Ausdruck eine ganz einseitige und stets abwertende Bedeutung hat, während das hier zu betrachtende Phänomen viel umfassender ist und mehrere, mindestens aber zwei Facetten hat. Auf den ersten Blick wirkt in der Öffentlichkeit die starke Selbstbezogenheit der Chinesen wie purer Eigennutz und Eigensinn. Wenn einer sieht, wie sich erwachsene Chinesen, die an einem Schalter warten, immer wieder vorzudrängen versuchen, wie sie in öffentlichen Verkehrsmitteln stracks auf die besten Plätze zusteuern, wird er einen hemmungslosen Egoismus unterstellen. Er übersieht dann aber, daß diese nach außen fordernde Selbstbezogenheit stets gepaart ist mit nicht geringeren gegen sich selbst gerichteten Ansprüchen, anders gesagt mit einem hohen Grad von Eigenverantwortlichkeit. Man wünscht seine Persönlichkeit zwanglos zu entfalten, zugleich ist man sich aber stets bewußt, daß man sich selbst und der Gemeinschaft gegenüber für sein Verhalten verantwortlich ist. Diese starke und beständige Eigenverantwortlichkeit der Chinesen ist es vor allem, die auch dem zufälligen und sachlichen Verkehr mit ihnen Tiefgang und Wärme verleiht. Was immer Chinesen beruflich tun, sie tun es oder scheinen es zumindest mit ganzem Herzen zu tun. Auch noch der Kellner in einer Knödelküche, dessen karges Einkommen hart am Existenzminimum liegt, oder die jungen Autobusschaffnerinnen, die ihre nervtötende Tätigkeit ein bis zwei Jahre zwischen ihrer Schulentlassung und ihrer Verheiratung ausüben, handeln so, als ob das Wohl der Stadt von ihrer Sorgfalt abhinge — wieviel mehr erst die Handwerker und Geschäftsleute. Ehe wir auf letztere zu sprechen kommen, hier noch eine wohl extreme, in ihrem Kern aber ungemein typische Episode, die zeigt, welch bizarre Verquickungen von Eigensinn und Verantwortungsbewußtsein man bei Chinesen erleben kann.

Eines Abends, in Taipei, es mochte gegen 11 Uhr gewesen sein, hatte ich, aus dem Theater kommend, eines der vielen davor wartenden Taxis bestiegen. Zu spät, erst als sich der Wagen schon rasant in Bewegung gesetzt hatte, merkte ich, daß der Fahrer erheblich unter Alkoholeinfluß stand. Der Weg bis zu meinem Hotel betrug knapp zwei Kilometer, die wir schneller als sonst und trotz des noch lebhaften Verkehrs zunächst ohne Unfall zurücklegten. Doch als ich den Fahrer erinnerte, daß er nun bald auf die rechte Fahrbahn überwechseln müsse — wir fuhren in der Mitte einer achtspurigen Straße — führte er das Manöver bei der hohen Geschwindigkeit so unvermittelt aus, daß ein Mopedfahrer, der in gleicher Richtung fuhr, sich nicht mehr darauf einstellen konnte, gegen die rechte Wagenflanke prallte, ohne vollends zu Fall zu kommen. Mein Fahrer bremste scharf; wir standen fast genau vor dem Hotel. Aber noch ehe er oder auch ich einen weiteren, wie immer gearteten Entschluß fassen konnten, hatte sich der Mopedfahrer schon wieder in Bewegung gesetzt und war an uns vorbei davongefahren. Ohne mich aussteigen und zahlen zu lassen, brauste da auch der Taxifahrer wieder los, konnte den Mopedfahrer aber erst nach weiteren drei- oder vierhundert Metern durch ein glimpfliches Manöver zum Halten zwingen. Dann stieg er aus dem Wagen — jetzt war zu merken, wenn vorher noch ein Zweifel bestanden hätte, wie langsam und unsicher er auf seinen Beinen war —, musterte wortlos Mopedfahrer und Moped und besah dann die Schramme an seinem Taxi. Offenbar kamen beide ohne auch nur ein Wort zu wechseln in wenigen Augenblicken überein, daß Schuld und Schaden einigermaßen gerecht verteilt waren. Denn ebenso kommentarlos und unvermittelt warf sich der Taxifahrer wieder in seinen Sitz, wendete den Wagen auf der Fahrbahn, auf der wir uns befanden, und brauste dann auf der falschen Fahrbahnseite und eine Kreuzung durchfahrend zum Hotel zurück, wo er mit knappen Worten und, ohne daß es einer Erinnerung bedurfte, genau den Fahrpreis forderte, den die Uhr bei unserem ersten Halt vor dem Hotel angezeigt hatte. Fazit: Obzwar der Taxichauffeur unter Alkoholeinfluß stand und dabei eine ganze Serie von Gefährdungen und schweren Ordnungswidrigkeiten verursachte, war dennoch sein Verantwortungsbewußtsein so stark, daß er sich sowohl über die mögliche Schädigung des anderen Verkehrsteilnehmers Klarheit verschaffte als auch registriert hatte, welche Taxe der Fahrgast unabhängig von dem Unfall zu regulieren hatte. Damit sind wir beim wichtigen und interessanten Thema des Geschäftsgebarens der Chinesen.

Die Chinesen stehen schon seit Marco Polos Zeiten, vor allem aber neuerdings im Rufe besonderer Geschäftstüchtigkeit. Blühende Handelsplätze wie Hongkong oder Singapur, mehr noch der Umstand, daß in ganz Südostasien, in Ländern wie Indonesien und Malaysia eine verhältnismäßig kleine chinesische Minderheit einen Großteil des Klein- und Zwischenhandels in ihren Händen hat, scheinen diesen Eindruck zu bestätigen. Bei genauerem Hinsehen zeigt sich indes die ganz andere Motivation der chinesischen Händler und Kaufleute. Wenn Worte wie „Geschäft" und „Kommerziell" in China überhaupt einen Sinn haben, so gewiß einen ganz verwandelten.

Handel und Industrie gelten nicht nur im Abendland, sondern in fast allen Erdteilen seit Beginn der Neuzeit schlechthin als das erprobteste und selbstverständlichste Mittel der Besitzesmehrung. Von ihrer Blüte wähnt man heute nicht nur den momentanen Wohlstand fast aller Bürger abhängig, sondern neuerdings glaubt man sogar, daß in magischer Weise die staatliche und moralische Ordnung auf eine ewige Wirtschaftsexpansion gegründet werden kann. In China hingegen war es nicht etwa erst der Maoismus, der den Händlern und Kaufleuten die naive Freude an kommerziellem

Gewinn getrübt hat. Vielmehr setzt man in der Volksrepublik fort, was der konfuzianische Staat mehr als 2000 Jahre hindurch praktiziert hatte: zum Ausgleich dafür, daß der Händler und Spekulant seine Gewinne mit dem verhältnismäßig niedrigsten Einsatz an körperlichen und intellektuellen Mitteln erzielt, wies ihm die konfuzianische Ethik den untersten sozialen Rang zu. Dieser langdauernde historische Zwang ist aber nur ein Faktor — und wahrscheinlich nicht einmal der entscheidende — für das paradoxe Verhalten der chinesischen Händler und Kaufleute.

Der Ausländer, der Tourist oder Geschäftsmann bemerkt nur, daß die chinesischen Händler zahlreich, erfolgreich und geschäftstüchtig sind. Natürlich kennen auch sie die Regel, daß der Verkaufspreis sich nicht nur nach den Gestehungskosten, sondern auch nach der Nachfrage richtet. Aber sie wenden diese Regel mit erstaunlicher Nonchalance an. Zwar wird auch heute noch von Nichtchinesen in Taiwan behauptet, daß sie bei den Händlern grundsätzlich mehr als die Chinesen bezahlen. Das ist glaubhaft, wenn man weiß, daß die Ausländer in den chinesischen Läden einerseits ihren relativen Wohlstand demonstrieren, andererseits aber — und dies wiegt viel schwerer — fast nur Interesse für die Ware, so gut wie keines für den Verkäufer zeigen. Solche „Barbarei" muß mit Preisaufschlägen bezahlt werden. Denn — und damit kommen wir zum andern, zum innern Gesicht des chinesischen Händlers oder Geschäftsmanns — der kommerzielle Gewinn ist nur eine Beigabe zu den menschlichen Annehmlichkeiten des Händlerdaseins.

Wir hatten bei den Chinesen eine auffallende Selbstzentriertheit registriert, die sich bald als gesteigertes Selbstbewußsein, bald als Arroganz, aber auch in einem stärkeren Verantwortungsgefühl äußert. Nichts ist der Pflege des Selbstbewußtseins dienlicher als der fortgesetzte Verkehr und Vergleich mit anderen Menschen. Tatsächlich erscheinen die Chinesen wohl als die geselligste und zugleich sozialbewußteste Spezies Mensch. Während der viertausendjährigen Geschichte des chinesischen Gemeinwesens konnte die Mehrzahl seiner Mitglieder dieses Verlangen nach Geselligkeit und menschlichen Kontakten stets nur gegen Widerstände und begrenzt befriedigen. Bäuerlicher Lebensstil der weitaus meisten Chinesen und patriarchalische Ordnung verstärkten und vertieften zwar die Beziehungen innerhalb einer Großfamilie und zu den nächsten Nachbarn; andererseits verengten sie aber auch zugleich den Kreis der Menschen, denen man alltäglich begegnete. Wer sich aber an der Dorfstraße oder in einer der vielen Gassen und Strassen einer Stadt als Handwerker, Händler, Wirt niederließ, der erreichte damit zweierlei: er war in jeder Hinsicht viel mehr sein eigener Herr als selbst viele ältere Mitglieder einer Großfamilie; und die Menschen, mit denen er tagein, tagaus in Berührung kommt, waren, sind um vieles zahlreicher und verschiedenartiger, als dies auch auf dem größten Bauernhof möglich wäre. Alle Beobachtungen, die man im alten China, die man heute in der Volksrepublik China, aber auch auf Formosa, in Hongkong und Singapur machen kann, bestätigen diese Überlegungen.

In den letztgenannten Gebieten wird die Entfaltung von Handel und Industrie mannigfach gefördert, nur geringfügig belastet. Nach europäischen Maßstäben gewaltig groß ist dort die Zahl der mittleren und vor allem der kleinen Geschäfte, deren Inhaber ein überaus bescheidenes Einkommen erzielen. Aber nicht Not, sondern Neigung treibt sie heute in diese Existenz, denn wie viele Chinesen möchten eine zwar besser bezahlte, doch abhängige Arbeit mit der selbstverantwortlichen Tätigkeit des zwar armen aber freien Unternehmers vertauschen?

Unter den neueren Entwicklungen in der chinesischen Volksrepublik hat vor allem die Einrichtung der Volkskommunen, also jener weitgehend autarken landwirtschaftlichen Produktionsgemeinschaften, abschätzige Beurteilungen seitens westlicher Beobachter erfahren. In diesen Gemeinschaften, in denen von den Grundnahrungsmitteln bis zu den Ersatzteilen des Traktors alles in eigener Regie erzeugt und von der Gemeinschaftsküche und vom Kindergarten bis zur Krankenstation alle Dienste angeboten werden, werde trotz aller anfeuernden Parolen zumeist eine geringere wirtschaftliche Effizienz erzielt als in westlichen Großbetrieben. Diese Beobachter haben in der Sache wahrscheinlich recht, verkennen aber vollkommen, daß allen vordergründigen Parolen zum Trotz dem Chinesen nicht das abstrakte Kriterium einer Produktionsmenge, sondern der Zusammenhang zwischen Arbeit und gesteigertem Selbstgefühl der mächtigste Motor für erhöhten Einsatz ist. Dort, wo er Sinn und Tragweite seines Tuns nicht mehr wahrnehmen kann, schwindet sein Interesse rapide. Die hohe organisatorische Begabung der Chinesen wie auch ihre

Organisationsbereitschaft ist bei ihnen engstens abhängig vom sozialen Gefüge, von den menschlichen Bedingungen. Im vollkommenen Gegensatz zu Europäern und Japanern geht den Chinesen nahezu jedes Verständnis ab für anonyme und technokratische Organisation: denn in ihr werden die menschlichen Kontakte unüberschaubar, unpersönlich, uferlos. Wäre es etwa Zufall, daß durch den Fleiß und das Ingenium dieses Siebenhundert-Millionen-Volks in unserem Jahrhundert zwar buchstäblich Berge versetzt, persönliche Millionenvermögen in großer Zahl angehäuft und nobelpreisgekrönte Erkenntnisse gewonnen wurden, doch nicht ein einziger Konzern auch nur bescheidensten Ausmaßes gegründet wurde?

Wiederholen wir es noch einmal, nicht Umsatz und Gewinn, sondern das Gefühl selbstverantwortlichen Tuns und eines vielfältigen menschlichen Einvernehmens mit ihren Kunden, Geschäftsfreunden, Mitarbeitern sind die Hauptmotive der weitaus meisten chinesischen Geschäftsleute. Stellvertretend für viele ähnliche Erlebnisse veranschaulicht dies die folgende höchst typische Begegnung.

Im August 1972, man feierte gerade das Fest der Hungrigen Geister, schlenderten mein Freund und ich durch die menschenerfüllten Straßen der chinesischen Altstadt von Singapur. Wir betrachteten die zahlreichen Altäre, die dort teils von Privatleuten, teils von Nachbarschaftsvereinen errichtet worden waren; der dichte Qualm gewaltiger Weihrauchkerzen stieg von diesen Altären empor und bei einbrechender Dämmerung verbreitete sich um sie das warme Licht von Hunderten von Kerzen. Hinter manchem Altar waren auf langen Tischen noch die Opfergaben aufgetürmt – Gemüse und Früchte, Knödel und Fische, lebende Hühner in Körben, die anschließend an die Bedürftigen des Stadtteils verteilt werden sollten; an den Straßenrändern hatten Händler ihre Waren ausgebreitet oder boten Speisen und Leckereien feil. Nach Einbruch der Dunkelheit, als es um die Altäre ruhiger wurde und zumindest die Fisch- und Gemüsehändler ihre Waren verkauft hatten, begannen hier und dort Schauspielertruppen auf Bretterbühnen, die oft zwei Drittel der Straßenbreite einnahmen, mit ihren Vorstellungen – Klassiker des kantonesischen Theaters mit gegenwartsbezogenen Einfügungen.

Als wir wieder aufmerksam einen Altar betrachteten, kamen

wir mit zwei Chinesen mittleren Alters und von schmächtiger Gestalt ins Gespräch, die auf hölzernen Klappstühlen unweit davon vor einem Hauseingang saßen. Man lud uns ein, uns gleichfalls niederzulassen, und über dem obligaten Tee, den irgendein dienstbares Wesen im Handumdrehen vor uns hinstellte, folgten die ebenso gewohnten Fragen, mit denen jeder Chinese einen Fremden als Individuum zu verstehen und in seinen Bekanntenkreis einzubauen trachtet: Woher und wie alt wir seien, welcher Beruf und welche Interessen uns hierher führten, was für eine Familie wir hätten. Umgekehrt erfuhren wir, daß unser Gesprächspartner ein Speditionsunternehmen besaß, vor allem im Warenverkehr nach Indonesien tätig war und an diesem Abend für seine Mitarbeiter und besten Kunden ein Essen mit Abendunterhaltung geben würde. Ob wir wohl seiner Einladung auch den Glanz unserer Anwesenheit leihen wollten?

Nach kurzer Überlegung sagten wir zu und erschienen – mein Freund begleitet von seiner Frau und seinen beiden Kindern – in dem uns näher bezeichneten Bankettsaal mit etwa 400 Plätzen, wo wir an einem Tisch in der vordersten Reihe placiert, mit unseren chinesischen Tischgenossen bekanntgemacht, mit einem achtgängigen chinesischen Diner und einer zweistündigen ohrenbetäubenden Cabaretvorstellung sowie ungezählten Flaschen Limonade, Bier und Reiswein traktiert wurden. Am Ende des Abends verabschiedete der Gastgeber am Ausgang seine Gäste. Der Wein der vielen ihm dargebrachten Toasts hatte seinen Stand etwas unsicher und seinen Blick unscharf gemacht, weshalb sein Sekretär fürsorglich ganz in seiner Nähe stand. Aber er strahlte vom Glück, so vielen Freunden einen schönen Abend gemacht zu haben. Wir, das versteht sich, gehörten an jenem Tag auch zu seinen Freunden, obwohl wir uns niemals zuvor gesehen hatten und vielleicht niemals später sehen würden und obwohl er wahrscheinlich niemals auch nur einen Cent durch uns verdienen würde. Aber wir hatten seinen Altar bewundert, der Schilderung seiner Geschäftstätigkeit zugehört, sein Essen gegessen, sein Bier und seinen Wein getrunken, den Späßen und Chansons seiner Unterhalter applaudiert.

Und solche Kommunion, die Kommunion beim Essen und bei persönlichem Gespräch wiegt dem Chinesen mehr als ein langjähriger, noch so gewinnbringender rein kommerzieller Kontakt. Sie wird vom Handelsfunktionär der chinesischen Volksrepublik ebenso gesucht und gewährt wie vom jungen Angestellten des Kodak-Konzerns, vom Buchhändler ebenso wie vom Taxifahrer. Wer solche Kommunion verweigert, weil er gehemmt ist, weil er glaubt, keine Zeit zu haben, weil ihm die Verschiedenheit der Sprache als eine unüberwindbare Barriere erscheint, der erlebt nur den äußeren Chinesen: mißtrauisch, gleichgültig, kaltschnäuzig oder gar frech, höflich herablassend oder gar arrogant, auf seinen Vorteil bedacht oder gar ausnützerisch, stur oder gar feindselig; wer diese Kommunion aber vollziehen kann, erfährt seinen chinesischen Partner als selbstbewußten und offenen Menschen, der sich im persönlichen Umgang großzügig, doch unaufdringlich zeigt und als Freund hilfsbereit bis zur Selbstentäußerung ist.

Fassen wir zusammen. Als Folge der geographischen Entfernung, mehr noch infolge der psychologischen Barriere von Sprache und Schrift gestaltet sich der menschliche Kontakt zwischen Chinesen und den Angehörigen aller übrigen Kulturkreise von Alters her und bis heute sehr dürftig und distanciert. Im Bild, das außerhalb Ostasiens von den Chinesen und ihrem Charakter gezeichnet wird, überwiegen zwei Arten von Aussagen: 1. die Deutungen, die Chinesen selbst *ad usum alienorum*, „zum Gebrauch der Ausländer", von ihrem Volk und seiner Geschichte geben; 2. die Berichte aus der Feder nichtchinesischer Chinakundler, Chinareisender, Journalisten, Geschäftsleute – in jedem Fall vorwiegend Aussagen über die Außenansicht Chinas.

Daß das, was chinesische Autoren über ihr Land und Volk an die Adresse des Westens gewissermaßen „vor der Tür" verkünden, Außenansicht ist, ist klar, wenn wir den Kulturstolz und das kulturelle Sendungsbewußtsein aller Chinesen einerseits und andererseits die schweren Demütigungen dieses Stolzes durch die wirtschaftlichen und militärischen Interventionen des Westens in China zwischen etwa 1840 und 1940 bedenken: sie berichten entweder solche Fakten, von denen sie meinen, daß sie ihrem Volk zum Ruhm und zur Ehre gereichen, oder sie erzählen etwas, von dem sie glauben, daß es den Erwartungen des Auslands entspricht und deshalb den Beifall oder die Zustimmung des westlichen Publikums finden wird. Aus solcher Quelle rühren die Lobeshymnen auf die chinesische Kunst und Dichtung, die völlig schiefen Klischeevorstellungen von den sogenannten chinesischen Religionen und viele der romantischen Ergüsse über die chinesische Weisheit.

Umgekehrt ist die Haltung der nichtchinesischen Autoren im Hinblick auf China. Daß Touristen, Journalisten und Geschäftsleute ohne Chinesischkenntnisse in China nur Vordergrund wahrnehmen und jedes denkbare Vorurteil bestätigt finden, bedarf keiner Erläuterung. Jene Chinaforscher und Missionare aber, die sprachkundig und mit besten Absichten an die Kultur und die Menschen Chinas herantreten, finden es selbstverständlich, die philosophischen, psychologischen, methodologischen Kriterien der abendländischen Kultur vorbehaltlos auch auf China anzuwenden. Mit einer solchen Einstellung aber verbauen sie sich nahezu jeden Zugang zum innern Aspekt chinesischen Wesens. Denn China unterscheidet sich nicht in irgendeiner undefinierbaren Weise von Europa, es ist von ihm diametral und in jeder Hinsicht verschieden. Etwa: In China ist Ethik und Moral eine Sache der Vernunft und der rationalen Kritik, im Abendland Sache des Gefühls, der göttlichen Offenbarung, der apodiktischen Ideologie oder Gesetzgebung. Parallel hierzu ist chinesische Religion entweder abgründiger Zauber oder leidenschaftslose Askese und Technik, abendländische Religion hingegen ein Kontinuum, das von der mystischen Ekstase bis hin zu intellektuell tingierten Exerzitien reicht, dessen Hauptkraft aber aus der Inbrunst des Glaubens kommt.

Den Chinesen ist gemeinhin eine differenzierte rhythmische Sensibilität eigen, den Indoeuropäern im Vergleich hierzu eine entwickelte klangliche Empfindsamkeit. Der Europäer orientiert sein Sinnesbewußtsein primär im Raum, der Chinese bevorzugt an der Zeit. Vor allem aber ist die beim Chinesen introvertierte und re-aktive, beim Indoeuropäer wie auch beim Semiten hingegen extrovertiert aggressive Grundhaltung zu berücksichtigen. Deshalb erleben und wandeln letztere ihre Persönlichkeit in der Projektion auf die Umwelt und die Mitmenschen, erstere (die Chinesen) hingegen in der auf sich selbst bezogenen Erfahrung. Hier liegt, von der Sprache ganz abgesehen, eine unerschöpfliche Quelle der Mißverständnisse, denn der Okzidentale hält sich für gut, ehrbar, tüchtig, originell, wenn ihm seine Mitmenschen oder seine Umwelt dies bestätigt, der Chinese hingegen all dies, indem er sich bewußt diese Eigenschaften zu- oder aberkennt.

Folglich unterliegt der Europäer Moden der äußeren Selbstdarstellung, der Chinese Moden der subjektiven Bewußtseinsgestaltung. Und weder der eine noch der andere vermag die Originalität oder Konformität des andern richtig zu taxieren. Ganz sicher ist deshalb die Redensart von den „blauen Ameisen" und vom äußerlichen Konformismus der Chinesen eine projektive Fiktion westlicher Autoren. Sie übersehen völlig die vielfältigen Eigenwilligkeiten der Chinesen – selbst in einer Großstadt wie Hongkong findet niemand etwas dabei, wenn am frühen Nachmittag der eine sich noch im Schlafanzug, der andere in vornehmer Abendkleidung auf der Straße bewegt –, und sie mißdeuten als Konformismus, was die Chinesen im Verlauf ihrer Kulturgeschichte vollkommener erreicht haben als irgendein anderes Volk: die willkürliche Integration der Triebe in das Gefüge der Einzelpersönlichkeit und die harmonische Integration des Individuums in das Gefüge der menschlichen Gemeinschaft.

DIE CHINESISCHE MENTALITÄT
IM SPIEGEL DER SPRACHE

Von den menschlichen Ausdrucksmitteln ist die Sprache das modulationsfähigste, präziseste und direkteste. Die Sprache vermittelt nicht nur die bewußten Einsichten und Absichten eines Menschen, sie gibt indirekt auch über den Charakter und die Einstellung des Sprechenden Auskunft, verrät, ob er intelligent oder stumpf, interessiert oder gleichgültig, gelassen oder erregt, gefühlsbetont oder nüchtern ist.

Dennoch ist die Sprache nur in verschwindend kleinem Maße das Werk des einzelnen. Vielmehr spiegelt sie die Denk- und Lebensgewohnheiten, welche eine größere Gemeinschaft über Jahrhunderte oder gar Jahrtausende hinweg ausgebildet hat. Deshalb erlaubt die vergleichende Betrachtung einer Sprache allgemeine Rückschlüsse auf Denkstil und Mentalität eines Volkes. Für uns in mehrfacher Hinsicht besonders interessant erweist sich eine solche vergleichende Betrachtung des Chinesischen.

Die Betonung der Beziehung auf Kosten der autonomen Position — dieser Satz enthält die Quintessenz der chinesischen Mentalität von den Anfängen ihrer Geschichte bis zum heutigen Tag. Die Betonung der Beziehung auf Kosten der autonomen Position, diese Absicht werden wir vielfach gespiegelt in den Eigenheiten der chinesischen Sprache wiederfinden, von denen als erste die beispiellose Ökonomie, ja Kargheit der Grundelemente ins Auge fällt. Unter den Kultursprachen ist das Chinesische wahrscheinlich das an Begriffen reichste, zugleich aber sicher das an Lautbildern ärmste Idiom.

Das Chinesische ist, seit wir es in schriftlichen Dokumenten fassen, eine monosyllabische und isolierende Sprache. Monosyllabisch, das bedeutet, daß alle Grundwörter jeweils aus nur einer Silbe bestehen, isolierend heißt, daß die Sprache keinerlei veränderliche Wort- (Flexions-) Endungen oder Vorsilben (Präfixe) kennt. Diese phonetisch ohnehin schmale Ausgangsgrundlage wurde noch weiter verengt durch den in historischer Zeit zu beobachtenden Verschleiß von Anlauten und Endkonsonanten. In der heutigen Nationalsprache hat er ein Stadium erreicht, in dem im Anlaut das *r* und jedwelche Mehrkonsonanz fehlen, im Auslaut überhaupt alle Konsonanten mit Ausnahme von *n* und *ng* verschwunden sind. Damit bleiben rein statistisch etwa 420 Lautbilder übrig, deren Zahl durch die vorerst noch vorhandenen sinnunterscheidenden Tonhöhen-Unterschiede auf etwa 1 400 gebracht wird. Und dennoch vermag das Chinesische, und zwar die gesprochene wie die geschriebene Sprache, jeden nur vorstellbaren Begriff oder Gedanken mit höchster Präzision und Geschmeidigkeit auszudrücken. Eine Betrachtung der Etappen des Wegs, der zwischen den überaus einfachen Lautbildern und den kompliziertesten Begriffen vermittelt, kann uns ein vertieftes Verständnis sowohl für die chinesische Sprache als auch für den chinesischen Denkmodus bringen.

In unserer Sprache weckt ein einfaches Lautbild wie *te*, isoliert und für sich genommen, von vornherein nur ganz wenige Vorstellungen. Entweder wir denken an den Buchstaben T, an eine Form, die einem gedruckten T ähnlich ist, oder an ein Getränk, das durch Abkochen von Blättern oder Früchten bereitet wird. Noch viel enger wird unsere Phantasie eingegrenzt durch ein etwas komplizierteres, aber noch immer einsilbiges Lautbild wie „schreibt". Wir verstehen sogleich, daß von einer ganz bestimmten Tätigkeit, dem Schreiben, die Rede ist und daß diese nicht von einer mit dem Redenden identischen Person ausgeführt werden soll. Anders im Chinesischen. Auf jedes einzelne Lautbild entfallen — von ganz seltenen Ausnahmen abgesehen — stets mehrere, mitunter bis zu 50 und mehr logisch nicht verwandte Begriffsfamilien. Und jede Begriffsfamilie besteht ja ihrerseits wieder aus einer größeren Zahl logisch verwandter, dennoch rational zu unterscheidender Begriffe, wie folgendes Beispiel zeigt.

Dem chinesischen Wort *hsieh* (im 3. Ton) entspricht u.a. die Begriffsfamilie des Schreibens, die nicht nur die Handlung des Schreibens mit Pinsel oder Feder umfaßt, sondern auch die verwandten Begriffe des Darlegens, Entwickelns von Gedanken, des Darstellens in Malerei oder Plastik, des Fixierens durch mündliche oder schriftliche Abmachungen und anderes mehr. Das Lautbild *hsieh* (im 3. Ton) deutet also, isoliert gegeben, auf all diese Möglichkeiten; und selbstverständlich beinhaltet es keine Festlegung darüber, ob diese Tätigkeiten von einer oder mehreren Personen einmal oder wiederholt, in Vergangenheit, Gegenwart oder Zukunft ausgeübt werden.

Verfolgen wir diese Beziehung zwischen einem chinesischen Lautbild und den ihm zugeordneten Begriffsfamilien noch etwas weiter. Das Wort *hsieh* (im 3. Ton) steht außer für die Begriffsfamilie Schreiben auch noch für zwei weitere Begriffe, nämlich „Krabben" sowie „Blut" bzw. „physiologische Energie". Und natürlich bestehen auch semantische Querverbindungen zu den klanglich verwandten Wörtern *hsieh* (im 4., 2. und 1. Sprachton). *Hsieh* (im 4. Ton) etwa ist mit mehr als einem Dutzend unterscheidbarer Begriffsfamilien belegt, darunter der umfangreichen um den Begriff Abdanken, zu der gehören: 1. danken, 2. sich bedanken, 3. ablehnen, 4. verfallen, verwelken, 5. einen Fehler bekennen, 6. melden, 7. sich entschuldigen... Diese und noch Hunderte anderer Wörter unserer Sprache liegen in dem einzigen chinesischen Wort *hsieh*. Die obigen Beispiele müssen genügen, um uns zunächst das eine Extrem des chinesischen Sprachmediums deutlich zu machen: den absolut beispiellosen Reichtum von Begriffen und Vorstellungen, die durch ein einziges einsilbiges Wort bezeichnet oder ausgedrückt werden. Wir sehen, daß ein und dasselbe Klangbild verwandte und dissonante Begriffe gleichermaßen verbindet, und wir verstehen so, daß es keine bloße Redensart ist, wenn behauptet wird, daß mancher chinesische Dichter in fünf einsilbigen Wörter mehr ausdrückt, als sich in unseren Sprachen mit fünf langen Sätzen erklären läßt.

Die Eigenschaft des Chinesischen, das einzelne Wort oder Lautbild nicht nur einem Begriff, sondern in der Regel mehreren Begriffsfamilien entsprechen zu lassen, bedingt also direkt einen in keiner anderen Sprache ähnlich großen Assoziationsspielraum der Begriffe, deutet also psychologisch auf eine stärkere Gewohnheit, auf ein vermehrtes Bedürfnis, Beziehungen herzustellen, nicht nur zwischen aus unserer linguistisch-logischen Perspektive verwandten, sondern auch zwischen weit voneinander entfernten Begriffen. Kurzum, im Chinesischen ist die Knüpfung logischer Beziehungen bereits von den Grundelementen der Sprache, vom Bestand der Lautbilder her aufs äußerste erleichtert und begünstigt.

Diese Freiheit und Geschmeidigkeit der Assoziation wird erzielt durch, wie wir sahen, einen weitgehenden Verzicht auf jene lautlichen und orthographischen Signale, durch welche z.B. in den indogermanischen oder den semitischen Sprachen, aber auch schon im Japanischen nicht nur die einzelnen Begriffe, sondern noch ihre modalen Abwandlungen scharf gegeneinander abgegrenzt werden.

Doch bleiben wir beim Chinesischen. Die Sprache des Dichters ist nicht die Alltagssprache, ist nicht die Sprache des Philosophen und erst recht nicht die Sprache des Wissenschaftlers. Was ersterer oft anstrebt, Vorstellungen einander anzunähern, die in der Alltagssprache auseinanderstreben, und die Grenzen zwischen Begriffen zu verwischen – muß von letzteren umgangen, ja in umgekehrter Richtung peinlich vermieden werden: der Philosoph und Wissenschaftler postuliert noch dort begriffliche Unterscheidungen, wo sie der Alltagssprache längst irrelevant erscheinen. Wie also vermag das scheinbar ganz auf Verwebung der Begriffe gestimmte phonemarme Chinesisch auch diesen Forderungen zu genügen?

Dieses Problem stellt sich auf zwei Ebenen, dem der Schrift, d.h. der nur optisch vermittelten Sprache, und dem der Rede, d.h. der gesprochenen, rein akustisch aufgenommenen Sprache. Die chinesische Schrift ist – bereits auf den ältesten uns erhaltenen Dokumenten aus dem 2. Jahrtausend vor unserer Zeitrechnung – eine Zeichenschrift. Zeichenschrift, das bedeutet, daß für jeden Einzelbegriff oder zumindest für jede Familie eng verwandter Begriffe ein eigenes Schriftzeichen verwendet wird. Und bei diesem Verfahren verdienen hier vor allem zwei Konsequenzen nähere Betrachtung. 1. Die Aussagekraft und Präzision eines chinesischen Schriftzeichens ist völlig unabhängig von der Aussprache des entsprechenden Begriffs und damit auch von historischen oder dialektalen Wandlungen und Unterschieden dieser Aussprache. 2. Der durch ein Schriftzeichen wiedergegebene Begriff wird nicht phonetisch oder grammatikalisch analysiert, zerlegt, sondern als Ganzes angezeigt. – Auch dieser Umstand, daß das chinesische Schriftzeichen den Begriff als Ganzes wiedergibt, können wir im Vorübergehen als Hinweis auf die Herstellung und Erhaltung funktioneller Ganzheit gerichtete Grundtendenz des Chinesischen registrieren.

Übrigens hat die chinesische Schrift noch in ganz anderer Weise Einheit und Kohäsion gefördert und befestigt. Ihre Benutzer haben sich nämlich zu allen Zeiten als die Vertreter einer universellen Weltkultur gefühlt. Denn in der Tat, indem die chinesischen Schriftzeichen — ähnlich unseren „arabischen" Zahlenzeichen — seit fast 4 000 Jahren gestatten, Begriffe unabhängig von ihrer jeweiligen Aussprache präzis zu vermitteln, gewannen sie entscheidende Bedeutung für die ethnische und politische Integration und den historischen Zusammenhalt der chinesischen Nation. Denn bis heute spricht man in Nord-, Mittel- und Südchina einander jeweils total unverständliche Dialekte. Aber heute wie vor 2 000 Jahren kann sich ein Schreibkundiger aus Innerasien mit dem Beamten oder Techniker aus dem tiefen Süden klar und mühelos auf dem Umweg über die gemeinsame Schrift verständigen.

Allerdings hätte die chinesische Schrift niemals einer raffinierten Kultur und hochdifferenzierten Philosophie zum Vehikel dienen können, wenn sie die Begriffe nur in allgemeinen Umrissen wiedergäbe, wenn sie — wie bei uns oft noch angenommen wird — vorwiegend oder gar ausschließlich eine Bilderschrift nach Art der ägyptischen Hieroglyphen darstellte. Tatsächlich machen im Bestand der heute rund 50 000 chinesischen Schriftzeichen solche, die als stilisierte Bilder konkreter Dinge oder als symbolische Darstellungen von Handlungen oder Eigenschaften verstanden werden müssen — also die echten Bildzeichen — weniger als 2 % aus; und sie decken meist vom Gegenstand her eindeutige Begriffe wie Mensch, Sonne, Mond, hell, Baum, Auge, Ohr, Frau, Mutter, Hand, Herz, Berg, Wasser, Mitte, groß, Haus, sitzen, Feuer ... Die überwältigende Zahl der chinesischen Zeichen — mehr als 90 % — wird hingegen unter Verwendung der alten Bildzeichen ganz formell gebildet, d.h. logisch systematisch ohne enge Rücksicht auf ihre ursprüngliche Bedeutung.

Diese formelle Zeichenbildung macht sich zunächst zunutze, daß jedem der elementaren Bildzeichen (Mensch, Auge, Holz ...) heute wie ehedem zusammen mit dem Begriff ein bestimmtes Lautbild entspricht, also dem Zeichen für Mensch das Wort für Mensch: *jen*, dem Zeichen für Holz das Wort für Holz: *mu* usw. Um nun die Zahl der schreibbaren Wörter zu vergrößern, ohne die Zahl der Bildzeichen zu vermehren, verfiel man schon ganz früh auf den Kunstgriff, die ursprünglichen Bildzeichen nicht mehr nur für die durch sie dargestellten Dinge, Qualitäten oder Handlungen zu verwenden, sondern für ganz andere Begriffe mit gleicher oder zumindest ähnlicher Aussprache. Das ursprüngliche Begriffszeichen diente in diesen Fällen nur mehr als reines Phonetikum für einen einsilbigen Lautkomplex. Aber angesichts der Eigenheiten der chinesischen Sprache waren bei einem solchen Verfahren Wortverwechslungen und Mehrdeutigkeiten nicht auszuschließen. Deshalb konnte die Entwicklung der Schrift in diesem Stadium nur verharren, solange die geschriebenen Texte lediglich Gedächtnisstützen waren für eine im wesentlichen mündlich weitergegebene Überlieferung. Schon etwa 1 200 vor der Zeitwende kam man deshalb darauf, jenen Zeichen, die man nur als schriftlichen Ausdruck eines einsilbigen Lautkomplexes, also als Phonetika benutzte, zur logischen Kennzeichnung noch ein Sinnzeichen beizufügen. Solche Sinnzeichen, heute „Klaussenhäupter" oder „Radikale" genannt, leitete man wiederum von dem ursprünglichen Bestand der Bildzeichen ab, wobei man in diesem Fall aber nicht ihre klangliche Assoziation beachtete, sondern ganz im Gegenteil ihre semantische Bedeutung weitete und verallgemeinerte. Einige Beispiele mögen dies veranschaulichen. Man schreibt seither und bis heute die meisten Pflanzennamen mit einer der Aussprache des betreffenden Namens entsprechenden phonetischen Komponente und dem Radikal „Gräser", die Namen von Fischen und Wassertieren mit der phonetischen Komponente und dem Radikal „Fisch"; ähnlich fügt man den Schriftzeichen für manuelle Tätigkeiten und Fertigkeiten den Radikal „Hand", Qualitäten, Dingen oder Tätigkeiten, die mit Wasser, Feuchtigkeit oder Flüssigkeit zu tun haben, den Radikal „Wasser" bei, usw.

Nach dieser Methode, also der Kombination einer phonetischen Komponente mit einem Klassenhaupt oder Radikal werden bis heute neue Schriftzeichen gebildet, so etwa für die wissenschaftlichen Namen der chemischen Elemente: Je nach dem natürlichen Aggregatzustand des betreffenden Elements sind den Phonetika dieser Namen die Radikale Gas, Wasser, Metall oder Stein hinzugefügt.

Durch die Einführung von Klassenhäuptern zur Gliederung des Schriftzeichenbestands war im Bereich der schriftlichen Gedankenübermittlung ein Korrektiv geschaffen gegenüber der ausgleichenden und verwischenden Tendenz der gesprochenen Sprache.

Die Schrift läßt die semantischen Unterschiede zwischen zwei oder mehr homonymen Begriffen deutlich hervortreten.

Auch mit dieser Besonderheit, nämlich daß in jedem einzelnen chinesischen Schriftzeichen direkt und primär qualitative Unterscheidungen zum Ausdruck kommen, steht das chinesische System in direktem Gegensatz zu unseren Buchstabenschriften, in denen heute noch betonter als früher über die phonetischen Hinweise hinaus konsequent nur quantitative Hinweise einigermaßen systematisch gegeben werden, z.B. in den Pluralendungen von Nomen und Verb. Die Schriftsysteme spiegeln wider, was das Studium der philosophischen und wissenschaftlichen Schriften zweifelsfrei erkennen läßt: in China den Primat der qualitativen Erforschung von Beziehungen, im Abendland das primäre Interesse an der quantitativen Beschreibung von isoliert vorgestellten Positionen.

Die Ausbildung der chinesischen Schrift wirkt zwar als mächtiges Gegengewicht gegenüber der extremen Kargheit des Phonembestands. Doch bedenkt man, daß nur etwa 50 000 Zeichen zum Ausdruck von wahrscheinlich mehreren Millionen Begriffen verfügbar sind, so ist klar, daß noch andere sprachliche Mittel wirksam sind, um eine solche rationale Differenzierung sowohl des geschriebenen als vor allem auch des gesprochenen Ausdrucks zu gewährleisten.

Wenn an einem sonnigen Herbstmorgen ein Vater seinen Sohn in den Obstgarten führt, dort vor einem mit Früchten reich behangenen Apfelbaum, an den eine Leiter gelehnt ist, haltmacht, dem Sohn einen kleinen Korb in die Hand drückt, so mag das einzige Wort „hinauf!" ausreichen, um das Kind zu veranlassen, aufs genaueste die Absicht des Vaters zu erfüllen. Je eindeutiger eine gegebene Situation ist, um so knappere Wörter genügen, um einen bestimmten Gedanken zu artikulieren. Umgekehrt, auf die Verhältnisse der chinesischen Sprache und Schrift angewandt, lautet diese Regel dann: Je einfacher die Ausdrucksmittel sind, die für die Übermittlung eines komplizierten Gedankens dienen sollen, um so eindeutiger muß die Situation sein, in der sie eingesetzt werden. Eine in diesem Sinn logisch eindeutige Situation muß allerdings nicht unbedingt in eindeutigen äußeren Verhältnissen vorhanden sein, sie kann vielmehr sehr viel leichter bereits durch syntaktisch eindeutige Verhältnisse geschaffen werden. Dies ist der Grund, weshalb die Regeln der Wortstellung (Syntax) im Chinesischen mit weniger Spielraum angewandt werden und ihnen deshalb größere Bedeutung zukommt als in den anderen großen Kultursprachen. Denn das, was wir die grammatikalische Funktion eines Wortes nennen, wird im klassischen Chinesisch durch seine Stellung innerhalb eines Satzgefüges bestimmt. Anders gesagt, ob ein Wort als Substantiv oder Adjektiv, als Verbum oder Präposition oder Konjunktion verstanden werden muß, läßt sich mit Sicherheit nur aus seiner Stellung im Satzganzen erschließen.

Von den wichtigsten Stellungsregeln erscheint uns hier jene erwähnenswert, die vorschreibt, daß ausnahmslos alle Qualifikationen dem durch sie qualifizierten Begriff vorangehen müssen. Im Chinesischen heißt es also nicht nur „das kleine Haus", „das blaue Meer", sondern stets auch ohne Ausnahme „des Vaters Worte", „des Waldes Rauschen" und niemals „die Worte des Vaters", „das Rauschen des Waldes" usw. Selbst auf mehrfach gegliederte Qualifikationen und auf Relativsätze wird die Regel angewandt. Im Chinesischen muß es etwa statt „der Brief, den ich ihm schreibe" stets heißen „der von mir ihm geschriebene Brief" und statt „Verein für die Sammlung und Pflege der Kulturgüter Deutschlands" „Sammlung und Pflege von Deutschlands Kulturgütern Verein". Eine solche durch Gewohnheit oder Regelzwang zwingend festgelegte Voranstellung der Qualifikationen vor das qualifizierte Wort ist psychologisch und geistesgeschichtlich höchst aufschlußreich. Denn die Teile einer Rede folgen stets entsprechend ihrem subjektiven logischen Gewicht aufeinander. Was der Sprechende für das Wichtigste hält, nennt er zuerst, was ihm weniger wichtig erscheint, läßt er folgen. Wenn also im Chinesischen die Qualifikation stets vor dem qualifizierten Wort genannt werden muß, so kommt damit zum Ausdruck, daß man den mannigfaltigen Beziehungen – und nicht dem qualifizierten Begriff – bei der Wahrnehmung und im Ausdruck einen Vorrang einräumt, die Beziehungen als das Primäre ansieht.

Und noch auf eine weitere Parallele ist an dieser Stelle hinzuweisen. Im Chinesischen hat jedes Wort wegen der phonetisch bedingten Fülle seiner Assoziationen im Vergleich zu anderen Sprachen eine um ein Vielfaches größere Deutungskraft. Seine klaren semantischen Konturen, seine logische Präzision ergeben sich hingegen erst aus den Beziehungen zu anderen Teilen einer Rede, durch seine Einordnung in ein Satzgefüge. Der Konfuzianismus, jenes sozialethische System, das mehr als 2000 Jahre hindurch die erste Stütze des chinesischen Staates war und das öffentliche Bewußtsein aller Chinesen geprägt hat, der Konfuzianismus lehrte, daß das Individuum für sich genommen bestenfalls die Anlagen zur Menschlichkeit besitze. Die intellektuellen wie gemütsmäßigen Fähigkeiten, das unverwechselbare Profil und selbstverständlich der soziale Wert des Einzelnen hingegen ergäben sich erst im Gefüge der Gemeinschaft. Diese Lehre oder Überzeugung ist übrigens, unbeschadet der jetzt ganz andersartigen Verhältnisse, im heutigen China so lebendig wie eh und je.

Einen weiteren Beitrag zur Präzision des Sprachausdrucks leisten die zahlreichen Partikel, die sowohl in der alten klassischen als auch in der modernen Umgangssprache in großer Zahl gebraucht werden und modale, direktionale, temporale Funktionen und Abhängigkeiten anzeigen, also sowohl die Rolle unserer Konjunktionen, Pronomen als auch unserer Redepartikel und Flexionsendungen vertreten. Was jedoch diese Steuerwörter von den genannten Wortarten bzw. Partikeln bei uns unterscheidet, ist neben ihrer Vielfalt – die Wörterbücher führen fast 500 von ihnen an – die Freiheit ihrer Anwendung. Selbst die heutige Hochsprache, in der z.T. durch den Kontakt mit dem Englischen die Verwendung mancher Partikel, etwa der Pluralpartikel, obligatorisch zu werden beginnt, kennt noch viele Fälle, in denen ein und dasselbe syntaktische Verhältnis durch ganz verschiedene Partikel geschaltet werden kann. In der alten (vorklassischen und klassischen) Sprache gar ist die Anwendung der meisten Partikel in das Ermessen des Autors gestellt. So kommt es, daß die Untersuchung der in einem Text verwendeten Partikel oft sichereren Aufschluß über die Zugehörigkeit oder Herkunft eines unbekannten oder undatierten Manuskripts gibt als die Prüfung des übrigen Wortschatzes.

Alle bisher aufgezählten Mittel haben in der alten, in der klassichen und sogar in der nachklassischen Sprache, d.h. von der Mitte des 2. Jahrtausends vor der Zeitwende bis etwa ins 10. Jahrhundert unserer Zeitrechnung, im allgemeinen ausgereicht, die Gedanken der chinesischen Dichter, Philosophen, ja sogar der Wissenschaftler hinreichend deutlich zu artikulieren, von den bescheideneren Bedürfnissen des Alltags ganz abgesehen. Daß das Chinesische auch heute noch zu den präzisesten und flexibelsten Sprachen zählt und wahrscheinlich das anschaulichste Idiom überhaupt ist, hat indes noch eine andere Ursache.

Das älteste uns in schriftlichen Dokumenten begegnende Chinesisch war zwar bereits eine monosyllabische Sprache, die jedoch durch gegenüber heute zahlreichere Konsonanten in An- und Auslaut eine ausreichende phonetische Differenzierung erlaubte. Doch schon früh muß der Konsonantenverschleiß und damit eine stetige Zunahme der Homonyme eingesetzt haben. Um Mehrdeutigkeiten zu vermeiden, bildete man daher etwa seit dem 4. Jahrhundert vor der Zeitwende und bis heute in stetig wachsender Zahl feste Verbindungen aus zumeist zwei einsilbigen Wörtern, die hinfort nach stiller Übereinkunft immer wieder verwendet wurden, um nur einen einzigen ganz eng umschriebenen Tatbestand wiederzugeben. Z.B. bedeutet das Wort *t'ui* (im 1. Ton) „mit der Hand nach vorn drücken", „vorwärtsschieben", „vorwärtstasten", „vorschlagen", „erwählen". Mit *t'ui* bildet man nun u.a. *t'ui-fan* = schieben-umwerfen, d.h. ein Verfahren kassieren, *t'ui-tao* = schieben-umstürzen, d.h. zu Fall bringen, zum Einsturz bringen; *t'ui-tu* = schieben-tasten, messen, d.h. etwas ermessen, hypothetisch veranschlagen; *t'ui-ping* schieben-Krankheit, d.h. eine Krankheit vorschützen; *t'ui-lun* = voranschieben-Rede, Theorie, d.h. eine Theorie entwickeln ...

Eine im Lauf der Jahrhunderte immer größer werdende Sondergruppe innerhalb der konstanten Wortverbindungen bilden die sogenannten Synonymkomposita, also Verbindungen zweier annähernd sinngleicher Wörter mit verschiedener Aussprache, also, um beim Beispiel *t'ui* zu bleiben: *t'ui-chien* = vorwärtsschieben-empfehlen, d.h. empfehlen; *t'ui-hsün* = vortasten-suchen, d.h. sorgfältig ergründen, *t'ui-chin* = vorwärtsschieben-vorrücken, d.h. voranrücken, voranschieben.

Im heutigen Chinesisch werden annähernd 80 % der Begriffe durch solche konstanten Wortverbindungen wiedergegeben. Wegen ihrer ganz präzisen und eng umschriebenen Bedeutung stellen sie eigenständige lexikalische Elemente dar, werden also von entsprechenden Wörterbüchern ungeteilt aufgeführt und definiert. (Nun hat das Überwiegen mehrsilbiger Wortverbindungen einige Sprachwissenschaftler zur Ansicht veranlaßt, das moderne Chinesisch dürfe überhaupt nicht mehr als monosyllabische Sprache gelten. Gegen diese Auffassung ist darauf hinzuweisen, daß diese

Wortverbindungen, wie der Ausdruck ja besagt, auch vom sprachwissenschaftlich ungebildeten Durchschnittschinesen als Zusammensetzung von Einzelwörtern verstanden werden, die ihrerseits nach Bedarf getrennt, allein gebraucht oder zu einer ganz neuen, noch nie dagewesenen Verbindung zusammengefügt werden können.)

Wichtiger als dieses theoretische Problem erscheint uns aber hier folgende Überlegung. Die Kraft oder, wenn uns dieser technische Ausdruck hier gestattet ist, der Wirkungsgrad einer Sprache beruht entscheidend auf der Präzision ihrer Begriffe, genauer auf der Anpassungsfähigkeit, auf dem Formenreichtum und der Anschaulichkeit des lexikalischen Wortbestands – und nur ganz nebenbei, wenn überhaupt, auf der Einfachheit ihrer Grammatik und Syntax. Hierfür bietet die deutsche Sprache ein naheliegendes Beispiel. Die lexikalische Kohärenz der Deutschen, die auf den großen und immer leicht zu erweiternden Wortfamilien beruht, sein Nuancenreichtum, der sich daraus ergibt, daß für die meisten Vorstellungen neben einem jeweils als synthetisch empfundenen deutschen Wort ein als analytisch empfundenes Fremdwort verfügbar ist, diese Vorzüge werden von keiner der übrigen lebenden westlichen Kultursprachen auch nur annähernd erreicht. Wenn also seit dem 19. Jahrhundert Philosophen und Wissenschaftler deutscher Zunge einen wesentlich größeren Beitrag zu den grundlegenden Einsichten des westlichen Denkens geleistet haben als der zahlenmäßigen Vertretung ihres Volkes entspricht, so liegt dies nicht wenig an der viel größeren Leichtigkeit, mit der im Deutschen eine logisch kompliziertere und nuancenreiche Gedankenkette entwickelt werden kann. Übertroffen wird das Deutsche aber noch vom Chinesischen. Wie präzis, einfach und durchsichtig selbst die kompliziertesten technischen Begriffe im Chinesischen gebildet werden können, möge ein einziges Beispiel zeigen.

Elektronenmikroskop heißt auf Chinesisch *tien-tzu hsien-wei-ching*. Zum Ausdruck des Begriffs sind im Deutschen 7, im Chinesischen 5 Silben erforderlich. Überdies sind beim deutschen Wort die ersten drei (Elektron) und die mittleren zwei Silben (mikro) semantisch nicht weiter trennbar, während in der chinesischen Wortverbindung jede Silbe für sich einen Sinn, ja ein bestimmtes Bild vermittelt, nämlich: *tien* bedeutet ursprünglich „Blitz" und steht heute für die gesamte Begriffsfamilie der elektrischen Erscheinungen: „Elektro-", „Elektronen-". *Tzu* bedeutet ursprünglich und auch noch heute „Kind", dient aber gleichzeitig als 2. Komponente für Wortverbindungen, die Partikelnamen ausdrücken, also „Teilchen"; *hsien* heißt „erscheinen", „erscheinen lassen"; *wei* bedeutet „winzig klein"; *ching* ist das chinesische Wort für „Spiegel" oder „Linse". Unter Berücksichtigung der schon genannten Regel, daß das Qualifizierende dem Qualifizierten vorangeht, kann also *tien-tzu hsien-wei-ching* nur verstanden werden als „Elektronenlinse zum Sichtbarmachen des äußerst Kleinen".

Von dem großen französischen Sinologen Granet stammt der Satz; „Das Chinesische ist nicht geeignet, das Denken zu erleichtern". Damit ist keineswegs unseren bisherigen Darlegungen widersprochen. Virtuosität erfordert auf einer Orgel größere Übung als auf einer Okarina, ebenso wie ein lockerer und eingängiger Stil im Deutschen schwerer zu erreichen ist als im Englischen. Und übrigens, der Vergleich von Orgel und Okarina ist recht hintergründig. Wem es nur auf Lautstärke, nicht auf Harmonie ankommt, der wird mit der Orgel leichter sein Ziel erreichen als mit der Okarina. Wer über die gewaltige elektrisierende Wirkung rätselt, die einige in der Übersetzung scheinbar graue und flache Worte eines chinesischen Führers auf Millionen Chinesen ausüben, sollte sich dies vergegenwärtigen.

Kurzum, die souveräne Beherrschung der beispiellos vielfältigen und subtilen Ausdrucksmittel der chinesischen Sprache erfordert vom Chinesen – und erst recht vom Nichtchinesen – mehr Zeit und Ausdauer als die irgendeiner anderen Sprache.

Ein Teil dieser Schwierigkeit liegt in der Erlernung der chinesischen Zeichenschrift. Nur, wer einmal diese Schrift und diese Sprache richtig erlernt hat, kann damit genauer, sicherer und um ein mehrfaches schneller Gedanken formulieren oder lesend aufnehmen als durch irgendein anderes Sprachmedium oder eine Buchstabenschrift. Hierin kommt wiederum ein Wesenszug der chinesischen Mentalität zum Ausdruck, den man folgendermaßen umschreiben kann: Zuerst das Schwierige, dann das Einfache.

DIE CHINESISCHE SCHRIFT

Wollen wir Wörter unserer Sprache zu Papier bringen, so bedienen wir uns des lateinischen Alphabets — einer Buchstabenschrift. Dabei wird das Lautbild eines gesprochenen Wortes in klangliche Einzelbestandteile zerlegt. Eine Buchstabenschrift vermittelt direkt nur das ungefähre Klangbild eines Wortes, nicht aber dessen Sinngehalt. Wesentliche Voraussetzung für ihre Anwendung ist daher, daß einem bestimmten Klangbild nur ein einziger oder doch nur ganz wenige Begriffe entsprechen, einfacher ausgedrückt, daß es in einer Sprache nur ausnahmsweise gleichklingende Wörter mit verschiedener Bedeutung, sogenannte Homonyme, gibt — wie etwa im Deutschen „Stift". Dabei wird nicht selten aber doch noch ein anderes Unterscheidungsmerkmal wirksam, in diesem Falle der Artikel: *der* Stift, *das* Stift.

Aber gerade diese scheinbar so selbstverständliche Voraussetzung erfüllt das Chinesische nicht. Anders als die übrigen großen Kultursprachen ist es nämlich, wie der Sprachwissenschaftler sagt, „monosyllabisch", d.h. alle Grundwörter sind einsilbig. Mehr noch, im Laufe seiner geschichtlichen Entwicklung hat das Hochchinesische alle Endkonsonanten mit Ausnahme von *-n* und *-ng* sowie die Mehrkonsonanz am Wortanfang — im Deutschen z.B. *fr*oh, *schn*ell, *kl*ein — eingebüßt. Daher verfügt es heute nur noch über knapp 400 Lautbilder, ein Bestand, der durch das noch vorhandene Tonsystem (d.h. Differenzierungen durch unterschiedliche Tonhöhe) eine nur unwesentliche Erweiterung erfährt. Eine solche drastische Einschränkung der Lautkombinationen mußte zwangsläufig das Verständnis des gesprochenen Wortes beeinträchtigen. Dies war wenigstens seit dem 7. Jahrhundert unserer Zeitrechnung der Fall. In der Umgangssprache führte man daher in ständig wachsendem Maße Verbindungen aus sinnverwandten Wörtern ein.

Die chinesische Schriftsprache machte diesen Strukturwandel

nur sehr bedingt mit. Im Gegenteil, die Vernachlässigung der akustischen Unterscheidbarkeit ist eines ihrer besonderen Merkmale. Die chinesische Schriftsprache (*wen-yen*) war zu allen Zeiten eine *Kunst*sprache, anfangs (im 2. Jahrtausend vor unserer Zeitrechnung), weil *künstlich* auf telegrammhafte Kürze reduziert, um bei dem primitiven Schreibwerkzeug die Aufzeichnungen zu erleichtern; danach, d.h. von der Mitte des 1. Jahrtausends vor der Zeitwende bis zur Gegenwart, weil *kunstvoll* durch Dichter- und Philosophengenerationen zu immer vielgestaltigerem Leben erweckt. Tragender Unterbau dieser Kunstsprache ist die chinesische Schrift: eine sogenannte Zeichenschrift. Anders als bei dem in Buchstaben, d.h. Lautzeichen aufgelösten Klangbild der Buchstabenschrift vermittelt hier ein einziges Schriftzeichen direkt einen bestimmten Begriff und nur mittelbar auch ein Lautbild. Ein Vergleich mit unseren sogenannten „arabischen" Zahlzeichen hilft hier weiter. Das Zahlzeichen „5" wird von einem Franzosen, Russen oder Deutschen zwar jeweils ganz anders gesprochen, der Sinn des Zeichens, nämlich „5 mal 1" ist für alle der gleiche. Beim Ablesen solcher Zahlzeichen ist die Aussprache für das Verständnis von zweitrangiger Bedeutung.

Aus der Notwendigkeit nun, im Chinesischen jedem sprachlichen Begriff ein eigenes Zeichen zuzuordnen, erklärt sich die große Zahl der Schriftzeichen. Das 1915 erschienene „Große Chinesische Zeichenwörterbuch" führt fast 50 000 verschiedene Eintragungen an, und bis heute mögen noch einige Tausend neu hinzugekommen sein. Doch entfällt mehr als ein Viertel dieser Zahl auf Varianten, d.h. auf unterschiedliche Schreibweisen. Auch ist zu bedenken, daß die für den Laien verwirrend vielgestaltig erscheinenden Zeichen nach wenigen, genauen Regeln geschrieben werden und sich unter 214 Klassenzeichen – auch Radikale genannt – einordnen lassen. Diese Klassenzeichen bezeichnen meist elementare Begriffe wie „Mensch, Kind, Frau, groß, Berg, Herz, Feuer, Hund" usw. Durch Verbindung untereinander, am häufigsten jedoch durch Hinzufügung weiterer Striche bzw. Strichkomplexe werden damit alle weiteren Zeichen gebildet.

Nach der Art ihrer Zusammensetzung unterscheidet man mehrere Gruppen. Zahlenmäßig klein, wegen ihres hohen Alters jedoch kulturgeschichtlich interessant ist die Gruppe der Begriffsverbindungen, z.B. Sonne mit Mond bedeutet „hell", Mund mit

Atem ergibt „blasen", Mund mit Vogel bedeutet „singen", Schaf und groß hat die Bedeutung „groß, schön", Frau unter einem Dach bedeutet „Friede, Ruhe". Die umfangreichste Gruppe, nämlich fast 90 %, machen die phonetischen Kombinationen aus: Ein Klassenzeichen wird mit einem anderen Zeichen, allgemeiner ausgedrückt, mit einer Strichverbindung verbunden, deren Aussprache feststeht, deren Bedeutung jedoch meist außer acht bleibt. Das dabei entstehende neue Zeichen entspricht daher einem Wort, dessen Sinn durch das Klassenzeichen angedeutet ist; seine Aussprache hingegen wird durch den klanglichen Bestandteil annähernd bestimmt. Z.B. dient das Zeichen für „Grün", *ts'ing* ausgesprochen, unter Beifügung verschiedener Klassenzeichen zur Bildung folgender Zeichen: Zusammen mit dem Radikal „Reis" hat das neue Zeichen die Aussprache *tsing* und bedeutet „Essenz, verfeinert", mit dem Radikal „stehen" wird das Zeichen *tsing* ausgesprochen und hat den Sinn „befrieden, ruhig", zusammen mit „Wasser" gilt die Aussprache *ts'ing* und die Bedeutung „klar, rein", in Verbindung mit dem Klassenzeichen „Sonne" kommt der Begriff *ts'ing* „klarer, unbedeckter Himmel" und zusammen mit dem Radikal „Auge" das Wort *tsing*, „Pupille" zustande.

Es ist aber vor allem zu bedenken, daß sie sichere Kenntnis von mehr als 10 000 Zeichen etwas Außergewöhnliches darstellt. Die Fähigkeit, etwa zwei- bis viertausend Zeichen lesen und einigermaßen schreiben zu können, gilt als guter Durchschnitt. Für die einfache Zeitungslektüre in der Umgangssprache gar genügen weniger als 1 000 Zeichen.

Dank der von geschichtlichen Ausspracheveränderungen und dialektalen Unterschieden unabhängigen Zeichenschrift, die es der chinesischen Schriftsprache erlaubte, sich zwar in beständiger Berührung, niemals aber in Abhängigkeit von der gesprochenen Volkssprache zu entwickeln, konnte sich das Chinesische seit der Mitte des 1. Jahrtausends vor der Zeitwende als universelle und beherrschende Kultur- und Nachrichtenträgerin in Ostasien durch mehr als zwei Jahrtausende behaupten. Seitdem im Jahre 221 vor unserer Zeitrechnung der Erste Kaiser die sich befehlenden Fürstenstaaten in die Einheit des Chinesischen Reiches faßte, konnte wegen des Bandes der universellen Schrift die so entstehende kulturelle und politische Einheit trotz völkischer und rassischer Unterschiede, trotz jahrhundertelangem politischem Chaos, trotz

Spaltung und Fremdherrschaft bis zur Gegenwart nie ernstlich in Frage gestellt werden.

Allerdings mußte die freie, um nicht zu sagen hemmungslose Entfaltung der Schriftsprache, die immer Kunst-, aber bis in unsere Tage niemals tote Sprache war, dort ihre Grenzen finden, wo die Spannung zwischen ihr und der gesprochenen Sprache oder Volkssprache (*pai-hua*) auf die Spitze getrieben wurde oder wo äußere Einflüsse die Entwicklung beeinträchtigten. So konnte es kommen, daß während der „literarischen Revolution" von 1919– 20, aus der Notwendigkeit heraus, viel breiteren Volksschichten eine gehobene Ausbildung zugänglich zu machen, die Forderung, die schwierige Schriftsprache auch im Druck durch die Umgangssprache zu ersetzen, erhoben und durchgesetzt wurde. Die praktischen Erfordernisse in einer modernen industriell-kommerziellen Gesellschaft, wo der Bedarf für eine wenigstens halbgebildete Führungsschicht besteht, bewirkten ein übriges. Und selbstverständlich wäre die Schriftsprache für die modernen Nachrichtenmittel wie Fernsprecher und Rundfunk völlig ungeeignet.

Seitdem, erst recht aber während der Sprach- und Schriftreformen seit der Kommunistischen Machtergreifung in China im Jahre 1949 zeigte sich, daß die mit einer alphabetischen Schreibmethode verglichen etwas kompliziertere chinesische Zeichenschrift auch der Umgangssprache sehr angemessen ist. Die Umgangssprache hatte zwar, wie schon erwähnt, durch eine beständige Vermehrung der Synonymkomposita, d.h. von Verbindungen sinnverwandter Wörter, die erforderliche akustische Klarheit bewahrt.

Wie relativ diese Verständlichkeit jedoch ist, zeigt der Umstand, daß man seit eh und je, sobald das Gespräch die alltägliche Thematik verläßt, im Falle drohenden Mißverständnisses dem Gesprächspartner das entsprechende Schriftzeichen in die Luft oder auf den Handteller malt. Denn es gibt im heutigen Hochchinesisch nicht nur viele ähnlich klingende, lediglich durch unterschiedene Verbindungen – etwa *t'i-tzu* (Leiter), *tī-tzu* (Huf), *t'ī-tzu* (Schublade) oder *t'īng-chíh* (eines Amts entheben), *t'íng-chíh* (stehen bleiben, anhalten), *t'ìng-chìh* (verstopfen, zum Stocken bringen), sondern es gibt auch Verbindungen, die selbst bei sorgfältigster Aussprache völlig gleich klingen und daher nur aus dem Sprachzusammenhang – oder eben auf Grund der Schriftzeichen – zu unterscheiden sind, so etwa *tà-lù*, das je nach der Schreibweise „Hauptstraße" oder „Kontinent" bedeuten kann. Und dieses Problem der gleichklingenden Wortverbindungen gewinnt mit der wachsenden Ausbreitung westlicher Wissenschaft und Technik noch an Bedeutung. Denn das Chinesische ist wohl die einzige homogene Kultursprache: praktisch alle Fachausdrücke, die z.b. im Deutschen unter Benützung lateinischer, griechischer, französischer und englischer „Fremdwörter" gebildet sind, werden im Chinesischen unter Rückgriff auf die eigene Schriftsprache, zum Teil unter Bildung neuer Zeichen und Wörter geschaffen, also z.B. „Automation": *tzù-tùng-hùa*. Viele dieser so neugeprägten Fachwörter aber unterscheiden sich allein durch die Schreibung von älteren, völlig gleichklingenden Ausdrücken. Beispiele hierfür sind die Ausdrücke *t'úng-hùa*, das ursprünglich nur Märchen, heute auch Vereinheitlichen, Vereinheitlichung bedeutet, und *táo-tàn* mit der alten Bedeutung „Unruhe stiften" und der neuen „ferngelenktes Geschoß".

Das neue Regime nach 1949 konnte daher zwar in engen Grenzen eine Vereinfachung der Schriftzeichen durchführen, nicht aber die seit Jahrzehnten geforderte Ablösung der chinesischen Zeichenschrift durch das lateinische Alphabet beschließen. Und daran dürfte sich während mehrerer Generationen nichts ändern.

DIE FORTWÄHRENDE RELEVANZ DES CHINESISCHEN DENKENS

Unter chinesischem Denken verstehen wir jene Denkform, die sich im chinesischen Kulturkreis mehr als 2 000 Jahre hindurch eigengesetzlich entfaltet hat – sowie die Ergebnisse dieser Denkform. Dieses Denken interessiert uns heute und in Zukunft im wesentlichen deshalb, weil es zum abendländischen komplementär ist, d.h. zu diesem nach Verfahrensweise und Thematik die nahezu vollkommene Ergänzung bildet. Es hat in jenen Bereichen und für jene Probleme gültige und reife Lösungen erbracht, die sich im Westen der denkerischen – und somit auch der wissenschaftlichen – Bewältigung entziehen.

Betrachten wir zunächst die Komplementarität von chinesischem und abendländischem Denken. Diese Komplementarität läßt sich heute zwar auf der Ebene erkenntnistheoretischer Terminologie rasch und präzis definieren: Das abendländische Denken stellt kausalanalytische Verbindungen her und orientiert sich primär am Substrat, das chinesische Denken stellt induktiv-synthetische Verbindungen her und orientiert sich primär an der Funktion. Doch wer vermöchte ohne weiteres aus diesen dürren Wörtern die Fülle jener lebendigen Bezüge abzuleiten, die das Schicksal des Einzelnen wie ganzer Kulturen bestimmen.

Anschaulicher ist zunächst dieses Bild: Ein Kaufhaus brennt. Bei den Menschen, die von ihrer Aufgabe her direkt mit dieser Katastrophe befaßt sind, kann man zwei Motivationen deutlich unterscheiden. Da sind einerseits die Feuerwehrleute, die Sanitäter und sonstigen Rettungsmannschaften. Zu ihrem Handeln werden sie durch die unmittelbaren Zeichen des Unglücks, durch die in der Feuerwehrzentrale wahrgenommenen Alarmsignale, durch den Qualm, der aus den Gebäudeöffnungen quillt, durch die Schreie von Menschen, die sich den Weg zu den Ausgängen nicht mehr bahnen konnten, durch den Feuerschein, der hier und dort sichtbar wird ..., veranlaßt.

Da sind andererseits die Kriminalbeamten und Versicherungsleute. Selbst wenn sie bereits während des Brandes an der Unglücksstelle eingetroffen sind, beginnt doch ihre eigentliche Arbeit erst *nach dem Ende* des Brandereignisses, also nachdem der letzte Verletzte versorgt, die letzte Brandwache abgezogen worden ist. Sie versuchen durch gezielte Zeugenbefragungen, durch Untersuchung der Brandstätte ein bereits in der Vergangenheit liegendes Ereignis kausal zu rekonstruieren, sowie den Umfang des Schadens quantitativ zu bestimmen.

Die Einstellung des chinesischen Denkens entsprach seit seinen Anfängen bis an die Schwelle unseres Jahrhunderts, also mehr als 2 000 Jahre hindurch, konstant und unverändert der Einstellung der ,,Feuerwehrleute", d.h. es hat unbeirrt und konsequent all seine Impulse aus der unmittelbaren Wahrnehmung und gedanklichen Verarbeitung gegenwärtigen Geschehens, aus der Beschreibung dynamischer Abläufe empfangen. Im abendländischen Denken hingegen standen seit Aristoteles die Einstellungen von ,,Feuerwehrleuten" und ,,Versicherungsfachleuten" bis zum Beginn der Neuzeit, also bis weit nach Thomas Aquinas, miteinander in unentschiedener Konkurrenz. Erst in allerjüngster Zeit, seit dem Ende des 18. Jahrhunderts, scheint hier die Einstellung der ,,Versicherungsfachleute" einen klaren und souveränen Sieg davongetragen zu haben.

Halten wir auf jeden Fall fest, was noch mehrfach aufzunehmen sein wird, daß keine der beiden beschriebenen Einstellungen im Hinblick auf die Sache willkürlich oder zufällig genannt werden darf, daß also, im Gegenteil, beide aus dem Gegenstand der Betrachtung und der verfolgten Absicht heraus zwingend begründet sind: der Feuerwehrmann muß *während* des Feuers eingreifen; nur so kann er den Schaden mindern, Menschenleben retten usw. Der Versicherungsmann muß *nach* dem Feuer tätig werden; nur so kann er die Zahl der wegen Verletzungen Anspruchsberechtigten wie überhaupt den Umfang des Schadens endgültig bestimmen.

Die soeben gewonnenen Einsichten versetzen uns in die Lage, die exakte Komplementarität von chinesischem und abendländischem Denken nun auch theoretisch genauer zu erfassen. Ein

Problem, bei dessen Behandlung die Komplementarität besonders eindrucksvoll hervortritt, ist das der Nexusaxiome, d.h. jener Sätze, mit deren Hilfe positive Erkenntnisdaten („Wirkpositionen") innerhalb des Koordinatensystems von Raum und Zeit logisch miteinander verbunden werden. Kommen wir noch einmal auf den qualitativen Unterschied zwischen direkter und indirekter Wahrnehmung bzw. Wirkung zurück. *Direkt* positiv wahrnehmbar sind uns — wie jedem anderen Subjekt — nur gleichzeitig mit uns gegebene, d.h. gegenwärtige Wirkungen. Und was in der Gegenwart uns direkt wahrnehmbar wird, sind Bewegungen, Veränderungen, kurzum Funktionen. Diese gegenwärtige Wahrnehmung entspricht der „Feuerwehrmannperspektive". (Wer vermeint, in der Gegenwart auch statische Gegenstände wahrzunehmen, übersieht, daß er diese Gegenstände nur unter der Voraussetzung, daß und insoweit sich Bewegung an ihnen bricht oder von ihnen ausgeht, wahrnehmen kann. Nur insoweit ein Gegenstand beleuchtet ist, unserem Tastsinn, d.h. unserer Bewegung, Widerstand bietet oder selbst Wärme oder Töne von sich gibt, können wir aus der direkten Wahrnehmung dieser Funktionen auf das Vorhandensein dieses Gegenstandes schließen.) Und was für unsere eigene sinnliche Wahrnehmung gilt, gilt auch für die Instrumente, die wir eventuell zur Erweiterung unseres Sinneshorizonts zwischenschalten können.

Die Gegenwart bedeutet Gleichzeitigkeit. Wir unterstellen, daß der Gesprächspartner, der uns gegenübersitzt, dessen Worte wir vernehmen und dessen Aussehen und Bewegungen wir wahrnehmen, gleichzeitig mit uns gegeben ist; ebenso ganz allgemein, daß Reiz und Erregung eines reizaufnehmenden Organs oder Instrumentes gleichzeitig erfolgen... usw. Eine solche Wirkbeziehung zwischen zwei *gleichzeitig gegebenen* Positionen, also zwischen Licht und fotochemischer Reaktion, zwischen Sinneseindruck und Gedankenimpuls, zwischen Temperaturveränderung und physikalischer Reaktion... nennt man eine *induktive* Wirkbeziehung, induktiv, d.h. Bewegung oder Veränderung mitteilende Beziehung. Wenn man in einem solchen Fall fraglos davon ausgeht, daß die beiden Pole oder Positionen der Wirkbeziehung gleichzeitig, in der gleichen Zeit gegeben sind, zugleich aber wahrnimmt — und mit dem Wort „Beziehung" oder „Wirkbeziehung" auch unterstellt —, daß die Positionen A und B nicht identisch sind, so folgt daraus zwingend, daß A und B an verschiedenen Raumorten liegen bzw. vorhanden sind, vonstatten gehen. Eine solche Wirkbeziehung zwischen zwei in der gleichen Zeit, jedoch an verschiedenen Raumorten gegebenen Positionen nennt man mit einem Fachwort einen *Induktivnexus*. Um diesen Induktivnexus eindeutig zu beschreiben, ist noch eine weitere Angabe notwendig. Im konkreten Fall ist es von grundsätzlicher, sagen wir richtiger von qualitativer Wichtigkeit, ob der Feuerwehrmann vom Feuer verzehrt wird oder ob er das Feuer löscht. Anders gesagt, es bedarf der Festsellung, in welcher *Richtung* die Bewegung oder Einwirkung zwischen den in Betracht gezogenen Raumpositionen erfolgt, beispielsweise, ob sie vom Brandherd zum Feuerwehrmann oder umgekehrt vom Feuerwehrmann zum Brandherd vonstatten geht. Diese unerläßliche Aussage über die Richtung einer Bewegung ist eine qualitative Aussage.

Eine Betrachtungsweise, die das Subjekt zu Wirkpositionen seiner gegenwärtigen Mitwelt in Beziehung setzt oder, allgemeiner, eine Bewegung, welche die Beziehungen zwischen Positionen, die mit dem Subjekt in einer gemeinsamen Gegenwart zusammentreffen, in den Blick faßt, nennt man eine synthetische (griechisch *syntithenai* = zusammenstellen) Betrachtungsweise oder einfach Synthese. Bezieht man in diesen Satz die Ergebnisse der vorangehenden Sätze ein, so kann man formulieren: bei synthetischer, d.h. Zusammenstehendes als Zusammenstehendes positiv und unmittelbar wahrnehmender Betrachtungsweise tritt der dynamische, induktive, d.h. Bewegung mitteilende funktionale Aspekt der Wirklichkeit hervor. Faßt man schließlich Verfahren und Ergebnis in einen Begriff, so kann man von einem induktiv-synthetischen Erkenntnismodus sprechen.

So weit zunächst die Erläuterung der Einstellung der „Feuerwehrleute". Vergleichen wir nun mit dieser das Verhalten der „Versicherungsfachleute". Ihr Kontakt mit dem Ereignis ist zwar auch ein positiver, aber ein indirekter. Das Brandunglück und die kriminalistischen und versicherungstechnischen Erhebungen darüber liegen in verschiedenen Zeiten. Der Versicherungsfachmann prüft die materiellen Reste der Brandkatastrophe und er registriert die Erinnerungsdetails (Zeugenaussagen) des Ereignisses. Und von diesen Erinnerungsdetails des Ereignisses geht er noch weiter zurück zu einem Zustand vor dem Brand. Diese retrograde Bewegung durch vergangene Zeitebenen verweilt jedoch am selben Objekt, am selben absoluten Raumort und wird allein durch Vernunftschlüsse vollzogen. Man nennt sie kausal, d.h. ursächlich, Ursachen aufspürend, weil jeder zeitlich vorangehende Zustand ein und derselben Wirkposition als Ursache des nachfolgenden verstanden werden kann oder verstanden wird. Die logische Verbindung zwischen Wirkungen, die in zeitlicher Folge über ein und derselben (absoluten) Raumposition ablaufen, nennt man Kausalnexus.

Die in die Vergangenheit zurückgesunkenen Wirkungen treten dem Betrachter nicht mehr unmittelbar als Bewegung vor die Sinne, sondern sie sind nur insoweit faßbar, als sie im Substrat konkretisierte Spuren hinterlassen haben. Allgemeiner formuliert, sie sind nur als Substrate, als materielle Konkretisationen faßbar. Ähnliche Substrate – also auch die zeitlich aufeinanderfolgenden „Zustände" einer Wirkposition – lassen sich eindeutig nach quantitativen Kriterien, d.h. nach Maß, Gewicht u.a. voneinander unterscheiden, gegeneinander abgrenzen.

Die kausale Reaktivierung vergangener Zeitebenen hat zur Voraussetzung, daß alle von der Gegenwart her weiterhin das Substrat zu verändern strebenden Kräfte oder Tendenzen vollkommen abgewehrt, ausgeschaltet werden können: das Objekt muß losgelöst (griech. analyein = auf-, loslösen) von allen gegenwärtigen Wirkungen, herausgelöst aus der gegenwärtigen Wirklichkeit, allein die fragenden Einwirkungen des Subjekts reflektieren. Deshalb nennt man eine Betrachtungsweise, die Wirkpositionen aus ihrem gesamten aktuellen, funktionalen Wirkzusammenhang herauslöst, Analyse, analytisches Verfahren. Will man auch hier Verfahren und Ergebnis in einen Begriff fassen, so spricht man von dem kausalanalytischen Erkenntnismodus.

Der soeben gegebene, etwas ausführlichere Vergleich der beiden Erkenntnismodi erschien uns unerläßlich für das klare Verständnis der Tatsache, daß kausale Analyse und induktive Synthese bei der Erkenntnis der Wirklichkeit keine Alternativen sind, zwischen denen die Wahl freisteht, sondern komplementäre Betrachtungsweisen, d.h. sich gegenseitig ergänzende Blicke auf die Gesamtwirklichkeit. Sagen wir damit Selbstverständliches, Altbekanntes? Mitnichten! Die Chinesen waren bis ins 19. Jahrhundert des Glaubens, daß der von ihnen durch alle Zeiten geübte Denkmodus, die induktive Synthese, der einzig mögliche und im übrigen zur Erkenntnis aller erkennenswerten Details der Wirklichkeit ausreichend sei. Einem ähnlichen, absoluten Glauben im Hinblick auf die kausale Analyse begegnen wir heute noch oder heute erst recht bei der großen Mehrzahl der weltweit, nicht nur im Westen wissenschaftlich Tätigen. Ihnen ist völlig entgangen, daß die Speerspitze exakter Wissenschaft, die Physik, bereits im 19. Jahrhundert, im Anschluß an die Gedanken Faradays und Maxwells, diese einseitige Fixierung aufgegeben hat, um auch die induktiv-synthetische Betrachtungsweise voll in ihr methodisches Instrumentarium einzubeziehen. Nur so konnte sie zu jenen Ergebnissen vorstoßen, die die Technologie des 20. Jahrhunderts prägen: Elektrodynamik und Kernphysik. Allerdings war diese Einbeziehung nur durch einen unbeabsichtigten, unwillkürlichen Kunstgriff möglich, durch welchen das Ereignis vielleicht sogar manchem Physiker, mit Sicherheit aber der übrigen wissenschaftlichen Öffentlichkeit verschleiert worden ist: Die Kausalität ist ein Axiom. Ein Axiom ist weder zu beweisen noch zu widerlegen, auch nicht zu modifizieren, zu korrigieren. Es kann nur durch ein anderes Axiom ersetzt oder ergänzt werden. Die Physiker aber sprachen – und sprechen noch immer – von einem „Kausalitätsgesetz", das im 19. Jahrhundert „erweitert" worden sei. Tatsächlich aber wurden die Bestimmungen des Induktivitätsaxioms mit denen des Kausalaxioms pragmatisch gleichgestellt: „Die Ursache geht der Wirkung voraus oder besteht gleichzeitig mit ihr".

Wir müssen uns hier versagen, diese Unstimmigkeiten in größerer Breite zu erörtern, konnten aber nicht einfach darüber hinwegsehen. Denn mit Ausnahme von Physik und physikalischer Chemie verharren nicht zuletzt wegen dieser verschleiernden Formulierung alle übrigen wissenschaftlichen Disziplinen in dem Dogma, daß nur kausale Analyse positive Erkenntnisse ermögliche.

Aus gutem Grund ist unser Thema „Die fortwährende Relevanz des chinesischen Denkens" und nicht einfach „Die Bedeutung des Induktivnexus". Denn wir wollen nicht nur zeigen, daß in China synthetisch gedacht wurde, sondern daß die dort nach dem induktivsynthetischen Modus gewonnenen Ergebnisse des Denkens eben jenen Anforderungen entsprechen, die zu erfüllen das vom Abendland geprägte universelle Denken sich heute mit antinomischer Vergeblichkeit bemüht.

Philosophie, eine zusammenhängende rationale Spekulation, setzt in China annähernd zur gleichen Zeit ein wie im kleinasiatischen Kulturkreis, nämlich in der Mitte des ersten Jahrtausends vor der Zeitwende. Aber der historische Hintergrund, vor dem sich dieses Denken entfaltete, war in beiden Kulturen von Anfang an sehr verschieden. China blickte damals bereits auf eine zusammenhängende Kulturgeschichte von wenigstens tausend Jahren zurück, genauer gesagt, die kulturtragende Schicht, die Erbaristokratie der Fürstenhöfe wußte von dieser Vergangenheit. Man fühlte sich bereits als „Land der Mitte" (*chung-kuo*), als Ausstrahlungsmittelpunkt aller Kultur auf eine zu zivilisierende Welt. Dieser Glaube an einen zivilisatorischen Auftrag ist das einzige Motiv, welches das chinesische Denken ostinat durch alle Wendungen seiner Geschichte seit der archaischen Zeit bis in die Gegenwart begleitet.

Nun waren in der Mitte des ersten Jahrtausends Umstände eingetreten, die es schwer machten, diesen Auftrag zu erfüllen. Die Völkerschaften an der Grenze der zivilisierten Welt, die bisher durch bloße Machtdemonstrationen in Schach gehalten werden konnten, übten einen immer mächtigeren Druck auf die Grenzen des Mittelreichs aus. Daraus ergaben sich demographische Verschiebungen und die Notwendigkeit zu einer verbesserten Kriegstechnik. Solche Veränderungen wiederum brachten die chinesischen Fürsten, die bisher jede Fehde durch Fürstenduell oder rituelle Turniere beigelegt hatten, zu der Meinung, daß ein Heer nur im Krieg das, was es kostete, wieder einbringen konnte; auch, daß man Heere in Ermangelung äußerer Bedrohung auch im Innern des Reiches gegen politische Rivalen einsetzen durfte. So begann die Zeit der „kämpfenden Reiche", eine Epoche des Kampfes aller gegen alle um die Hegemonie im Staatenverband. Dieser Kampf wurde indes nicht nur mit kriegerischen Waffen geführt, auch Handelsblockaden, die Entführung von Bauern, die Abwerbung von Technikern und Handwerkern und vor allem die Gewinnung potenter Denker spielten eine nicht minder große Rolle. Die mächtigsten Fürsten unterhielten in dieser Zeit regelrechte Akademien, an denen sie Dutzende von Gelehrten, Philosophen, Sophisten, Strategen freihielten und miteinander in Wettstreit treten ließen. Es war deshalb zugleich die Zeit der „Hundert Schulen", während der der chinesische Geist in einer Vielfalt erblühte wie niemals zuvor oder danach: Naturmystik, Hedonismus, Sozialismus, Staatsabsolutismus, Legalismus, Humanismus ..., synthetische und analytische Strömungen konkurrierten miteinander.

Konfuzius lebte an der Schwelle dieser Epoche, an der Nahtstelle zwischen archaischer und neuer Ordnung. Aus ältestem Adel stammend, kannte er die Vorzüge der alten Instituionen; auf exponiertem politischen Posten wirkend, wußte er, daß diese Institutionen keine Zukunft hatten. Die Lösung, die er vortrug und die sich am Ende der Zeit der Wirren, also vom 2. Jahrhundert vor der Zeitwende an, zunehmend als die einzig vorstellbare durchsetzte, läßt sich folgendermaßen umreißen: Der Mensch ist Mensch nur als kultivierter Mensch. Kultur ist stets das Werk einer Gemeinschaft. Insofern die Gemeinschaft Voraussetzung für die Entfaltung der Humanität jedes Einzelnen ist, muß die harmonische Ordnung der Gemeinschaft Vorrang vor allen übrigen Anliegen haben. Diese Ordnung beruht ganz wesentlich auf der Entwicklung dreier Grundqualitäten, nämlich *jen*, *i* und *li*. Die christlichen Missionare haben *jen* mit ‚Nächstenliebe' übersetzt; viele Sinologen nähern sich der chinesischen Vorstellung mit dem Äquivalent ‚Menschlichkeit'. Das chinesische Schriftzeichen führt uns unmittelbar an die Bedeutung des Begriffs *jen* heran: Es besteht aus den Teilen ‚Mensch' und ‚zwei'. *Jen* faßt also all jene Qualitäten zusammen, welche jede Beziehung zwischen zwei Menschen harmonisch und ersprießlich machen: die Fähigkeit, sich auf den andern Menschen einzustellen, sich in seine Lage zu versetzen und die eigene Bereitschaft, entsprechend der so gewonnenen Einsicht zu handeln.

I, gewöhnlich und annähernd richtig mit ‚Rechtlichkeit' wiedergegeben, bezeichnet den ‚Sinn für Billigkeit', also die Fähigkeit, im Konflikt gegensätzlicher Ansprüche einen übergeordneten Gesichtspunkt wahrzunehmen.

Li, ein ursprünglich auf die religiösen Riten und das Zeremoniell hinweisender, in der modernen Alltagssprache zu ‚Schicklichkeit' abgeschwächter Begriff, bedeutet bei Konfuzius und seinen Nachfolgern den ‚Sinn für die gesellschaftlich angenehme, konventionell geregelte Form', die ‚Höflichkeit' im ursprünglichen Wortsinn.

Die auf den genannten Qualitäten gründende, durch weitere

Tugenden ergänzte Ordnung ist eine natürliche und rationale Ordnung, erstmals dargestellt in der historischen Existenz mustergültiger Menschen (*sheng-jen*) des Altertums und bewahrt und fortentwickelt in den Taten und Lehren der Edlen (wörtlich: fürstlichen Menschen), d.h. jener, die in ihrem Verhalten eine Aristokratie der Gesinnung und Bildung, nicht der Herkunft bekunden. Man beachte diesen grundlegenden Unterschied. Die jüdisch-christliche Moral hat ihren mythischen Ursprung – ihre „göttliche Offenbarung" – nicht nur niemals verleugnet, sondern im Gegenteil in der christlichen Theologie als „Transzendenz" sogar noch überhöht. Damit blieben ihre Grundthesen bis heute jeder rationalen Diskussion und Extrapolation entzogen. Konfuzius hingegen hat die mythische Überlieferung konsequent und mit Absicht aller Transzendenz entkleidet. Die mythischen Herrscher des chinesischen Altertums, die man vor und bis zu seiner Zeit als mit übernatürlichen Gaben ausgestattet glaubte, beschreibt er als *historische* Persönlichkeiten, welche die elementaren Regeln der Ethik weder gestiftet noch als Offenbarungen empfangen hatten, sondern welche sie lediglich dank einer guten natürlichen Anlage in ihrem Leben mustergültig darzustellen vermochten. Die konfuzianische Ethik war also von vornherein und ist prinzipiell eine auf sinnlich erkennbaren Daten begründete, eine „diesseitige" Moral, deren Anwendung bzw. Verwirklichung ständig und zu allen Zeiten die Mitwirkung der Vernunft erfordert.

Der Konfuzianismus war zunächst eine Lehre unter vielen. Seit Kaiser Wu der ersten Han-Dynastie (140–87) vermochte er sich als staatstragendes, philosophisches System zu etablieren. Der Unterricht und die Prüfung in seinen wichtigen Thesen und Methoden wurde von da an die Voraussetzung jeder Beamtenlaufbahn – und blieb es bis zum Jahre 1905. Dies gelang, weil er zunächst aus allen konkurrierenden Schulen wichtige Einflüsse in sich aufnahm, im Laufe der Zeit dann wieder ausschied. Dazu gehörten in der frühen Han-Zeit die mantischen Theorien der sogenannten Yin-Yang-Schule, im 3. und 4. Jahrhundert die taoistisch inspirierte Persönlichkeitsphilosophie der Bewegung der „losgelösten Gespräche" (*ch'ing-t'an*), nicht zu reden von den durch einzelne Denker repräsentierten legalistischen, analytischen, totalitären und skeptischen Strömungen.

Seit der ersten Han-Zeit blieb dem Konfuzianismus als Denksystem im Grunde nur ein Kontrahent – der Taoismus, zu dem sich zwischen Zeitwende und etwa dem 10. Jahrhundert auch der von außen kommende Buddhismus gesellte.

Der Begriff Taoismus wird gemeinhin auf jene drei klassischen Texte – Lao-tzu, Chuang-tzu und Lieh-tzu – zurückgeführt, in denen zwischen dem 4. und 3. Jahrhundert vor der Zeitwende eine mystische, naturschwärmerische, individualethische Lehre entfaltet wurde. Tatsächlich lassen sich die Vorstellungen, aus welchen die Denker schöpften, gut ein Jahrtausend weiter in die Vergangenheit zurückverfolgen, und sie sind, als breiter Strom der Naturerfahrung bis in die Gegenwart lebendig geblieben: Schamanismus, ekstatische, elementare Kulte, poetische Mystik und politischer Chiliasmus, Alchemie und Naturbeobachtung, Heilkunde und Makrobiotik ... Wenn nun der Konfuzianismus von Anbeginn an und mit der Zeit immer enger nur die sozialen Phänomene ins Auge faßte, ging es dem Taoismus um das Verhältnis zwischen Mensch und Kosmos, zwischen Mensch und Natur – und damit auch um die innere Problematik des auf sich selbst gestellten Individuums. Lebensverlängerung und Hygiene, Diätetik und Medizin, Ästhetik und persönliche Frömmigkeit waren und sind die Grundmotive dieses Denkens.

Der Buddhismus war von zentralasiatischen Mönchen kurz nach der Zeitwende nach China getragen worden. Dort trat er zunächst im Gewand und mit der Terminologie einer taoistischen Sekte auf, ehe die politischen und religiösen Krisen zwischen 3. und 5. Jahrhundert ihn eigenes Profil gewinnen ließen. Was er zum geistigen Leben Chinas damals beisteuerte, waren die Vorstellungen von Gnade, Erlösung, Erleuchtung, die Möglichkeit oder gar Notwendigkeit einer Ablösung von den Dingen dieser Welt. Er geriet so in offenen Konflikt mit dem konfuzianischen Anspruch, die Gesellschaft und all ihre Mitglieder hier und jetzt durch genau umschriebene Pflichten zu läutern und zu verwandeln. In diesen Konflikt haben Buddhismus wie Konfuzianismus ein halbes Jahrtausend lang Argumente abgetauscht und das Instrumentarium ihrer Logik verfeinert.

Die spannungsvolle Auseinandersetzung zwischen den drei Systemen im Verlauf der ganzen T'ang-Zeit führte gegen deren Ende, vom 10. Jahrhundert an, zu unvorhersehbaren Verwandlungen. Allein der Taoismus, als elementare, naturnahe Tiefenströmung, scheint seinem Wesen treu geblieben zu sein. Der Buddhismus hatte im Ch'an (japanische Aussprache: Zen) von diesem Taoismus die ihm eigentlich wesensfremde Vorstellung einer erlösenden Verwandlung in und durch die irdische Existenz aufgenommen, er hatte weiter – zum Teil unter dem politischen Druck des konfuzianischen Staates – seine institutionelle Basis verlassen und sich in eine diffuse, oft blutarm wirkende Frömmigkeit und Nächstenliebe zurückgezogen, von der her kaum noch ins Allgemeinbewußtsein durchschlagende philosophische Impulse ausgingen.

Der Konfuzianismus aber hatte in der Auseinandersetzung mit dem Buddhismus eine Spiritualisierung seiner bislang sehr erdnahen und schwerfälligen Argumentation erfahren, war zu einer Flexibilität der Logik und Sprache vorgestoßen; vom Taoismus hatte er außer wissenschaftlichen Deutungen des gemeinsamen philosophischen Erbes mehr als nur einen Hauch von Naturbewußtsein empfangen. All dies vollzog und vollendete sich in jener umfassenden Synthese der Sung-Zeit, die in China *li-hsüeh*, „Lehre von der Ordnungsregel", von westlichen Autoren vordergründig einfach als Neokonfuzianismus bezeichnet wird. Dieser Vorgang ist nicht nur ein philosophiegeschichtliches Ereignis erster Ordnung, sondern auch eine weltgeschichtliche Wende, präfiguriert er doch im Abstand von 800 Jahren einen Umschwung des Denkens, vergleichbar nur jenem, der im Gefolge der exakten Naturwissenschaften die technologische Revolution unserer Zeit heraufgeführt hat. Versuchen wir zu skizzieren, was in China geschah.

Im 11. Jahrhundert schrieb der Philosoph Chou Tun-i zu einem ursprünglich taoistischen Diagramm einen Kommentar mit dem Titel „*T'ai-chi t'u-shuo*" („Erklärungen zum Bild vom Höchsten Pol"). Dieser beschreibt mit knappen, aber präzisen Worten die gegenseitige Bedingtheit von empirischen Aspekten und natürlichen wie moralischen Qualitäten und wird zum Kristallisationskern von etwas, das man mit einem modernen Ausdruck eine einheitliche Theorie des natürlichen und des sozialen Kosmos nennen könnte.

Ein Jahrhundert später führt Chang Tsai in seinem Werk das von Chou begonnene Unterfangen fort: Das gesamte philosophische Vermächtnis der konfuzianischen Klassiker wird hinsichtlich seiner sozialethischen Aussage und Terminologie einer durchgängigen Neudeutung unterworfen. Diese Arbeit Changs führten dessen Schüler, die Brüder Ch'eng, verfeinernd zu Ende. In der zweiten Hälfte des 12. Jahrhunderts schließlich findet diese Umwandlung der bislang vielschichtigen und heterogenen konfuzianischen Wissenschaft vom Menschen in ein schlüssiges und einheitliches System durch das Wirken Chu Hsis ihre Krönung und ihren Abschluß. Was war damit gewonnen? Zumindest alle Humandisziplinen – Pädagogik, Psychologie, Soziologie, Politik, Individualethik – hatten eine rational stringente, also eine methodisch eindeutige und schlüssige Grundlage gefunden. Es genügte fürderhin, alle mit sozialen und politischen Führungsaufgaben betrauten Männer, also die konfuzianische Beamtenschaft, in deren Händen ja von eh und je auch das höhere Ausbildungswesen und die Jurisdiktion lag, mit diesen Erkenntnissen vertraut zu machen, um im ganzen Reich eine von menschlichen Unzulänglichkeiten und wirtschaftlicher wie politischen Wechselfällen unabhängige gleichmäßige und gerechte stabile Ordnung einkehren zu lassen – was dann auch geschah.

Schon die Herrschaft der Sung-Dynastie hat trotz höchster innerer Gebrechlichkeit und labiler politischer Kräfteverhältnisse zweieinhalb Jahrhunderte bestanden und hat als Folge der größten Freiheit und Lebendigkeit des intellektuellen Lebens eine glänzende Entfaltung der Wissenschaft und Künste, beispiellosen Wohlstand und die endgültige Unterordnung der militärischen unter die zivile Verwaltung herbeigeführt.

Im 13. Jahrhundert ergießen sich die Heere Dschingis Khans über China. Weniger als eine Generation später, 1277, besteigt sein Sohn Kubilai als erster Kaiser der Yüan-Dynastie den chinesischen Thron. Dabei wird die politische Funktion des Konfuzianismus ausdrücklich bestätigt, ebenso der Auftrag der konfuzianischen Beamtenschaft. Personell stützt sich die Yüan-Fremdherrschaft indes auf ein zu kleines Potential mongolischer Sippen an der Spitze und wird deshalb schon 1368 von der chinesischen Ming-Dynastie abgelöst, die wiederum fast drei volle Jahrhunderte des Friedens und der Stabilität heraufführt. Die Perfektion der konfuzianischen Administration hat unter ihr einen solchen Grad erreicht, daß einzelne Ming-Kaiser jahrzehntelang oder gar von ihrer Thronbesteigung bis zu ihrem Tod überhaupt nicht Audienz halten, sondern die Regierungsgeschäfte völlig dem Apparat über-

lassen, ohne daß deshalb ernste politische Wirren ausbrachen.
1644 bemächtigt sich abermals ein zunächst an der Nordgrenze des Reiches ansässiger Fremdstamm, die Mandschuren, nach einem militärischen Spaziergang der Macht im Reiche. Als Ch'ing-Herrscher regierten sie wiederum knapp dreihundert Jahre über China bis zur Ausrufung der Republik im Jahre 1912. Die Agonie des konfuzianischen Staates beginnt allerdings bereits 1840, dem Jahre des verlorenen ersten Opiumkriegs, als dessen Folge die westlichen Nationen, einschließlich Rußlands und Amerikas, sich mit stetig wachsender Kühnheit zu Interventionen in China legitimiert fühlen. Die Keime dieser traumatischen Krise liegen indes noch weiter zurück, eben dort, wo Chinas glorreiche Wissenschaft vom Menschen ihre strahlendste Entfaltung erreicht, zwischen dem Ende der Sung- bis zur Mitte der Ming-Zeit, also etwa zwischen dem 13. und dem 15. Jahrhundert.

Um das Ziel, eine umfassende positiv rationale, logisch völlig schlüssige Wissenschaft vom Menschen zu schaffen, zu erreichen, waren fast genau 1500 Jahre lang die konzentrierten Anstrengungen der besten Denker Chinas notwendig gewesen. Angesichts seiner Verwirklichung ergriff nun nicht nur die gebildeten, sondern schließlich alle Chinesen das Gefühl, daß damit Wissen schlechthin, die Methode zur Erkenntnis aller erkennenswerten Dinge unter dem Himmel überhaupt gefunden worden war. Spätestens seit dem 19. Jahrhundert weiß China, weiß die Welt, daß dieser Glaube ein Aberglaube war. Doch vollzog sich diese Einsicht unter so dramatischen, für die Chinesen unendlich leidvollen, für die Menschen des Abendlandes hingegen berauschenden Begleitumständen, daß zwei notwendige und heilsame Erkenntnisse, die daraus hätten gewonnen werden müssen, weder dort noch hier tatsächlich vollzogen wurden, nämlich
1. daß die Defizienz des chinesischen Denkens und der chinesischen Wissenschaften im Hinblick auf die physikalische Natur mitnichten die Gültigkeit ihrer Erkenntnisse im humanen und biologischen Bereich beeinträchtigt;
2. daß der im 18. Jahrhundert im Abendland aufkommende, heute die ganze Welt infizierende Glaube an die Allgewalt der kausalanalytischen Methode und der aus ihr hervorgegangenen Technologie gleichfalls einer einseitigen Weltsicht entspricht, die, wird sie nicht bewußt korrigiert, nicht minder in eine die Exi-

stenz der Kultur selbst bedrohende Krise münden muß.
Die schematische, dogmatische oder ideologische Übertragung kausalanalytischer Methoden auf die gesamten biologischen und sogar die Humandisziplinen sterilisiert zunehmend die Relevanz ihrer Aussagen und hat längst das Verhältnis zwischen Forschungsaufwand und Ertrag umgekehrt: je mehr Mittel, je mehr Menschen in diesen Disziplinen arbeiten, um so größer auch die Flut der lebensfremden, ja lebensfeindlichen Daten, der absurden, nihilistischen Theorien. Im Gefolge solcher Theorien wird der Freiraum des Menschen zur Entfaltung seiner persönlichen Potenzen unablässig weiter eingeschränkt. Eine Wende dieser Situation erscheint vielen deshalb aussichtslos, weil keine echten Alternativen in Sicht sind. Denn, zwar hat das chinesische Denken eben diese Alternativen zu voller Reife entwickelt, aber sie sind der Gegenwart vorerst unzugänglich, nicht so sehr durch die Sprachbarriere als vor allem durch die dicke Kruste von Klischees, sprachlichen Gewaltsamkeiten, gedankenlosen Phrasen und ideologischen Absichten, welche seit der Zeit der Missionare bis zur Ideologie Mao Tse Tungs die Hervorbringungen des chinesischen Denkens mit der unpassenden Elle westlicher Kausalanalyse glauben messen zu können. Diese Verkrustung versperrt dadurch Ostasiaten wie Abendländern gleichermaßen den Zugang zum wissenschaftlichen Vermächtnis Chinas. Um diese Kruste zu durchbrechen, bedarf es zunächst einmal einer Sinologie, einer China-Wissenschaft, die nicht allein im Sprachunterricht, in historischen Beschreibungen, akademisch-ästhetischen Betrachtungen oder gar in banalen Informationen über die gegenwärtige Szenerie ihr Auskommen findet. Erst dann darf man erwarten, daß alle übrigen betroffenen Disziplinen sich den zeitwendenden Erkenntnissen öffnen.

TAOISMUS – LEGENDE UND WIRKLICHKEIT

Der Taoismus ist ein System von Vorstellungen, Erkenntnissen, Lehren und Übungen, die sich auf alle Lebensbereiche erstrecken, und in dem das chinesische Wesen so dicht und so deutlich wie in keiner anderen Äußerung Chinas zum Ausdruck kommt. Als innere Einstellung ist der Taoismus auch im heutigen China so lebendig wie eh und je; und als Methode der Wahrnehmung und Erkenntnis durchsetzt er alle Kunst und alle Wissenschaft des chinesischen Kulturkreises.

Die europäische Bezeichnung „Taoismus" leitet sich her von dem chinesischen Wort *tao*. (Weil für die Umschrift der chinesischen Wörter das englische System am weitesten verbreitet ist, findet man auch im Deutschen neben der lautlich korrekteren Schreibung „Daoismus", „Dao" die international übliche Schreibung „Tao" und „Taoismus". Selbstverständlich ist aber auch hierbei richtig ein „d" ohne Aspiration, also „Dao" zu sprechen.) Für den Begriff *tao* sind im Großen Chinesischen Zeichenwörterbuch des Jahres 1915 nicht weniger als 46 verschiedene Bedeutungen angegeben, denn er ist einer der am stärksten schillernden Ausdrücke im Vokabular der chinesischen Philosophen. Indes, bei näherer Kenntnis der taoistischen Literatur lassen sich in diesem scheinbar unendlichen Meer von Erklärungsmöglichkeiten für den Gegenstand unserer Betrachtung wenige, sagen wir drei wesentliche Bedeutungsnuancen eingrenzen.

Da ist zunächst die ursprüngliche und erste Bedeutung des Wortes *tao*, nämlich „der *begangene* Weg", also „der *Weg*, den man *einschlägt*". Mit anderen Worten, *tao* bezeichnet primär nicht einfach den Weg, der in der Landschaft angelegt ist, also einen konkreten, *räumlich* bestimmbaren Gegenstand, sondern – und diese Unterscheidung ist wichtig! – einen *in der Zeit* abzugrenzenden Vorgang, einen Ablauf, eine *Aktion*, mithin etwas, das im Deutschen z.B. in der Wendung "seinen Weg machen" im

Vordergrund steht. „Er macht seinen Weg" — dabei denken wir ja nicht zuerst an das Bild eines Mannes, der in seinem Garten einen Pfad pflastert, sondern vielmehr stellen wir uns vor, daß er sein Leben in ganz bestimmter, seine persönliche Eigenart zur Darstellung bringender Weise lebt, vollzieht; kurzum „Weg" bedeutet hier „Handeln". Ein solcher, in der Bewegung sich entfaltender, verwirklichender, sich darstellender Weg, das also ist die erste und grundlegende Bedeutung des chinesischen Wortes tao.

Und von dieser ersten Bedeutung, die sich schärfer, zugleich einprägsamer gefaßt als „charakteristisches Verhalten" umschreiben läßt, ist es nur ein kleiner Schritt zur Auslegung des Wortes *tao* als der „*einem jeden Wesen gemäßen Verhaltensweise*". Sein Tao verwirklichen (*hsing-tao*) oder, wie man auch sagt, sein Tao vollenden (*ch'eng-tao*) heißt nichts anderes, als die angeborenen Anlagen und Potenzen in optimaler Weise, und das bedeutet für den Taoisten stets in harmonischer Weise, entfalten, entwickeln. Selbstverständlich hat jedes individuelle Wesen sein eigenes Tao, also seine ihm gemäße Verhaltensweise zu verwirklichen, ein Baum das Tao eines Baums, die Ameise das Tao der Ameise, jeder Mensch das ihm eigene Tao und der Kosmos als Ganzes das Tao des Kosmos.

Hier wollen wir kurz innehalten und überlegen, daß mit einer solchen Auffassung von einem jeden Wesen eigenen Tao, das allerdings stets Teil bzw. Unterfunktion des Tao einer übergeordneten Individualität ist — also das Tao des Einzelnen ist eine Funktion des Tao der Gesellschaft, das Tao der Gesellschaft ist Funktion des Tao des Kosmos —, daß mit einer solchen Vorstellung von der unverwechselbar eigenen und einmaligen Verhaltensweise zwangsläufig die Eigenart und qualitative Eigenständigkeit des Individuums hervorgekehrt und gegenüber Fremdartigem sensibilisiert wird. Tatsächlich hat der Taoismus, wie das Zeugnis der Geschichte mannigfaltig bestätigt, schon seit 2 000 Jahren das betont und gefördert, was wir erst neuerdings Individualismus nennen, einen Individualismus eigener Art allerdings, der sich nur ausnahmsweise zu ostentativer Selbstdarstellung drängte, der die inneren Anliegen des Individuums aber mit dem Europäer ungewohnter Zähigkeit verteidigte. Der taoistische Individualismus erfüllte in China durch die Jahrhunderte eine wichtige sozialhygienische Funktion: Er wirkte als Gegengewicht zu den autoritären und totalitären

Tendenzen des Konfuzianismus.

Der Konfuzianismus hatte China durch mehr als zwei Jahrtausende die staaterhaltende Ethik gegeben, die sich – grob vereinfachend – dahin charakterisieren läßt, daß nach konfuzianischer Lehre der einzelne Mensch nur als Glied der Gemeinschaft und im Dienst der Gemeinschaft seine besten Fähigkeiten und wahre Menschlichkeit entfalten könne. Im Gegensatz hierzu waren sich die Taoisten bei aller Vielfalt der Praktiken im Grunde darin einig, daß jeder Mensch *zunächst sich selbst* bilden und vervollkommnen müsse, um schließlich heilvoll auf eine größere Gemeinschaft einwirken zu können. Im Negativen begünstigte die taoistische Betonung der individuellen vor den sozialen Werten allerdings anarchische, staatsauflösende Bestrebungen. Nicht von ungefähr gibt es seit der Mitte des 1. Jahrtausends vor der Zeitwende bis zum heutigen Tag in China keine revolutionäre Bewegung, keinen Geheimbund und keine staatliche Reformbestrebung, in der nicht taoistische Ideen irgendwie zum Tragen gekommen wären.

Von der soeben umrissenen zweiten Definition des Wortes *tao* als „der einem jeden Wesen gemäßen Verhaltensweise" ist es wiederum nur ein kleiner Schritt zur dritten und erhabensten Deutung des Begriffs, die sich ebenfalls schon früh, wohl als Folge der fruchtbaren Auseinandersetzung des Taoismus mit anderen philosophischen Richtungen herausgebildet hat: *tao* ist „die dem Kosmos gemäße Verhaltensweise" oder, philosophisch formuliert, *tao* ist die *im Kosmos immanente Ordnung*.

Es ist leicht zu begreifen, daß erst mit dieser dritten Deutung von *tao*, die ausdrücklich auf eine Ordnung verweist, die das einzelne Individuum überragt, eine ethische Zielvorstellung gegeben war, die eine Läuterung des menschlichen Charakters und Verfahrens der Selbstvervollkommnung sinnvoll machte. Diese dritte und erhabenste Deutung des Begriffs *tao* wurde zuerst in Schriften entwickelt, die man in Anlehnung an eine entsprechende chinesische Einteilung die „Taoistischen Klassiker', nennen darf. Die erste und weitaus bekannteste dieser Schriften ist das *Tao-têh-ching*, d.h. das Klassische Buch vom Tao und seiner Gestaltungskraft. In 81 kurzen Abschnitten enthält es nur etwa 5 000 Zeichen und mithin Worte, weshalb die Taoisten vom ersten ihrer Klassiker metaphorisch oft einfach als von den „5 000 Zeichen" (*wu-ch'ien-tzu*) sprechen. Diese Kürze und der Umstand, daß das

Tao-têh-ching zweifellos zu den zeitlosen und profundesten Büchern der Weltliteratur gehört, haben Übertragungen in alle Sprachen begünstigt. Auf dem heutigen Büchermarkt werden mehr als ein halbes Dutzend Eindeutschungen angeboten.

Als Verfasser des *Tao-têh-ching* gilt traditionsgemäß ein gewisser Lao-tzu, der, wenn man die Angaben, die in der ihm in den amtlichen „Aufzeichnungen der Historiker" gewidmeten Biographie niedergelegt sind, unbesehen akzeptiert, ein älterer Zeitgenosse des Konfuzius gewesen und mithin im 6. Jahrhundert vor unserer Zeitrechnung gelebt haben müßte. Bei genauerer Nachprüfung der in den „Aufzeichnungen der Historiker" gegebenen Lao-tzu-Biographie offenbaren sich jedoch Widersprüche, die daraus resultieren, daß in ihr die Namen und Lebensdaten von wenigstens zwei bereits von Legenden umwobenen Persönlichkeiten vermischt sind. Und zu dieser ersten Ungewißheit gesellt sich eine zweite. „Innere Kriterien", wie die Philologen sagen, des *Tao-têh-ching*, also Besonderheiten der Wortwahl, des Stils sowie die logische Beziehung der Aussagen untereinander zwingen zur Einsicht, daß der uns vorliegende Text nicht im 6. Jahrhundert, zu Lebzeiten des legendären Lao-tzu, sondern erst etwa im 4. Jahrhundert vor unserer Zeitrechnung, also in einer Periode, in der auch alle übrigen klassischen Lehrsysteme in China Form gewannen, entstanden und überdies von mehreren Autoren verfaßt sein muß. Kurzum, der bedeutendste taoistische Traktat, das *Tao-têh-ching*, ist das Werk mehrerer, anonymer Autoren.

Diese Auskunft mag für manchen Europäer überraschend und enttäuschend sein; sie ist jedoch zugleich in vollem Einklang mit einem Satz, der in der Biographie des legendären Lao-tzu steht und im Grunde zu allen Zeiten für jeden Meister des Tao gelten kann:

„Lao-tzu übte sich in der Gestaltungskraft des Tao. Mit seiner Lehre legte er es darauf an, selbst verborgen zu bleiben und sich keinen Namen zu machen".

Daß der Taoist Ruhm und äußere Ehrungen flieht, ist ein ostinates Motiv der taoistischen Schriften. Im 13. Abschnitt des *Tao-têh-ching* etwa heißt es:

„Gunst und Schande erschüttern gleichermaßen, Ehre ist eine die Persönlichkeit treffende Kümmernis ... Was heißt ‚Gunst und Schande erschüttern gleichermaßen?' Wer Gunst empfängt, ist ein

Untergebener. Empfängt er sie, bedingt dies eine Erschütterung, verliert er sie, bedingt es auch eine Erschütterung ..."
Ungleich poetischer finden wir den gleichen Gedanken in dem zweiten, dem *Tao-têh-ching* zumindest ebenbürtigen Klassiker des Taoismus, im Werk des Meisters Chuang (*Chuang-tzu*) variiert. Dieses Werk ist etwa 20mal so umfangreich wie das *Tao-têh-ching* und besteht aus 33, in drei Abteilungen gegliederten Kapiteln. Sie werden insgesamt dem Philosophen Chuang Chou, auch Chuang-tzu (Meister Chuang) genannt – daher der Titel –, bzw. seiner Schule zugeschrieben, doch neigt man heute zur Ansicht, Chuang Chou's Autorschaft nur für die 1. Abteilung, für die „Inneren Kapitel" gelten zu lassen.

Chuang Chou lebte etwa von 365 bis 290 vor unserer Zeitrechnung. Sicher war er einer der sprachmächtigsten Meister des Chinesischen. Der Reichtum und die Treffsicherheit seiner Metaphern, die Geschmeidigkeit seiner Diktion wurden in späteren Zeiten in dem doch für die Poesie idealen Chinesisch nur selten erreicht, niemals übertroffen. Die Höhe seiner Kunst mußten selbst die Konfuzianer anerkennen, die sonst die taoistische Literatur zumeist abschätzig beurteilten.

Auch Chuang-tzu verherrlicht wiederholt das Ideal des *yin-shih*, des „verborgenen Meisters", der es vorzieht, in der Unbedeutendheit, aber auch völligen Ungebundenheit sein Wesen zu entfalten statt nach kurzlebigem Ruhm zu jagen – wir zitieren:
„wie die Schildkröte, die lieber ihren Schwanz durch den Schlamm schleppt, als daß sie ihren Panzer im Tempel ehren läßt".

(Im Alten China war es üblich, bei wichtigen Anlässen das Orakel zu befragen. Hierzu benutzte man die Panzer getöteter Schildkröten, die man am Feuer erhitzte. Aus dem Verlauf der sich im Panzer bildenden Risse machte man Vorhersagen zur anstehenden Situation).

Yin-chü, „im Verborgenen leben" kann man dennoch nicht als ein eigentliches Ziel der taoistischen Disziplin bezeichnen. Vielmehr sollte die Abgeschiedenheit, besonders in bewegten Zeiten oder unter engen Verhältnissen, dem Novizen auf dem Pfad der Selbstverwirklichung die Ablösung von der ihn verfremdenden Umwelt erleichtern, wenn nicht erst ermöglichen. Das Merkmal für die gelungene Selbstverwirklichung oder, wenn das Wort hier überhaupt einen Sinn hat, das „Ziel" der Taoistischen Disziplin bestand in der Erlangung des *wu-wei*.

Wu-wei bedeutet wörtlich „Nichtexistenz von Tun". Doch wäre es abwegig, *wu-wei* auf Grund dieses einfachen Wortsinns als passives Geschehenlassen, Sich-gehen-Lassen zu interpretieren, verwandt der inneren Haltung, die der europäische Quietismus lehrte. Vielmehr hat das Wort *wei*, das in der Alltagssprache „tun, machen" bedeutet, in den taoistischen Texten einen präzisen und ganz eindeutig technischen Sinn, nämlich „mit berechnender Absicht, unter Einschaltung der berechnenden Vernunft handeln"; um neutrales Tun, Handeln auszudrücken, verwendet man hingegen das Wort *tso* oder den Begriff *sheng*. *Wu-wei* heißt also unmißverständlich „nicht berechnend und absichtsvoll handeln", sondern die Einwirkungen der Umwelt unmittelbar – ohne Verzögerung und unverfälscht – beantworten. Wer auf diese Weise, also indem er unmittelbar und ohne Berechnung, ohne persönliche egoistische Absicht auf die äußeren und inneren Antriebe antwortet, „reagiert", verwirklicht das Tao (*ch'ang-tao*, d.h. er entfaltet eine dem Kosmos als Ganzem angemessene Verhaltensweise oder noch anders gesagt, er fügt sich vollkommen lückenlos in den Kosmos ein. Wem es gelingt, das Tao zu verwirklichen, ist „vergleichbar einem stillen Wasser, in dem sich die Welt spiegelt". Er ist ein „echter Mensch" (*chen-jen*) oder ein „beispielhafter Mensch" (*sheng-jen*). Von einem solchen ist im 2. Abschnitt des *Tao-têh-ching* die Rede:

„Der Beispielhafte bleibt bei absichtslosem Tun und übt wortlose Lehre. Er bringt alle Wesen zur Entfaltung und versagt sich nicht. Er erzeugt und hält doch nicht im Besitz; er handelt und baut doch nicht auf sein Handeln. Hat er etwas geleistet, so beharrt er nicht dabei. Eben weil er nicht dabei verharrt, verläßt es ihn nicht".

Die Notwendigkeit zu solcher Abstinenz von berechnender Intervention hat der Taoist aus der Einsicht in die wechselseitige Bedingtheit, in die Relativität aller Wirkungen abgeleitet.

„Erkennen in der Welt alle das Schöne als schön, so ist damit auch das Häßliche gesetzt, erkennen alle das Gute als gut, so ist damit auch das Schlechte gesetzt. Denn Sein und Nichtsein entstehen wechselseitig, Schwieriges und Leichtes bedingen sich gegenseitig, Langes und Kurzes wechseln miteinander ab, Hohes und

Niederes beruhen aufeinander, Ton und Stimme klingen zusammen, Vorderes und Hinteres hängen zusammen".

Diese Textstelle führt uns indes auch an eine Gedankenscheide in der Betrachtung des Taoismus. Bei der Relativität aller Wirkungen liegt der Schluß auf eine absolute Gleichwertigkeit aller Handlungen und von da auf die Berechtigung von moralischem Indifferentismus nahe, also zu der Ansicht, daß es moralisch völlig gleichgültig sei, wie ich handle. Die Erkenntnis, daß der Indifferentismus ja auf einem Trugschluß beruht, weil es keinem relativen Wesen möglich ist, je eine absolute Position einzunehmen, haben Konfuzianismus wie Christentum, Buddhismus wie der *spätere* Taoismus klar vollzogen, im Klassischen Taoismus sucht man sie noch vergebens. Anders gesagt, in den taoistischen Klassikern, also im *Tao-têh-ching* oder bei Chuang-tzu oder in einigen anderen, annähernd gleichzeitigen Schriften herrscht Einmütigkeit nur über die Notwendigkeit und über die Richtung moralischer Läuterung; über den Weg selbst, über die praktischen Schritte der Selbstvervollkommnung hingegen finden sich nur andeutende, oft widersprüchliche Auskünfte. Sollten also die hohen Ziele und tiefen Erkenntnisse der taoistischen Klassiker jemals für die Lebensgestaltung zahlreicher Menschen von unterschiedlichem Temperament und unterschiedlichem Niveau Bedeutung gewinnen, so bedurfte es der im einzelnen bescheidenen, im Ganzen aber überaus vielfältigen Bemühungen einer Schar von Grüblern und Pragmatikern, die zu den allgemeinen Leitsätzen detaillierte Ausführungsbestimmungen, eine raffinierte Technik entwickelten und über dem Gerüst einer sublimen Methode den Taoismus zu dem werden ließen, als das wir ihn heute rückblickend erkennen: zum Widerlager des chinesischen Volkscharakters und zur zentralen Stütze aller chinesischen Wissenschaft.

Beginnend in der Entstehungszeit der taoistischen Klassiker oder nur wenig später, d.h. seit dem 3. Jahrhundert vor unserer Zeitrechnung entfaltete sich in China eine Kategorie von Literatur, die bereits zu Beginn unserer Zeitrechnung in einem amtlichen Verzeichnis unter dem Namen *tao-chiao*, das ist wörtlich „Tao-Lehre', rubriziert wird. Das Spektrum der ideellen Strömungen, die damals und im Lauf der Zeit unter diesem Oberbegriff *tao-chiao*, „Didaktischer Taoismus" zusammengefaßt wurden, berührt nahezu alle Bereiche individueller und sozialer Existenz.

Da ist zunächst eine archaische und elementare Komponente, die man als Volksreligion pauschalieren kann. Die Erkenntnis von der Polarität der Erscheinungen sowie von der Wechselwirkung zwischen Mensch und Kosmos und zwischen unsichtbarem und sichtbarem Bereich, die in den taoistischen Klassikern logisch nuanciert und vor allem dichterisch verfeinert uns entgegentritt, diese Erkenntnis war nicht erst von den klassischen Philosophen vollzogen worden, sondern sie ist bereits 800 bis 1 000 Jahre früher in den Dekors der Kultgefäße klar artikuliert. Die Traditionen und Riten jener Frühzeit, in welchen die neuere Forschung theokratische wie auch schamanistische Elemente wahrzunehmen glaubt, blieben im Didaktischen Taoismus lebendig und bilden bis zum heutigen Tag das, was man als chinesische Volksreligion bezeichnen kann. So wie in archaischen Kulturen der Schamane als eingeweihter Mittler zwischen der Welt der Geister und der Welt der Menschen, zwischen dem unsichtbaren Bereich und der sichtbaren Welt auftritt, so leisteten nun die einfachen Meister des Tao dem einfältigen und ungelehrten Volk an allen Wenden des Lebens und bei Wechselfällen rituellen Beistand. Sie leiteten Ernte-, Sühne- oder Dankopfer, führten die Fruchtbarkeitsriten an, lasen Totenmessen, nahmen Beichten ab, erteilten Absolution; sie wußten Rezepte gegen die kleinen Gebresten des Alltags, aber auch gegen Liebeskummer und Verzauberung; und sogar Dämonensiegel, magisches Werkzeug und Beamtenlisten und Wegekarten der Unterwelt konnten sie vermitteln – kurzum alles, womit die Einfältigen sich gegen die unsichtbaren Mächte zu wappnen hoffen.

Diese Funktion des Didaktischen Taoismus als Religion der einfachen Menschen trat naturgemäß nach außen in Tempelbauten und lautem Zeremoniell bis in die Gegenwart am häufigsten und stärksten in Erscheinung, weshalb Chinakundler, die ausschließlich nach dem Augenschein urteilten, den Didaktischen Taoismus ganz abwegig mit primitivem Volks- und Aberglauben gleichsetzen konnten. Bei Kenntnis der wissenschaftlichen und technischen Literatur Chinas, deren Erschließung noch in den Anfängen steckt, ergibt sich ein anderes Bild: Die Volksreligion nimmt im Didaktischen Taoismus zwar breiten Raum, aber nicht die zentrale Stellung ein. Diese gehört den wissenschaftlichen und vorwissenschaftlichen Methoden und Techniken, für deren Bewahrung und Weiterentwicklung dem Didaktischen Taoismus in China fast 2 000 Jahre hindurch das alleinige Verdienst zukommt.

Nur am Rande ist da zunächst der eher problematische Beitrag des Taoismus zur Lehre von Staat und Gesellschaft zu erwähnen. Die klassischen Taoisten hatten hierzu, von ihrem betont naturalistischen Lebensgefühl her eine konservative, um nicht zu sagen reaktionäre Stellung bezogen. Das zeigen Zitate aus dem 19., 20. und 80. Abschnitt des *Tao-têh-ching*.

„Schneidet ab die Tradition der Mustergültigen, tut weg das Wissen, so ist dem Volk hundertfach genützt". „Man lasse die Menschen zurückkehren zum Gebrauch der Knotenschnüre", (wie sie in archaischer Zeit vor Erfindung der Schrift zu Mitteilungen und Aufzeichnungen verwendet wurden) „so werden sie ihre Speise süß und ihre Kleidung schön finden, werden sich mit ihren Behausungen bescheiden und ihrer Bräuche erfreuen. Dann mag das Nachbarland so nahe sein, daß man gegenseitig die Stimmen der Hähne und Hunde vernimmt, das Volk wird dennoch bis ins hohe Alter, bis zum Tod niemals mit den Nachbarn verkehren".

Im Didaktischen Taoismus hingegen ziehen egalitäre und kommunistische Tendenzen stärker den Blick auf sich, Tendenzen, die aber ebenfalls schon in den Klassikern angelegt sind, etwa im 77. Abschnitt des *Tao-têh-ching*. „Das Tao des Himmels ist wie das Spannen eines Bogens: Dabei wird das Hohe herabgedrückt, das Niedere emporgehoben..."

Oder im berühmten Traktat des Chuang-tzu „Von der Gleichwertigkeit aller Wesen und Thesen" (*Ch'i-wu-lun*). Gütergemeinschaft und Gemeinschaftseinrichtungen sind denn auch wichtige Merkmale der taoistisch inspirierten Bewegung der Gelben Turbane, durch welche am Ende des 2. Jahrhunderts unserer Zeitrechnung mittelbar der Sturz der Han-Dynastie herbeigeführt worden war.

Die Kommunistischen Reminiszenzen in der Geschichte des Taoismus mögen auch in unseren Tagen die Interpretationen des Lao-tzu als des ersten chinesischen Materialisten begünstigt haben. Eine solche Interpretation des Lao-tzu ist – es bedarf wohl kaum der Emphase – ebenso einseitig und verfälschend, wie die herkömmliche europäische Deutung, die Lao-tzu als einen moralischen Heiligen schildert.

Doch wie gesagt, die universalgültigen und reifsten Leistungen des Didaktischen Taoismus liegen auf einem anderen Gebiet. Wir hatten als Hauptbedeutung des Begriffs *tao* „die dem eigenen Wesen, bzw. dem Wesen des Kosmos, der gesamten Natur gemäße Verhaltensweise" genannt. *Hsiu-tao*, das Tao pflegen, *ch'eng-tao*, das Tao vollenden heißt dann folgerichtig, das eigene Wesen in Harmonie mit sich selbst und mit seiner Umgebung zur Entfaltung bringen. Diesem Ziel dienen die Methoden des *yang-sheng*, denen mehr als die Hälfte aller Schriften des Didaktischen Taoismus gewidmet sind. *Yang-sheng* bedeutet wörtlich „das Leben nähren, das Leben erhalten", mithin „Lebenspflege". Im Mittelpunkt der taoistischen Lebenspflege stehen Methoden, die man mit modernen Begriffen wie Hygiene, Medizin, Psychologie nur ungefähr umschreibt. Rein äußerlich können wir bei der taoistischen Lebenspflege unterscheiden: 1. Methoden der Atemführung, 2. gymnastische Methoden, 3. sexuelle Methoden, 4. pharmazeutische und alchemistische Methoden, 5. klimatherapeutische Methoden, 6. diätetische Methoden. All diesen Methoden liegt eine energetische Betrachtung der Natur zu Grunde. Mit anderen Worten, nicht die Beschreibung stofflicher Körper an sich, sondern die zwischen ihnen sich innerhalb bestimmter Zeiten vollziehenden Bewegungen und Veränderungen sind Gegenstand der Beobachtung und Beeinflussung. Folgerichtig sprechen die Chinesen in Bezug auf die taoistischen Methoden auch von *yang-ch'i*, das ch'i, d.h. die konstellierte, qualitativ definierte Energie pflegen, oder von *ch'i-kung*, d. h. von *ch'i*-Übungen.

Von hier ist leicht einzusehen, daß zu allen Zeiten eine enge Beziehung zwischen dem Didaktischen Taoismus und der chinesischen Medizin besteht, die mit ihm nicht nur ihre Ursprünge, sondern auf weite Strecken auch ihre theoretischen Grundlagen und ihr technisches Vokabular gemeinsam hat. Der erste Klassiker des Taoismus, das *Tao-têh-ching*, und der erste Klassiker der chinesischen Medizin, das *Huan-ti nei-ching* (Der Innere Klassiker des Gelben Fürsten) sind annähernd zur gleichen Zeit (zwischen dem 5. und 3. Jahrhundert vor der Zeitwende) und in dem gleichen Milieu entstanden, in beiden auch wird die bedeutsame Gliederung des Texts in 81 Abschnitte eingehalten. Die Zahl 81 hat als 2. Potenz von 9 symbolische Bedeutung. 9 ist das Zahlenemblem des Himmels, des endlos aus sich selbst Gestaltenden – wir würden sagen der dynamisch belebten Natur. 81 weist mithin auf das Produkt einer Gestaltung hin, die sich aus sich selbst zyklisch vollzieht.

Zumindest die einfacheren Verfahren der taoistischen Lebenspflege sind seit Jahrhunderten Gemeingut aller Chinesen. Sie werden auch heute zusammen mit der nachdrücklich geförderten traditionellen chinesischen Medizin in zahlreichen Broschüren unter das Volks gebracht und in den Elementarschulen und in Sanatorien, ja selbst auf offener Straße geübt. Im Westen hingegen steht die Erforschung und moderne Interpretation der taoistischen Methoden des *yang-sheng* noch in den allerersten Anfängen. Lange Zeit hatten sich die europäischen Gelehrten das abschätzige Vorurteil der Konfuzianer gegenüber dem Taoismus zu eigen gemacht. Heute bildet das Fehlen der Vorarbeiten, vor allem aber die verschwindend kleine Zahl der Gelehrten, die sich mit der zum Teil sehr esoterischen Literatur befassen, noch ein Hemmnis für die wissenschaftliche Erforschung der taoistischen Texte. Etwas günstiger ist die Situation nur bei einem Zweig des taoistischen Systems, bei seiner vielleicht edelsten Blüte, beim Ch'an. *Ch'an* ist im Chinesischen die Nachbildung des Sanskritwortes *dhyâna*, das „Meditation" bedeutet. Wie es dazu kam, daß taoistische Methoden im Gewand einer fremdländischen Heilslehre, nämlich des Buddhismus auftreten, macht ein Blick auf die Geschichte verständlich.

Als indische und zentralasiatische Missionare im 1. Jahrhundert unserer Zeitrechnung den Buddhismus nach China trugen, war ihre erste Sorge, ein geeignetes sprachliches Gefäß zu finden, durch welches sie ihre Lehre den Chinesen vermitteln konnten. Sie glaubten, dies im Didaktischen Taoismus gefunden zu haben, der mit dem damaligen Mahâyâna-Buddhismus die Überzeugung, daß Erkenntnis niemals das Privileg der in der Welt Mächtigen sein könne, gemeinsam hatte. Die buddhistischen Missionare verkündeten ihre Lehre also zunächst vermittels einer rein taoistischen Terminologie. Damit war von Anbeginn an eine innige Wechselwirkung zwischen den beiden, ihrem Wesen nach durchaus gegensätzlichen Lehrsystemen begründet: zwischen dem Buddhismus, der eine Metaphysik, also den Glauben an eine transzendente Wirklichkeit kannte, und dem Taoismus, für den unsichtbare Wirkungen von den sichtbaren nur graduell, nicht wesensmäßig verschieden sind. Der Buddhismus betonte die rationale Analyse und die Abstraktion, dem Taoismus lag vor allem an emotionaler Identifikation und an konkreten Vorstellungen. Deshalb war es unvermeidlich, daß es zwischen beiden Lehren zu Auseinandersetzungen kommen mußte, sobald die Eigenart des Buddhismus mit wachsender Zahl seiner Anhänger und verstärktem Zustrom indischer Lehrer unverwechselbar zu Tage trat. Die Geschichte der überaus heftigen, sich durch vier Jahrhunderte hinziehenden Kontroversen zwischen Taoismus und Buddhismus ist hier nicht zu erzählen; doch wollen wir festhalten, daß mit der reinsten Entfaltung des Buddhismus in China sein Niedergang unmittelbar verknüpft war. Zu Beginn des 8. Jahrhunderts war der Buddhismus in China als institutionelle Massenbewegung erstorben. Was sich in seinem Gewand dann noch behauptete und auf die Kultur Chinas und Japans bis heute einen tiefen Einfluß ausübt, waren Wege des Heils und der Selbstvervollkommnung, die sich innerlich der chinesischen Geistesart völlig angepaßt hatten: der Amidhismus, eine der taoistischen Volksreligion analoge kultische Form des Buddhismus, und der *Ch'an*, eine im Gewand buddhistischer Disziplin taoistische Lebenspflege reinster Prägung.

Wodurch der *Ch'an* sich vom Didaktischen Taoismus abhebt, der sich etwas diffus mit allen natürlichen, also auch mit den außermenschlichen Phänomenen befaßt, ist neben der ganz äußerlichen Verbrämung mit buddhistischer Terminologie allein die noch konsequentere, noch geschmeidigere Disziplin des menschlichen Bewußtseins.

Die Anfänge des Ch'an lassen sich bereits im 4. Jahrhundert unserer Zeitrechnung wahrnehmen, als einzelne chinesische Buddhisten Synthesen zwischen den Gedanken der taoistischen Klassiker und den buddhistischen Lehren vollzogen. Im 7. Jahrhundert tritt er als eigenständige Richtung innerhalb des chinesischen Buddhismus hervor, zu Beginn des 13. Jahrhunderts schlägt er in Japan Wurzel. Die japanische Aussprache des Wortes Ch'an ist Zen. Nicht zuletzt dank der Vermittlertätigkeit des japanischen Zen-Meisters Suzuki, der die historischen und methodischen Grundzüge des Zen in englischsprachigen Veröffentlichungen dargestellt hat, ist taoistische Lebenspflege im Gewand des japanischen Zen auch in Europa und Amerika bekannt geworden.

Mit diesem knappen Überblick wollten wir deutlich machen,

daß die Bedeutung des Taoismus als Geisteshaltung wie als System für die Ausbildung der Mentalität der Menschen Ostasiens kaum zu überschätzen ist. Der Engländer Needham, Verfasser der vielbändigen, im Erscheinen begriffenen „Geschichte der chinesischen Wissenschaft und Kultur" (Science and Civilisation in China) und guter Kenner des heutigen China schließt seine Ausführungen über den Taoismus:

„Viele der anziehendsten Elemente im chinesischen Charakter leiten sich vom Taoismus her. China ohne Taoismus wäre vergleichbar einem Baum, an dem einige der tiefsten Wurzeln verdorrt sind. Doch diese Wurzeln sind heute noch lebenskräftig . . ."

Den Taoismus mit den Wurzeln des chinesischen Charakters zu vergleichen ist sehr treffend. Die Wurzeln verrichten ihr Werk im Verborgenen, wie der Taoist,

„der Verdienstliches leistet und nicht dabei verweilt, denn er möchte nicht als Weiser angesehen werden".

KONFUZIANISMUS – VERGANGENHEIT UND VERMÄCHTNIS

Der Konfuzianismus ist das ethische System, welches in China mehr als zwei Jahrtausende hindurch die Formen der zwischenmenschlichen Beziehungen und des politischen Lebens – und damit auch das äußere Gepräge der chinesischen Kultur bestimmt hat. Im Konfuzianismus stellt sich mithin die äußere, soziale und öffentliche Seite des chinesischen Wesens dar, wie sich umgekehrt im Taoismus dessen innere, private und individuelle Aspekte spiegeln.

Konfuzius, der Begründer der konfuzianischen Lehre, wurde sehr wahrscheinlich im Jahre 551 vor unserer Zeitrechnung im Fürstentum Lu auf dem Gebiet der heutigen Provinz Shantung geboren. Er entstammte einem alten Adelsgeschlecht, erhielt eine gediegene Ausbildung und diente sodann seinem Fürsten, zunächst auf verschiedenen Verwaltungsposten, schließlich, um das Jahr 500, als Erster Minister. Eine gegen ihn gerichtete Intrige des Herrn eines Nachbarstaats bewog ihn jedoch, dieses ehrenvolle Amt aufzugeben. Dreizehn Jahre lang reiste er durch die chinesischen Staaten, begleitet von einer stetig wachsenden Schar von Schülern. In seine Heimat zurückgekehrt, verbrachte er die letzten Lebensjahre mit dem Studium der alten Literatur und der Unterweisung seines Schülerkreises. Der Überlieferung nach ist er 72jährig, also 479 vor der Zeitwende gestorben. Sein Grab in Ch'ü-fu wird bis zum heutigen Tag als nationale Gedenkstätte gepflegt.

Lu, die Heimat des Konfuzius, war 500 Jahre früher, bei der Gründung der Chou-Dynastie dem Herzog von Chou als Lehen gegeben worden, also jener legendenumwobenen Persönlichkeit, der entscheidender Einfluß auf die kultische Konstitution des neuen Staatenbundes zugeschrieben wird. Überdies beherbergte Lu die Nachfahren der vorangehenden Shang-Dynastie, unter der China als selbständiges politisches Gebilde 700 Jahre früher seine erste kulturelle Blüte erlebt hatte, von der die noch heute in großer Zahl erhaltenen Kultbronzen Zeugnis geben. In den Adelsgeschlechtern von Lu, denen Konfuzius entstammte, war daher die Kenntnis von der ruhmreichen Vergangenheit und die Überlieferung der sich wandelnden Formen des Kultus in einer Weise verdichtet und lebendig, wie damals sonst nirgendwo in China. Konfuzius kam mit dieser reichen Überlieferung in innige Berührung, zunächst als Schüler, mehr noch im reifen Alter, als er Zugang zu den geheimen Staatsarchiven erhielt.

Konfuzius lebte jedoch in einer Zeit des Übergangs. Das archaische Weltgefühl, dem Diesseits und Jenseits, Vergangenheit und Zukunft eins waren, die gewachsene feudale Ordnung, nach der Pflichten und Rechte zwar nicht gleichwertig, aber doch gleichmäßig und selbstverständlich auf alle Glieder der Gemeinschaft verteilt waren, begann fragwürdig zu werden – zunächst für die nach Bildung und Beruf mit diesen Dingen alltäglich konfrontierte Aristokratie der zahlreichen Fürstenhöfe. Seit einigen Generationen schon hatten zunehmender Wohlstand im Innern des Reiches die Begehrlichkeit und Eifersucht der Lehensfürsten aufgereizt; auch hatte die Notwendigkeit, das kulturelle und materielle Gefälle zwischen chinesischem Kulturland und den Gebieten der umgebenden Barbaren aufrechtzuerhalten, zur Entfaltung und zu ständigen Verbesserungen des Waffenhandwerks geführt. Auch innerchinesische Fehden wurden daher längst durch Waffengewalt oder durch eine sophistische Diplomatie entschieden und die überkommende Gesittung, die feudalen Traditionen, auf die man sich bei Staats- und Ahnenfeiern noch gern berief, hatten im politischen Alltag nahezu alle Leuchtkraft eingebüßt.

Konfuzius, der mit der alten Tradition durch seine Studien, mit den praktischen Forderungen der Gegenwart durch seine Beamtentätigkeit vertraut war, erkannte die Vorzüge und Schwächen der beiden gegensätzlichen Positionen und fühlte sich aufgerufen, nach Ideen zu suchen, welche die Ideale des Goldenen Zeitalters und die Ansprüche des Heute und Morgen zusammenhielten. Er kam zu der Überzeugung, daß die Harmonie der Gemeinschaft, welche sich ehedem unter der alten rituellen Ordnung zwanglos und spontan eingestellt hatte, auch in Zukunft das oberste Leitbild der Politik bleiben müsse. Nur könne diese, wie jede andere Wahrheit um die geistig differenzierteren und maßgebenden Menschen zu ergreifen und zu überzeugen, sich künftig nicht mehr auf urtümlichen Glauben stützen, sondern bedurfte der vernünftigen Erläuterung und Erklärung, der rationalen Begründung. Um diesen grundlegend neuen Gedanken zu verwirklichen, mußte die Überlieferung einer neuen Deutung unterworfen werden oder, richtiger, sie mußte als bloßer Kristallisationskern einer verwandelten, nämlich rational begründeten Ethik dienen.

Über das Leben und die Lehre des Konfuzius geben eine Vielzahl alter Quellen Auskunft, am unmittelbarsten die bereits von seinen Schülern und Enkelschülern schriftlich fixierten „Gespräche (*Lun-yü*)" und seine offizielle Biographie in den kaum 300 Jahre später kompilierten „Aufzeichnungen der Historiker (*Shih-chi*)". Aus letzterer erfahren wir, Konfuzius habe das Buch der Lieder (*Shih-ching*), das Buch der Schriften (*Shu-ching*) sowie die Musik- und Ritenbücher der herrschenden Chou- und der vorangehenden Hsia- und Yin-Dynastien neu ediert. Auch verfaßte er auf Grund der in den Archiven von Lu vorhandenen Aufzeichnungen die „Frühlings- und Herbstannalen (*Ch'un-ch'iu*)", eine Chronik des chinesischen Staatenbundes aus der Perspektive von Lu vom Jahre 722 bis zum Jahre 481 vor unserer Zeitrechnung.

Die zunächst genannten alten Sammlungen, Buch der Lieder, Buch der Schriften, Buch der Riten, Buch der Musik, hatten zwar schon vor Konfuzius als Quelle historischen Wissens, schöngeistiger Bildung und der Maximen aristokratischer Gesinnung und zivilisierter Gesittung gedient – doch nur einem esoterisch kleinen Kreis alter Adelsfamilien waren diese Kenntnisse zugänglich gewesen, nicht allein wegen der Schwierigkeiten der Textvervielfältigung – man schrieb noch auf Bambustafeln – sondern vor allem infolge des starken Kastengeists der Schriftgelehrten. Konfuzius machte sie als erster zur Grundlage eines grundsätzlich jedem Wißbegierigen offenen Unterrichts: „Beim Unterricht unterscheide man nicht" (nach Temperamenten und nach Herkunft)!" Die Auffassung, daß Wissen und Ausbildung grundsätzlich jedem offenstehen müsse, der ernsthaft danach verlangt, ist zu allen Zeiten im Konfuzianismus – mithin in der chinesischen Staatsverfassung – lebendig geblieben und hat in der Theorie stets, in der Praxis nicht selten auch Kindern aus bescheidenen Verhältnissen den Aufstieg zu den höchsten Ämtern und Würden ermöglicht. Allerdings war mit dieser Forderung keineswegs die allgemeine Nivellierung der sozialen Stufungen gemeint. Im Gegenteil, erst indem man Wissen und Bildung vorbehaltlos allen zugänglich macht, treten die Unterschiede der Begabung – und damit auch der beruflichen und sozialen Tauglichkeit – deutlich hervor. Und man hat in China im Grunde nie daran gezweifelt, daß die soziale Stellung, das äußere Ansehen allein aus der sozialen Tüchtigkeit sich ergebe. Was man unter dieser verstand, wird deutlich, wenn wir das Bildungsideal der Konfuzianischen Ethik, den „Überlegenen Edlen" und seine Qualitäten näher betrachten.

„Überlegener Edler" oder einfach „Edler" ist die nur annähernde Umschreibung des chinesischen Ausdrucks *chün-tzu*, der wörtlich „fürstlicher Mensch" bedeutet, in konfuzianischem Kontext aber stets eine Aristokratie der Gesinnung, nicht der Herkunft voraussetzt. Ob jemand als Edler (*chün-tzu*) zu betrachten ist oder den *hsiao-jen* den (im Hinblick auf ihre soziale Gesinnung) „kleinen Menschen" zugerechnet werden muß, hängt primär davon ab, in welchem Maß es ihm gelingt, die konfuzianischen Grundtugenden (s.o., S. 38) zu verwirklichen.

Diese Tugenden, nach welchen der Edle strebt, sah Konfuzius vorbildlich dargestellt im Leben „Mustergültiger Menschen (*sheng*)" des Altertums. Das war möglich, weil Konfuzius, wie wir schon sagten, die mythischen Überlieferungen der alten Schriften in historische Tatsachen umdeutete und an diese seine sozial-ethische Interpretation knüpfte. Seine Nachfolger haben konsequenterweise jeder gewissenhaften Geschichtsschreibung eine moralisierende Absicht unterstellt, zuvorderst natürlich den von Konfuzius selbst redigierten „Frühlings- und Herbstannalen (*Ch'un-ch'iu*)". In China entnahm man hinfort der Historie die Exempel nicht nur der politischen, sondern auch der moralischen Bildung. Man beachte hier den grundlegenden Unterschied: Die judäisch-christliche Moral hat ihren mythischen Ursprung – ihre „göttliche Offenbarung" – nicht nur niemals verleugnet, sondern ihn im Gegenteil in der christlichen Theologie als „Transzendenz" sogar noch überhöht. Damit blieben ihre Grundthesen bis heute jeder rationalen Diskussion und Extrapolation entzogen. Konfuzius hingegen hat die mythische Überlieferung konsequent und mit Absicht aller Transzendenz entkleidet. Die mythischen Herrscher des chinesischen Altertums, die man vor und bis zu seiner Zeit als mit übernatürlichen Gaben ausgestattet glaubte, beschreibt er als *hi-*

storische Persönlichkeiten, welche die elementaren Regeln der Ethik weder gestiftet noch als Offenbarung empfangen hatten, sondern welche sie lediglich dank einer guten natürlichen Anlage in ihrem Leben mustergültig darzustellen vermochten. Die konfuzianische Ethik war also von vorneherein und prinzipiell eine auf sinnlich erkennbaren Daten begründete, eine „diesseitige" Moral, deren Anwendung bzw. Verwirklichung ständig und zu allen Zeiten die Mitwirkung der Vernunft erforderte.

Aus diesem Umstand darf indessen nicht – dies sei nur nebenbei vermerkt – auf eine agnostische oder gar atheistische Haltung des Konfuzianismus geschlossen werden. Die Ethik aus konkreten Bedingungen begründen, bedeutete, daß man bewußt und mit Absicht klar unterschied zwischen den nach besten Kräften und immer besser zuerkennenden *relativen Wirkungen* und deren der rationalen Erkenntnis entzogenen letzten *Ursache*. Über diese, über das Absolute zu spekulieren, haben in China alle Philosophen, nicht nur die Konfuzianer als unersprießlich erachtet. Konfuzius verhält sich daher gegenüber dem Numinosen zugleich ehrfurchtsvoll und zurückhaltend: „Mit Eifer den Pflichten gegenüber dem Volke obliegen, Dämonen und Geister zwar ehren, doch ihnen fernbleiben, das kann man Weisheit nennen".

„Mit Eifer den Pflichten gegenüber dem Volke obliegen...", in diesem Zitat begegnen wir auch dem politischen Grundmotiv konfuzianischer Bildung. Der *chün-tzu*, der „Überlegene Edle" mag zwar Wissen in allen Erkenntnisbereichen anstreben, das Wesentliche bleibt stets, daß er die Fähigkeit, die Menschen zu führen, ausbilde. Die Vorteile dieser Fähigkeit darf der konfuzianische „Edle" indes niemals sich selbst oder seiner Familie vorbehalten; vielmehr ist er moralisch verpflichtet, seine Begabung und sein Wissen zeitlebens in den Dienst der Allgemeinheit zu stellen, als Beamter, als Lehrer, als Literat. – Bald sollte sich die moralische Verpflichtung des Gebildeten zu öffentlicher Tätigkeit als eigentliche Triebfeder der Ausbreitung und Durchsetzung der konfuzianischen Lehre erweisen. Werfen wir darum jetzt einen Blick auf die historische Entfaltung dieses Lehrsystems.

Konfuzius selbst blieb es zwar noch versagt, nennenswerten Einfluß auf die große Politik seiner Epoche auszuüben, doch wird berichtet, daß er im Laufe des Lebens 3 000 Bildungsbeflissene unterrichtet und einen engeren Kreis von 72 Schülern herangezo-

gen habe.
Die erste spürbare Erweiterung und Vertiefung des konfuzianischen Gedankenguts brachte schon im 4. Jahrhundert Meng K'o (latinisiert zu Menzius), im 3. Jahrhundert Hsün-tzu (Hsün Ch'ing). Menzius, dessen Schriften später in die offiziellen Klassiker des Konfuzianismus aufgenommen wurden, entwickelte vor allem die staatspolitischen und ökonomischen Aspekte der konfuzianischen Lehre: Der Herrschende legitimiert sich ausschließlich dadurch, daß er die Grundtugenden Menschlichkeit (*jen*), Rechtlichkeit (*i*) und Gesittung (*li*) praktiziert und überlegene Einsicht in die menschliche Wesensnatur (*hsing*) bekundet. Einem tugendhaften Herrscher unterwirft sich das Volk ganz natürlich, ,,so wie sich das Getreide unter dem Wind neigt". Wer hingegen nur nach äußerem Beifall, nach Ehre und Gewinn strebt und durch Machtmittel regiert, ist ein Tyrann. Gewiß gibt es unzählige Abstufungen zwischen dem idealen Herrscher und dem blutrünstigen Tyrannen. Indes gilt nach Menzius: ,,Das Volk ist das wertvollste" (in einem Gemeinwesen), ,,darauf folgen die Gottheiten von Flur und Ernte; am leichtesten wiegt der Herrscher". Und: ,,Wer die Menschlichkeit vergewaltigt, ist ein brutaler Räuber, wer die Rechtlichkeit zerstört, ist ein Lump, Ich habe nie gehört, daß das Töten eines solchen Menschen Fürstenmord sei". Diese und ähnliche Gedanken, die Menzius, wie gesagt im 4. Jahrhundert vor der Zeitwende aussprach, waren nicht als Aufforderung zum Aufruhr gemeint, boten aber in China zu allen Zeiten dem Aufstand gegen harte Unterdrückung eine moralische Rechtfertigung.
Auch setzt Menzius die Funktion der Gebildeten von den Aufgaben des gemeinen Volks deutlich ab, etwa: ,,Wer mit dem Verstand" (wörtlich: mit dem ,Bewußtsein [*hsin*]') ,,arbeitet, regiert andere, wer mit seiner Körperkraft arbeitet, wird von anderen regiert". Über die Merkmale einer guten und einer nur mittelmäßigen Regierung meint er u.a.: ,,Ist die Welt auf dem rechten Weg" (wörtlich: hat sie das *tao*)", so dienen Menschen mit bescheidener Begabung den Menschen mit großer Begabung, dienen Menschen mit bescheidener Einsicht den Menschen mit großer Einsicht. Gebricht es der Welt am *tao*" (d.h. wird die Welt schlecht regiert), ,,so dienen Menschen mit kleiner Macht den Menschen mit großer Macht, dienen die Schwachen den Starken. Beide Beziehungen ergeben sich aus der Natur" (der Dinge). ,,Wer sich ihr einfügt, be-

hauptet sich, wer ihr zuwiderstrebt, wird vernichtet". Die „Natur der Dinge', (der „Himmel [t'ien]") und die Wesensnatur des Menschen (*hsing*), das sind Begriffe, über denen Menzius die Umrisse eines politologischen psychologischen Systems errichtet.

In diesem Bemühen ist der zweite der zunächst genannten Philosophen, Hsün-tzu viel weiter gegangen. Hsün-tzu lebte im 3. Jahrhundert vor der Zeitwende und wird zwar der konfuzianischen Schule, sein Werk aber nicht den konfuzianischen Klassikern zugerechnet. Denn Hsün-tzu's Denken zeigt eine ausgesprochene analytische Tendenz, wodurch er nicht nur mit den Theorien seines Vorläufers Menzius, sondern, viel allgemeiner, mit der (synthetischen) Grundtendenz des chinesischen Denkens überhaupt und mit den gegebenen sprachlichen Möglichkeiten in Konflikt kam. Er wurde daher stets als zwar glanzvoller, doch fremdartiger Einschluß der konfuzianischen Tradition empfunden.

Hatte Menzius den Menschen von seiner Wesensnatur her als gut (*hsing shan*) bezeichnet, die Grundtugenden mithin als bereits von Geburt her bei jedem Menschen angelegt betrachtet, so postulierte Hsün-tzu im Gegenteil, daß die Wesensnatur des Menschen nicht gut (*hsing pu-shan*) sei; die ethischen Qualitäten würden vielmehr unter dem Einfluß der Kultur im Gefüge der Gemeinschaft hervorgebracht, dem Individuum anerzogen. Der moralischen Bildung sind jedoch nach Hsün-tzu *a priori* keine Grenzen gesetzt. Jedenfalls ist, wie für jeden Konfuzianer, auch für Hsün-tzu Psychologie nur unter ihren soziologisch-politologischen Aspekten interessant. Typisch für seinen Stil und seine Methode ist folgender Passus:

„Wird in einer politischen Theorie die Abschaffung menschlicher Begierden vorausgesetzt, dann bedeutet dies, daß" (ihre Urheber) „es nicht verstehen, die sie bedrängenden menschlichen Begierden in die rechten Bahnen zu leiten. Wird in einer politischen Theorie die Verminderung menschlicher Begierden vorausgesetzt, dann deshalb, weil" (ihre Urheber) „nicht verstehen, die zahlreich sie bedrängenden Begierden zu verringern".

Hier kündigt sich ein Leitmotiv späterer konfuzianischer Staatskunst an: Der berufene Herrscher setzt alle Menschen entsprechend ihren Anlagen und Strebungen (ihren „Begierden") ein. Er ordnet, ohne zu verstümmeln. Das folgende 2. Jahrhundert vor der Zeitwende brachte bereits die Bewährungsprobe und erste Institutionalisierung der konfuzianischen Lehren. Menzius und Hsüntzu hatten wie Konfuzius selbst zwar vorübergehend hohe Ämter an Fürstenhöfen inne; den überwiegenden Teil ihres Lebens widmeten sie jedoch der Ausbildung von Schülern und der Ausgestaltung und polemischen Verteidigung des Lehrsystems.

Im Jahre 221 hatte der Herrscher von Ch'in die sich untereinander seit Jahrhunderten befehdenden chinesischen Fürstentümer zu einem einzigen Kaiserreich zusammengezwungen. Diese Einheit bedeutete nicht nur in der Staatsform, sondern in nahezu allen anderen Lebensbereichen einen radikalen Bruch mit der Vergangenheit. So drohte bereits unter dem Nachfolger des Reichsgründers die zunächst vorwiegend durch drakonische Gesetze und überlegene Waffengewalt gewährleistete Einheit wieder auseinanderzubrechen. Schon 202 wurde die Ch'in-Dynastie von der Han-Dynastie abgelöst, die mehr als 400 Jahre über China herrschte. Der 1. Han-Kaiser, ein Bauer aus Kiang-su, hatte als Führer eines Heers von Aufständischen die Reste der Ch'in-Macht und alle Rivalen niedergekämpft bzw. durch Diplomatie unterworfen. In seinem Gefolge befanden sich eine größere Anzahl konfuzianischer Gelehrter. Einer von ihnen namens Lu Kia gab dem neu inthronisierten Herrscher zu bedenken:

„Was Ihr auf dem Rücken des Pferdes erlangt habt, meint Ihr, daß Ihr das auch auf dem Rücken des Pferdes verwalten könnt?"

In der Tat, die Verwaltung eines Reiches, das sich unter den folgenden Kaisern bald von den Bergländern Südchinas bis in die zentralasiatischen Wüsten erstreckte und nach Sprache, Kulturstufe, ja selbst Rasse die unterschiedlichsten Völkerschaften einschloß, stellte die Zentralregierung vor beispiellose Aufgaben. Und unter den verschiedenen philosophischen Schulen, die damals noch miteinander in Wettstreit lagen, hatten einzig die Konfuzianer nicht nur das sachliche Wissen, sondern auch die moralische Gesinnung, die zum Dienst an der Gemeinschaft befähigte, konsequent kultiviert.

So ergab es sich mehr oder minder zwangsläufig, daß der berühmte Kaiser Wu, der von 140 –87 regierte, Tung Chung-shu, einen konfuzianischen Gelehrten von hohen Graden als wichtigen Ratgeber hörte. Tung Chung-shu leistete zweierlei. Erstens legte er durch eine Reihe von ihm vorgeschlagener Maßnahmen, darunter die Einrichtung regelmäßiger staatlicher Prüfungen für die Beamtenanwärter, die Fundamente einer staatlichen Ordnung, als deren tragende Säule allein der Konfuzianismus in Betracht kam. Zweitens nahm er im Hinblick auf dieses Ziel in das System der konfuzianischen Lehre viele Theorien auf, die bislang ohne ihr zu widersprechen, mit ihr konkurriert hatten, so vor allem kosmologische, astrologische und mantische Lehren der Yinyang-Schule, also Hypothesen und Erkenntnisse, die wir heute als astronomische, physikalische, biologische Protowissenschaft einordnen würden.

Dieser Synkretismus Tung Chung-shu's rief allerdings innerhalb des Konfuzianismus sehr rasch eine Reaktion hervor, die ihrem Autor, was historisch bedingt richtig war, eine Verfälschung der ursprünglichen Ziele des Gründers vorwarf. Die gelehrten Fehden zwischen Synkretisten und Puristen sollten innerhalb des Konfuzianismus zunächst bis ins 8. Jahrhundert fortdauern und im 18. Jahrhundert wieder aufleben. Die Befestigung des Konfuzianismus als staatstragender Wissenschaft und als Ethik der Gebildeten wurde dadurch nicht beeinträchtigt. Dies zeigt um die Zeitwende ein Versuch, die Han-Dynastie zu stürzen: Den Reformern ging es nicht mehr darum, den Einfluß des Konfuzianismus im Staate zurückzudrängen, sondern sie wollten im Gegenteil die konfuzianischen Gedanken noch konsequenter und durchgreifender angewendet sehen. Dies zeigen auch deutlich die Ereignisse beim und nach dem Sturz der Han-Dynastie um 220 unserer Zeitrechnung.

Inzwischen war der Buddhismus von zentralasiatischen Missionaren in China verbreitet worden und hatte sich, wie auch der einheimische Taoismus, institutionalisiert. Denn die Erschütterungen, die zunächst den Sturz der Dynastie und sodann die politische Zersplitterung in zunächst drei, dann sechs Teilreiche herbeiführten, ergaben sich letztlich aus einer geistig-religiösen Krise: Der Konfuzianismus war, wie wir zeigten, von Anbeginn und zu allen Zeiten ein primär rationales Denksystem, das sich weitgehend in der Interpretation der sozialen Beziehungen erschöpfte; seine moralischen Postulate wandten sich an den Verstand, nicht an das Gefühl. Nur eine kleine Minderheit konnte sich völlig mit ihnen identifizieren. Zur Lösung ihrer inneren Probleme, zur Beschwichtigung urtümlicher Lebensangst, zur Deutung und Bändigung der Naturgewalten verlangten aber die meisten Gebildeten, suchten erst recht die einfachen Menschen nach elementaren

Wahrheiten. Eben dieses Verlangen befriedigte der Buddhismus, vor allem aber der Taoismus. Das politische Chaos, in welches China vom 3. bis zum 7. Jahrhundert getaucht war, war mithin letztlich nur äußerer politischer Ausdruck einer tiefgreifenden Desorientiertheit der Gemüter.

Als zu Beginn des 7. Jahrhunderts die T'ang-Dynastie die Wirren beilegte, China wieder unter einem Szepter einte und innerhalb kurzer Zeit zu höchster kultureller, wirtschaftlicher Blüte, aber auch zu militärischer Macht führte, erwies sich, daß dank des Bands einer gemeinsamen Amts- und Schriftsprache, gemeinsamer Kulturideale und eines gleichen Verwaltungsmodus der konfuzianischen Beamtenschaft der Zusammenhalt zwischen den äußerlich entzweiten Splittern des Reichs niemals aufgehoben worden war. Während nun der Buddhismus und Taoismus weiterhin auf den Bereich der privaten Frömmigkeit, der Volksreligion und der Erkenntnis der physischen Natur verwiesen wurden, blieben alle Staat und Verwaltung berührenden Disziplinen und die öffentlichen Kulte das ausschließliche Reservat des Konfuzianismus.

Der Höhepunkt der Entwicklung der konfuzianischen Lehre wurde dennoch erst im 10. Jahrhundert unter der folgenden Sung-Dynastie erreicht. Vier Philosophen, von denen der 1 200 verstorbene Chu Hsi der bedeutendste und fruchtbarste war, hatten unter dem Einfluß buddhistischer Dialektik und taoistischer Psychotechnik und Naturerkenntnis, indem sie die Terminologie des Konfuzianismus verwendeten und seine sozialethische Orientierung wahrten, ein erkenntnistheoretisches, psychologisches, kosmologisches Lehrgebäude von beispiellosem Raffinement und zugleich von eindrucksvoller Eleganz und systematischer Geschlossenheit geschaffen. Damit war der Höhepunkt der Entwicklung erreicht und überschritten. In der Folge sollte die innere Problematik des konfuzianischen Ansatzes immer mehr zu Tage treten. Einerseits hatte die 2 000 Jahre hindurch geübte Festlegung der besten Intelligenzen auf die Berufe des Beamten, des Lehrers, des Literaten China dem platonischen Ideal, daß die Philosophen den Staat regieren sollten, in der Praxis näher gebracht als irgendein anderes Gemeinwesen; andererseits führte diese enge Konzentration auf das Soziale schließlich zu einer Verarmung des wissenschaftlichen Lebens. Denn die Erforschung der außermenschlichen Natur, also der biologischen und physikalischen Wirkungen, welche die gegenwärtige Überlegenheit des abendländischen Kulturkreises und die radikalen Verwandlungen der menschlichen Daseinsbedingungen in der Neuzeit herbeiführen sollten, die Beschäftigung mit den Naturwissenschaften also, war nach konfuzianischer Lehre etwas, das vom Wesentlichen ablenkte, ohne moralisches Verdienst, ohne soziales Prestige.

Und doch sollte diese Tatsache heute nicht länger unseren Blick dafür trüben, daß der konfuzianische Humanismus über den Menschen in seinen sozialen Bezügen nicht nur biedere Weisheiten angeboten, sondern allgemeingültige, systematisch verknüpfte Erkenntnisse erbracht hat. – Die in der konfuzianischen Schule früher als irgendwo anders einsetzende rationale und – wir müssen mindestens auch sagen – protowissenschaftliche Beschäftigung mit den Bedingungen des sozialen Zusammenlebens hat in China sehr früh die hauptsächlichen Gefahren erkennen lassen, welche die Harmonie dieses Zusammenlebens bedrohen, nämlich 1. die Anwendung starrer Gesetze, 2. das persönliche Gewinnstreben, 3. der Einsatz bewaffneter Gewalt oder, setzen wir für die chinesischen Umschreibungen die modernen und eindeutigeren Begriffe: 1. der Legalismus, d.i. die Herrschaft formaler Gesetze, 2. der Kapitalismus, d.i. die Herrschaft des Besitzes, 3. der Militarismus, d.i. die Durchsetzung tatsächlicher oder vermeintlicher Interessen mit physischer Gewalt. Der Konfuzianismus hatte in China diese drei Gefahren wirksam – und, wie es schien, für alle Zeiten gebannt.

Den Legalismus haben die Konfuzianer zunächst polemisch bekämpft, bis ihnen das unrühmliche und rasche Ende der legalistisch-zentralistischen Ch'in Dynastie im Jahre 206 vor der Zeitwende die Gelegenheit gab, ihre theoretische Ablehnung starrer Gesetze durch ein abschreckendes konkretes Beispiel zu untermauern. China ist seither bis an die Schwelle der Neuzeit ohne kodifiziertes Zivilrecht ausgekommen; nur die Richtlinien des Strafrechts waren einheitlich festgelegt.

Erwerbssinn und Gewinnstreben sollten, wie grundsätzlich alle elementaren menschlichen Regungen und Triebe, nicht unterdrückt oder auch nur verstümmelt, sondern in die sozial richtigen Bahnen geleitet werden. Deshalb wies man in China, ebenfalls seit Beginn der Han-Zeit, dem Kaufmann und dem Spekulanten, der seinen Gewinn, gemessen an allen anderen Berufen, mit dem *rela-*

tiv niedrigsten Einsatz von körperlichem und geistigem Potential erzielt, den sozial niedrigsten Platz zu. So konnten zwar chinesische Handelsleute zu Zeiten immense Reichtümer anhäufen, aber kein konfuzianischer Beamter, der auf seinen guten Ruf bedacht war, hätte es gewagt, sich persönlicher Beziehungen zur Plutokratie zu rühmen oder auch nur sich auf sie zu berufen.

Die Militärs, die lange Zeit für die Aufrechterhaltung der inneren Ordnung und äußeren Verteidigung unentbehrlich schienen, konnten erst im 11. Jahrhundert unserer Zeitrechnung den konfuzianischen Zivilbeamten untergeordnet werden. Seither hat keine einheimisch chinesische Dynastie mehr einen Krieg über die damals erreichten Grenzen des Reiches hinausgetragen. Ja selbst jene zu Beginn des 15. Jahrhunderts von dem unternehmungsfreudigen Ming-Kaiser Yung-lo geförderten, mit ungewöhnlich perfektionierten Mitteln unternommenen See-Expeditionen in die Südsee, an die Küsten Indiens, Arabiens und Afrikas (s.u.S. 127ff.) wurden rasch unterbunden. Unter dem Druck der konfuzianischen Beamtenschaft mußten diese vorwiegend kommerziellen und naturkundlichen Interessen dienenden Reisen unwiderruflich eingestellt werden. Damit – und mit dem Verzicht auf die gründliche Erforschung der außermenschlichen Natur hatte der konfuzianische Staat unbewußt und ungewollt sein eigenes Schicksal besiegelt. Denn was dem konfuzianischen China als weise Selbstbeschränkung und Genügsamkeit erschien, wurde von den in jungem Tatendrang ausschwärmenden Europäern als Schwäche und Dekadenz gedeutet. Dieses Urteil war verfrüht. Gewiß gehört der Konfuzianismus als Institution spätestens seit der Abschaffung der staatlichen Beamtenprüfungen im Jahre 1905 unwiderruflich der Vergangenheit an. Auch mußte sich China zwischen 1840 und 1940 in einem überaus schmerzlichen, weil unorganisch schnellen Prozeß die westlichen Methoden und die technischen Kenntnisse Europas aneignen. Wenn man jedoch Chinas politische Macht heute und für die Zukunft primär oder gar ausschließlich nach dem Umfang seiner Bodenschätze und nach der Zahl seiner Industriewerke und Bevölkerung taxiert, verfehlt man die Wirklichkeit beträchtlich. Chinas Selbstbewußtsein als Staat und als ganzer Kulturkreis und damit auch sein politisches Gewicht gründen letztlich auf der vom Konfuzianismus 2 000 Jahre lang kultivierten Fähigkeit, die zwischenmenschlichen Beziehungen so reibungslos wie nur irgend möglich zu regulieren, den Willen des Volkes zu lenken und zu organisieren.

DER KOSMOS DER CHINESISCHEN KULTE

Kult und Kultur sind nächstverwandte Begriffe. In ihnen kommt zum Ausdruck, daß die Entwicklung spezifisch humaner Lebensformen eins ist mit der Wahrnehmung von Wesen und Wirkungen höherer Ordnung, von Erscheinungen und Einflüssen also, die mit den dem Menschen gemeinhin und jederzeit verfügbaren Sinnes-, Geistes- und Körperkräften nicht zu erfahren, nicht zu erklären, nicht zu bewältigen sind. Im Kult äußert sich das Bewußtsein des Menschen von den Grenzen seiner Möglichkeiten und zugleich der Wille, diese Grenzen zu überschreiten.

Damit ist auch schon angedeutet, weshalb es eine solche Vielfalt von Kultformen gibt: Je nach Epoche, Klima und eigener Anlage erfahren die Menschen ihre Grenzen in verschiedener Weise; entsprechend verschieden sind auch ihre kultischen Bedürfnisse. Diese Vielfalt der kultischen Bedürfnisse entfaltet sich unterschwellig, ja sie scheint bisweilen aufgehoben in den monotheistischen Systemen, deren Zentrum und Kristallisationskern der eine, allumfassende, die Menschenwelt transzendierende Gott ist. Umgekehrt bricht sie sich ungeschmälert Bahn dort, wo, wie in China, die Kulte als dem sozialen Leben nachgeordnet, ja als ein Produkt des Gemeinschaftslebens erscheinen. Aus der Perspektive judäisch-christlicher Tradition gesehen erweckt die große Vielfalt der chinesischen Kulte zwar einen chaotischen Eindruck, doch dieser Eindruck wandelt sich bei genauerer Betrachtung rasch, weshalb wir mit Fug vom Kosmos, vom geordneten Zusammenspiel der chinesischen Kulte sprechen dürfen.

An diesem Zusammenspiel nehmen private, halböffentliche und öffentliche Kulte gleichermaßen teil, denn alle Kultformen Chinas, von den urtümlichsten bis zu den verfeinertsten bilden trotz äußerlicher Eigenheiten ein organisch gewachsenes und zusammenhängendes Ganzes. Ehe wir in dessen Betrachtung eintreten, ist zur Vermeidung von Mißverständnissen ein Wort zu einer herkömmlichen Sprachregelung nützlich.

Bis heute pflegen manche Autoren von den „drei Religionen" Chinas: Taoismus, Buddhismus, Konfuzianismus zu sprechen. Sie können sich bei einer solchen Einteilung scheinbar auf die Autorität der chinesischen Quellen berufen, in welchen in der Tat von Konfuzianismus, Taoismus und Buddhismus als von den „Drei Lehren" (*san-chiao*) gesprochen wird. Sie lassen aber, was ausschlaggebend ist, zwei andere Gesichtspunkte außer Betracht, nämlich 1. die aller chinesischen Historiographie eigene deklamatorische Überbewertung historischer und genealogischer Entwicklungslinien (und die genannten Systeme sind, wie wir noch dartun werden, im weiten Bereich des chinesischen Kultlebens die einzigen mit einer kontinuierlichen Lehrtradition); 2. wurde und wird zwar das chinesische Wort *chiao* = ‚Lehre', ‚Doktrin' von den christlichen Missionaren als Äquivalent unseres Wortes ‚Religion' verwendet. Man kann sich aber sehr rasch überzeugen, wozu auch die nachfolgenden Darlegungen einen Beitrag liefern sollen, daß das, was man im Abendland unter Religion versteht, nur ganz entfernt den chinesischen Phänomenen zu vergleichen ist.

Für einen beschreibenden Überblick über alle Formen chinesischer Kulte erscheint uns stattdessen folgende Gliederung zweckmäßig:
1. mediumistische und exorzistische Kulte,
2. Kulte mit einer Lehrtradition,
3. offizielle Kulte.

Diese Gliederung geht von der entwicklungsgeschichtlichen Abfolge der Kultformen aus und berücksichtigt damit zugleich die sich aus dieser ergebenden niveaumäßigen Schichtungen und funktionalen Unterschiede. Unerwähnt ist in ihr der Ahnenkult, eine überwiegend private Form der Religiosität, die je nach dem Rahmen, in dem er vollzogen wird, und je nach den Intentionen des Opfernden an jeder der drei genannten Ebenen partizipiert. Doch da wir schon bei diesem übergreifenden Thema sind, eignet es sich sehr gut, einige allen chinesischen Kulten gemeinsame Züge zu veranschaulichen.

Der Ahnenkult ist seit den Anfängen der Kultur, d.h. seit dem 2. Jahrtausend vor unserer Zeitrechnung, in China bezeugt und wird dort – mit gewissen Abschwächungen – bis zur Gegenwart geübt. Wie sein Name besagt, besteht er darin, daß die Lebenden ihren Vorfahren einen Kult darbringen, zunächst und in der Regel ihren leiblichen Vorfahren – doch kann sich auch zwischen Adoptivsohn und Adoptivvater, ja sogar zwischen geistlichem Sohn und Vater eine analoge Beziehung bilden. Sinn des Ahnenkults ist es, das Wesen des Verstorbenen, seinen *shen*, seine „konstellierende Kraft" in der Gegenwart fortwirken zu lassen. Im Hinblick darauf soll sich ein förmlicher Dialog zwischen Verstorbenen und ihren Nachfahren entspinnen. Der *shen*, das Wesen des Verstorbenen ist in seiner Ahnentafel (ein schlichtes Holzbrett, das nur den Namen des Verstorbenen trägt und am Hausaltar oder in der Hauskapelle seinen Platz hat) anwesend. An bestimmten Festen, vor allem an seinem Geburtstag, wird ihm ein Opfer bestehend aus Blumen, Kerzen und Weihrauch dargebracht. Durch solches Andenken wird das Wesen des Verstorbenen im Gedächtnis der Lebenden erneut belebt, seiner Auflösung, seinem Verblassen entgegengewirkt. Aber auch in eigener Sache verkehren die Lebenden mit den Ahnen. Sie „melden" ihnen alle einschneidenden Ereignisse, wie etwa eine Berufung in ein Amt, eine empfangene Ehrung, eine Heirat, die Geburt von Nachkommen usw. Insoweit der Ahnenkult seinen Sinn in der bewußten und tätigen Fortzeugung von Persönlichkeitsinhalten hat, ist die rituelle Vorschrift verständlich, nach welcher er nur in männlicher Linie gültig vollzogen werden kann. Die weiblichen Ahnen ebenso wie die weiblichen Angehörigen des Opfernden sind nur durch Vermittlung ihrer männlichen Partner am Kult beteiligt.

Der chinesische Ahnenkult soll die Aussöhnung von Vergangenem und Werdendem bewirken, die stets nur in gegenwärtigen Taten zu vollziehen ist. Mit solcher Zielsetzung ist er typisch für alle chinesischen Kulte, die dem zeitliche Ausstrahlung und Dauer verleihen sollen, was das Individuum in Vollzug entweder einer mehr sozial betonten – nämlich konfuzianischen – oder einer individualistisch angelegten – taoistischen – Ethik in der Gegenwart leistet. Während er jedoch aus einer in aller Regel eher leidenschaftslosen Grundstimmung der Pietät zu entspringen scheint, sind für die übrigen, nun im einzelnen zu betrachtenden chinesischen Kulte stets dringlichere oder eindrucksvollere Motivationen wirksam.

In der bereits gegebenen Gliederung nannten wir zunächst die mediumistischen und exorzistischen Kulte, also solche, bei welchen die kultischen Handlungen von Medien und Exorzisten vollzogen werden. Diese exorzistischen und mediumistischen Kulte bilden, um der Biologie einen Begriff zu entlehnen, gewissermaßen die „Vegetationsschicht" des chinesischen Kultlebens. Hier entstehen Kulte unablässig neu, hier ist das Ritual am elementarsten und ungestümsten, hier ist die Gläubigkeit am primitivsten, die religiöse Inbrunst am ekstatischsten, die theologische Theorie hingegen, wenn überhaupt vorhanden, am rudimentärsten. Denn die Vollziehenden dieser Kulte sind ausnahmslos Laien, ohne jede theologische Gelehrsamkeit, ohne formale Weihen irgendwelcher Art. Sie üben im Alltag die verschiedensten Berufe aus, sie sind Händler und Trödler, Taxifahrer und Lastenträger, Friseure, Buchdrucker ... und übernehmen ihre Rollen als Geisterseher, Geisterführer, Geisterbeschwörer, Musikanten aus freien Stücken und ganz nach Bedarf während der nicht wenigen festlichen oder privaten Anlässe. Ihr Hauptbetätigungsfeld ist die Befragung der Geister Verstorbener (Nekromantik), sei es um deren Mitteilungen an Lebende zu übermitteln, sei es um Antworten auf Fragen Lebender an Geisteswesen zu gewinnen, welch letzteres vor allem für Kranke in Anspruch genommen wird oder von Leuten, die um das Schicksal ihrer verstorbenen Angehörigen im Jenseits bangen. Es kommt aber auch vor, daß übergreifende Störungen, etwa Epidemien, Unfallserien, Unwetter auftreten, die man dem Wirken körperloser Dämonen zuschreibt und über deren Anlaß und Ursache man sich auf diese Weise genauere Auskunft erhofft.

Die mediumistischen und exorzistischen Kulte bilden deshalb nicht nur den elementarsten, sondern im Doppelsinn des Wortes auch den dunkelsten Bereich des chinesischen Kultlebens. Sie beziehen ihre Eindrücke und Impulse aus emotionalen Abgründen jenseits einfachster Rationalität, weshalb es in der Regel ein fruchtloses Beginnen ist, vernunftmäßig klar entscheiden zu wollen, ob es nun übersinnliche Erfahrungen, eine persönliche Labilität – die in anderem sozialem Gefüge als pathologisch abgetan würde – oder die Spekulation auf Prestige und Gewinn sind, die das Tun der Medien bestimmen und ihnen, den direkten Nachfahren der Schamanen und Medizinmänner, durch die Jahrtausende einen begrenzten, aber unbedingt gläubigen, mitunter fanatisierbaren Kreis von Anhängern erhalten. Jedenfalls ist so verständlich, weshalb die staatlichen Organe in China — fast immer identisch mit der Bildungsaristokratie — durch die Zeiten dieses kultische Treiben mit Argwohn und Geringschätzung, oft mit Haß und blutiger Unterdrückung verfolgt haben. Es kann als sicher gelten, daß gegenwärtig in Rotchina die Medienkulte grundsätzlich verboten sind. Aber selbst in Taiwan, wo man derzeit religiös überaus tolerant ist, finden sie weitgehend unter Ausschluß Ortsfremder und so mehr oder weniger im Privaten und Geheimen statt. Tempel, auch alte, in denen regelmäßig solche Kulte stattfinden, werden nicht in den amtlichen Stadtplänen geführt.

Doch ungeachtet dieses Stigmas, das ihnen zumindest in den Augen der Intellektuellen anhaftet, erfüllen die mediumistischen und exorzistischen Kulte wichtige psychohygienische und sozialhygienische Funktionen. Schon einleitend hatten wir sie die „Vegetationsschicht" des gesamten chinesischen Kultlebens genannt, also jenen Bereich, von dem her allein das gesamte Gebilde nachwächst, sich erneuert, verjüngt, dem Wechsel der Zeiten anpaßt. Dieser Vorgang ist näherer Betrachtung wert.

Die Chinesen glauben zwar, wie alle Völker, daß jenes Agens, das die unverwechselbare Individualität eines Menschen bedingt und Träger des Ichbewußtseins ist, von ihnen *shen*, „konstellierende Kraft" genannt, nicht sogleich mit dem Tode des Körpers erlischt; sie glauben aber, daß es sich allmählich auflöst. Diese Auflösung kann von den Individuen zu ihren Lebzeiten und nach ihrem Tode von der Nachwelt in weiten Grenzen beeinflußt, d.h. verlangsamt oder beschleunigt werden. Was nun die Exorzisten oft beschäftigt, sind jene Fälle, in welchen der „Geist" eines Toten die Lebenden mit Untaten und Racheakten verfolgt: Tiere verenden plötzlich, Fenster werden zertrümmert, und nicht nur seinen Freunden und Verwandten erscheint der Verstorbene im Traum, sogar völlig Fremde fallen während der Arbeit in Trance und berichten von den Forderungen eines Geistes, dessen Körper lange vor dem Ende der ihm zugemessenen Lebensspanne durch Unfall, Selbstmord oder ein Verbrechen ausgelöscht wurde. Er heischt nun eine neue Bleibe, Nahrung, Sühne für seine eigene, nun nicht mehr abzubüßende Schuld. Dabei kann es vorkommen, daß, obzwar die Medien die Identität und die Wünsche des Totengeists richtig an die Lebenden übermittelt und obzwar die Exorzisten die für einen solchen Fall vorgesehenen Riten vollzogen haben, der Spuk dennoch kein Ende nimmt, ja daß die Opfernahrung den Dämon zu immer ärgeren Untaten reizt. Als letzten Ausweg entschließt man sich zu einem Schritt, der in den politischen und zwischenmenschlichen Beziehungen der Chinesen nahezu alltägliche Übung ist und den man in den westlichen Sprachen am besten mit psychologischen Fachwörtern wie Sublimation und Transformation umschreibt. Die von dem Dämon heimgesuchten Lebenden geben ein bindendes Versprechen ab, ihm einen dauernden Kult einzurichten, falls er, statt seine Macht gegen sie zu wenden, künftig zu ihrem Frommen wirken will. Nach einem solchen Gelübde kommt es, so wird berichtet, sehr oft zu Auseinandersetzungen zwischen der neu zu etablierenden Gottheit und den alteingesessenen Schutzgottheiten des Ortes, aber auch zu Streit zwischen den Anhängern des neuen und der alten Kulte. Gewöhnlich endet dieser Streit damit, daß der neue Gott seine Überlegenheit durch Wunder überzeugend unter Beweis stellt und daraufhin schließlich unter den rechtmäßigen, richtiger „orthonomen", d.h. dem Tao, der kosmischen Entwicklung sich anpassenden, Lokalgottheiten im Dorf- oder Stadttempel seinen Platz erhält.

Mit dieser formalen und gültigen Einsetzung als orthonome Gottheit (*cheng-shen*) entgleitet das Geistwesen mit einer menschlichen Vorgeschichte der Zuständigkeit der Medien und Exorzisten. Sein menschliches und dämonisches Vorleben wird weitgehend tabuisiert, und schließlich erlischt auch seine Individualität in der großen Schar der kleinen Gottheiten, die in der Regel in kosmologisch bedeutsamen Gruppen von 36, 72, 360... aufgezählt und verehrt werden, es sei denn... es sei denn, er gewinnt in einem kanonischen Text eine neue Physiognomie und zugleich eine überregionale Bedeutung. Damit sind wir auch schon bei den Funktionen der zweiten Kategorie von Kulten, den Kulten mit einer Lehrtradition. Kulte mit einer Lehrtradition sind solche, deren religiöse Praxis sich an einem umfänglichen, wenngleich von Schule zu Schule verschieden umschriebenen Corpus kanonischer Schriften orientiert. Auch ist bei ihnen zumindest für den Vollzug der höheren Kulthandlungen eine eigene Weihe erforderlich, die ein Kandidat erst erhält, nachdem er eine lange Ausbildung erhalten und Ordalien, Proben seines Könnens, öffentlich abgelegt hat. Was man gemeinhin unter Didaktischem oder Religiösem Taoismus und unter Buddhismus versteht, entfaltet sich ausschließlich auf dieser Ebene; und sogar der Konfuzianismus partizipiert geringfügig an ihr.

Die Lehrtradition dieser Kulte rührt, was den Buddhismus anlangt, zu einem Teil aus der indisch-zentralasiatischen Überlieferung des Mahâyâna-Buddhismus, zu einem Teil ist sie das Werk frommer chinesischer Autoren. Der Didaktische Taoismus aber schreibt weitaus die meisten seiner zwischen dem 2. und 7. Jahrhundert unserer Zeitrechnung entstandenen Texte ausdrücklich frommen Sehern, also Medien zu, die die Mitteilungen mächtigerer Gottheiten zu Papier gebracht hätten. Aber nicht nur darin, sondern ebenso im Inhalt des Lehrguts und in den Obliegenheiten der Priester und Laien kommt die enge Verwandtschaft dieser Kulte mit den zuerst genannten Medienkulten zum Ausdruck. Die Lehrtraditionen bestehen im wesentlichen aus hygienischen, alchemistischen, mantischen, genealogischen Traktaten, aber auch aus Gebeten, Beschwörungsformeln, Talismanen, und sie zielen ausnahmslos, soweit sie sich an das Individuum wenden, auf dessen Selbstvervollkommnung, soweit sie sich auf den Kult beziehen, auf die Beherrschung, Dienstbarmachung, Unterwerfung der Götter, Geister und Dämonen.

Der Angelpunkt aller Selbstvervollkommnung wie auch jeder Machtentfaltung gegenüber Göttern, Geistern und Dämonen ist *t'ung*, d.h. Kommunion, Kommunikation. Nun spielt zwar Kommunion und Kommunikation in ausnahmslos allen religiösen Systemen eine grundlegende Rolle; die Besonderheit der chinesischen Kultur liegt aber darin, daß sich um diese Vorstellungen ein besonders breites Spektrum von Assoziationen gebildet und durch die Zeiten erhalten hat, das von primitivsten Kulthandlungen bis zur subtilsten Rationalität reicht. So hatten die Medien und Exorzisten in emotionaler und impulsiver Weise mit spontan sich zeigenden Geistern und Dämonen, mit dem Bereich der Toten kommuniziert. Bei den Meistern des Tao, bei den buddhistischen Laien und Mönchen stehen die gleichen Absichten im Mittelpunkt ihres Wirkens, mit dem grundlegenden Unterschied, daß sie in der Bannung von Dämonen, bei der Bewältigung der Naturgewalten nur beiläufig aus dem momentanen Erlebnis schöpfen, ihr Wissen und ihre Mittel vorwiegend aber auf die in Traktaten und Formeln niedergelegten, durch nahezu hundert Generationen von Adepten und Naturforschern gesichteten und verfeinerten Erfahrungen stützen. Hier, d.h. in den buddhistischen Texten, noch mehr in den Texten des Didaktischen Taoismus gewinnt dann das Kulterlebnis, das bei den Medien und Exorzisten dumpf und schwül wirkt, Weite und Leichtigkeit, ja sogar rationale Helle, denn von der Beherrschung gemeinhin unsichtbarer Geister und Dämonen zur Bezwingung unergründeter Naturkräfte war es nur ein kleiner Schritt – und nicht wenige chinesische Ärzte und Naturforscher hatten zum Didaktischen Taoismus ein enges Verhältnis.

Im übrigen bedeutete oder bedingte die Kodifizierung und Formalisierung des rituellen Wissens innerhalb einer Lehrtradition eine gewisse Institutionalisierung und Normierung der Kulte. Tatsächlich waren sowohl Taoismus als vor allem der Buddhismus während einer kurzen Spanne der chinesischen Geschichte, zwischen 7. und 11. Jahrhundert, ziemlich straff organisiert. An der Spitze von Mönchsorden und ekklesiastischen Provinzen standen profilierte Patriarchen oder „Himmlische Meister", von welchen die namhaftesten als willkommene Ratgeber wiederholt an den Kaiserhof von Ch'ang-an beschieden wurden. Zwar ist dieser Glanz auch politischer Ausstrahlung längst verblaßt. Wohl aber sind die Kulte mit einer Lehrtradition, also der Taoismus und Buddhismus, bis heute in China die wichtigsten Träger religiösen Lebens geblieben. Das gilt für Rotchina, wo taoistische und buddhistische Gemeinschaften fortbestehen, und erst recht für Taiwan und die gesamte chinesische Diaspora Ostasiens in Singapur, Indonesien und Malaysia. Von den Behörden zwar niemals gefördert, jedoch anerkannt oder zumindest geduldet, entfalten sie eine ausgebreitete, jedermann sichtbare Aktivität. Dort wo, wie fast überall außerhalb Rotchinas, den Tempelgemeinschaften eigene Liegenschaften verblieben sind, entwickeln sie wirtschaftliche Initiativen, analog jenen der abendländischen Kirchen. Und selbst in den bescheidensten Fischerdörfern Taiwans trifft man heute auf Tempelneubauten, die im Verlauf einer mehrjährigen Bauzeit entstehen. Aus Stahlbeton und kostbar vergoldetem hölzernem Schnitzwerk gefügt, mit Glasurziegeln und Emailleschmuck gedeckt, beherrschen sie heute wie in alter Zeit das architektonische Bild der Siedlungen.

Nur wenige Worte lassen sich hier über die Art der Gottheiten, die vornehmlich einen Kult empfangen, sagen, ein Thema, das eigentlich eine breitere Darstellung erfordert. In jedem chinesischen Tempel thront am Hauptaltar die oft kostbar gekleidete Figur jener Gottheit, der der Tempel geweiht ist. Doch auf Nebenaltären, in Seitenkapellen, vor dem Eingang, an den Türen sind ihr stets eine verschieden große Zahl anderer, nicht notwendig niederer Gottheiten beigesellt. Und sofern einen Gläubigen nicht ein besonderes Anliegen bewegt, wird er beim Besuch des Tempels allen Gottheiten gleiche Mengen Weihrauch — ein bis zwei Stäbchen — opfern, weil er sich über ihre Rangunterschiede nicht recht im klaren ist und auch weil er zu keinen Eifersuchtsszenen in der Götterwelt Anlaß geben will. Die Unterschiede in der Volkstümlichkeit einzelner Gottheiten kommen eher in der Besucherzahl der verschiedenen Tempel zum Ausdruck. Weitaus das regste Kommen und Gehen herrscht das ganze Jahr über im Tempel des *ch'eng-huang*, d.h. des Schutzgotts der Stadt oder des Kreises. Ist dieser Stadtgott zugleich der Tempelherr, so sind ihm gewöhnlich die Kommandanten der Zehn Höllentribunale, die buddhistische Göttin der Barmherzigkeit (Kuan-yin) oder eine andere weibliche Gottheit wie etwa die Gattin des Stadtgotts oder die „Frau der Hundert Kinder" als Schutzpatronin zugesellt. Ist der einzige öffentliche Tempel einem anderen der großen überregionalen oder örtlichen Schutzgötter geweiht, etwa dem Shen-nung, dem „Gestaltenden Landmann", seit mehr als 2 000 Jahren Schutzpatron der Landwirtschaft und der Heilpflanzenanwendung, oder der Matsu, Schutzgöttin der Seefahrer Südchinas, so fehlt der *ch'enghuang* gewiß nicht auf einem Nebenaltar. Fast immer stark besucht ist auch die Kultstätte des örtlichen Gottes für Krankenheilungen, der in Großstädten wie Taipei einen eigenen Tempel, sonst aber zumindest eine Kapelle oder einen eigenen Altar hat. Außer den genannten Göttern gibt es je nach lokalem Brauch und persönlicher Neigung aber noch viele Hundert kleinerer und größerer Gottheiten, die man um Beistand bitten, denen ein Tempel oder Altar geweiht sein kann; sogar Konfuzius fehlt darunter nicht.

Damit kommen wir zur dritten der hier zu erörternden Kategorie von Kulten, den offiziellen Kulten, deren Zentralfigur Konfuzius ist. Konfuzius, der im 5. Jahrhundert vor der Zeitwende als Staatsmann und Lehrer wirkte, hatte die Grundlinien jenes ethischen Systems entworfen, das seit dem 2. Jahrhundert vor der Zeitwende bis an die Schwelle unseres Jahrhunderts in China alle

Aspekte des staatlichen und öffentlichen Lebens und bis zum heutigen Tag die öffentliche Ethik Chinas geprägt hat. Die konfuzianische Ethik ist eine rationale Ethik, bestehend aus den vernunftgemäß verarbeiteten Beobachtungen all jener Kräfte und Strebungen, die in irgendeiner Weise dem Leben einer menschlichen Gemeinschaft sich auswirken, ja die selbst dieses soziale Leben ausmachen und seinen Fortbestand ermöglichen. Eine solche Strebung — wir könnten auch moderner sagen, ein elementarer sozialtauglicher Trieb — ist das jedem Menschen eigene Verlangen, Vorbilder zu verehren und nachzuahmen. Der konfuzianische Kult baut auf diese Strebung, um die Namen und das richtungsweisende Werk ethisch vorbildlicher Männer ins Gegenwartsbewußtsein zu heben. Er war damit Teil der sozialethischen Erziehungsinstitutionen, und seine Tempel fungierten bis ins 19. Jahrhundert als Bildungsstätten, nicht im übertragenen, sondern im direkten Sinn: in ihren Seitenhallen fand der öffentliche Unterricht, fanden auch die unteren Beamtenprüfungen statt.

Kommunikation also auch hier, aber nicht mit willkürlich sich manifestierenden Geistern und Dämonen, sondern mit Wesen und Werk der Mustergültigen vergangener Zeiten. Der konfuzianische Kult war die für eine verhältnismäßig kleine Bildungsaristokratie zugeschnittene Variante sozialbezogener Religiosität, zugleich der offizielle Kult. Denn sein Vollzug lag ausschließlich in den Händen jener, die den Nachweis einer konfuzianischen, also literarisch-staatsethischen Bildung in Beamtenprüfungen erbracht hatten, mit einem Wort in den Händen des Mandarinats. So vollzog in der Hauptstadt der Präsident der Akademie, assistiert von hohen Ministern und unter Anteilnahme der gesamten Beamtenschaft, die großen Opfer im Konfuziustempel, während in allen Provinz- und Kreishauptstädten gewöhnlich ranghohe Zivilbeamte die Kulthandlungen leiteten. Solches Tun hatte in dem Augenblick seinen Sinn verloren, in dem man die umfassende Verbindlichkeit — eben die Beispielhaftigkeit — des konfuzianischen Systems in Frage stellte, spätestens also mit Abschaffung der klassischen Beamtenprüfungen im Jahre 1905.

Zwar hat man in den 50er Jahren den Tempel des Konfuzius an seinem Geburtsort Ch'ü-fu sorgfältig restauriert, aber als museales Schauobjekt, nicht als Kultstätte. Zwar finden sporadisch noch in der gesamten Einflußsphäre chinesischer Kultur von Vietnam bis Korea Konfuziusfeiern statt. Doch wer etwa heute der alljährlichen großen Zeremonie im Konfuziustempel von Taipei beiwohnt – bei der die Teilnehmer, in klassische Gewänder aus karminroter, chromoxgrüner, violetter, marineblauer und schwarzer Seide gekleidet, würdevoll durch die weiten Hallen schreiten, umtänzelt von einer Schar hemdsärmeliger Photographen und Kameraleute, die ihnen an den Höhepunkten der Kulthandlung mit Jupiterlampen und Elektronenblitzen ins Gesicht leuchten, ihnen ihre Aufnahmemikrophone unter die Nase recken, während vor dem Tempel die Musiker auf den Rekonstruktionen der uralten Tempelinstrumente spielen: das vergoldete Borstentier streichen, die gestimmten Glocken und Klangsteine schlagen, die Holzblätter zusammenklappen, auf Panflöten und Mundorgeln blasen; und während auf der Plattform noch vor diesen das Carré der in gelbe Seide gekleideten Tempeltänzer im rötlichen Schein der aufgehenden Sonne sich rhythmisch verbeugt – der erlebt nicht den fortwirkenden Nachvollzug alter Riten und Vorbilder, sondern eine müde Art von Staatstheater. Denn im Innenhof des Tempels drängen sich dann nicht die übernächtig fröstelnden konfuzianischen Talente und die Beamtenliteraten aller Rang- und Altersstufen, sondern eine heterogene Gruppe einheimischer Privilegierter, Beamte, Geschäftsleute und einige wenige Akademiker; diese sitzen dicht gedrängt auf Klappstühlen zwischen Scharen ausländischer Schaulustiger, den Familien des diplomatischen Korps und zufällig durchpassierenden Touristen.

Fragen wir uns nach dieser gerafften Überschau über den Kosmos der chinesischen Kulte, welches Kennzeichen allen religiösen und philosophischen Traditionen Chinas gemeinsam ist und sie gleichzeitig von ähnlichen Erscheinungen anderer Kulturen abhebt, so ist die Antwort ohne Zögern: Die Welt des Unsichtbaren, die Sphäre der Geister bis hinauf zur höchsten Gottheit besteht nicht unabhängig vom Menschen und seiner Kultur, sondern sie ist ein Produkt dieser Kultur, ja ihr exaktes Spiegelbild. So wird verständlich, weshalb man sich in China in früheren Zeiten die unsichtbare Götterwelt völlig nach dem Bild des hierarchischen Systems der konfuzianischen Beamtenschaft organisiert vorstellte und weshalb heute die Medien in der Sphäre der Dämonen und Götter sämtliche technischen Paraphernalia unserer Tageswelt wahrnehmen, von Telephonen und Autos bis hin zu Kühlschränken und Fernsehapparaten. Verständlich wird auch die Überzeugung, daß jeder Mensch den seiner Entwicklungsebene entsprechenden und allen ihr untergeordneten Göttern und Dämonen gebieten könne und solle. Also das Postulat oder die Illusion einer grenzenlosen Autonomie des menschlichen Willens? Keineswegs. Alle Wesen, Götter wie Menschen, sind Teile des Tao, der als ständiger Wandel sich darstellenden kosmischen Ordnung, aus der sich ihre Identität konstituiert, in der sie sich aber auch wieder auflöst, sobald die Verbindung, die Kommunion (*t'ung*) mit diesem Wandel abreißt. Ist die Identität mit dem Tao gleichzusetzen mit Vollkommenheit, so folgert daraus der Satz: Alles Unvollkommene löst sich auf, je unvollkommener es ist, umso rascher.

DIE CHINESISCHE LEHRE VOM MENSCHEN – WEISHEIT ODER WISSENSCHAFT?

Die Wissenschaften vom Menschen – Anthropologie, Psychologie, Soziologie, Politologie, aber auch die Humanmedizin – um nur einige ihrer modernen Zweige zu nennen, gewinnen jetzt im Bewußtsein der Allgemeinheit eine im Vergleich zu den Naturwissenschaften von Jahr zu Jahr zunehmende Bedeutung. Diese Entwicklung ist verständlich und notwendig, wenn man bedenkt, daß seit zwei Generationen nicht mehr – wie alle vorausgehenden Jahrtausende hindurch – die Unberechenbarkeiten der umgebenden Natur die individuelle und soziale Existenz des Menschen am stärksten bedrohen und der Ausbreitung der Kultur scheinbar unüberwindliche Schranken setzen, sondern die chaotischen Triebe des Menschen. Allerdings, unsere modernen Wissenschaften vom Menschen stehen erst am Anfang ihrer Entwicklung. Sie entbehren noch eines ihrem Gegenstand angemessenen Erkenntnisverfahrens und stützen sich im günstigen Fall auf mehr oder minder zufällig gewonnene empirische Daten. Und vorerst nicht selten noch erliegen sie der Versuchung, logische Methoden der klassischen Naturwissenschaften auf den humanen Bereich anzuwenden. Wegen solcher Unzulänglichkeiten oder spekulativen Gewaltsamkeiten erfüllen unsere Wissenschaften vom Menschen deshalb heute noch nicht annähernd die Erwartungen, die man an positive Disziplinen in diesem Bereich stellen dürfte. Andererseits zeigt uns die Geschichte unserer Naturwissenschaften, daß selbst unter günstigen Bedingungen die Findung der für einen Erkenntnisbereich optimalen Methoden das Werk von Generationen ist. So läßt sich die Leistungsfähigkeit der Humanwissenschaften drastisch und in überschaubarer Frist nur verbessern, wenn wir uns schon systematisierte Erkenntnisse eines anderen Kulturkreises erschließen, die chinesische Wissenschaft vom Menschen.

In China steht unbezweifelt der Mensch seit nahezu 2 500 Jahren im Mittelpunkt des Interesses nahezu aller Denker. Und zwar haben sich die Taoisten besonders mit den natürlichen, also mit den physischen, biologischen und psychologischen Bedingungen der menschlichen Existenz beschäftigt, in welchem Bemühen die Buddhisten später mit ihnen wetteiferten. Demgegenüber galt die Aufmerksamkeit der Konfuzianer fast ausschließlich den sozialen Bedingungen, also den mannigfaltigen Wechselwirkungen zwischen dem Einzelnen und der Gemeinschaft.

Die Frage ist nur, ob wir die Ergebnisse der chinesischen Denker als empirische Erkenntnis, als Weisheit oder als Wissenschaft betrachten müssen.

Einigen wir uns, für eine klare Antwort auf diese Frage, also zunächst auf folgende Begriffsbestimmungen:

„Empirische Erkenntnis" ist durch umfassende Erfahrung gewonnenes, logisch jedoch nur bedingt und unvollkommen erläutertes oder begründetes Wissen. „Weisheit" ist eine zwar positiv gültige Einsicht, die jedoch isoliert steht, für die es also unter den gegebenen historischen Bedingungen weder eine logisch schlüssige Begründung noch die Möglichkeit gibt, sie auf verwandte, analoge Gegebenheiten zu übertragen. „Wissenschaft" hingegen besteht aus logisch systematisch verknüpften empirischen Daten: Von jeder beliebigen Position eines echten wissenschaftlichen Systems aus sind logisch eindeutige Schlüsse auf jede andere, in das System einbezogene Position möglich. – Betrachten wir nun von diesen Definitionen aus den ersten Abschnitt der Abhandlung *Ta-hsüeh*, „Die Große Wissenschaft", einen der grundlegenden Texte des Konfuzianismus. Sie beginnt:

„Der Weg der Großen Wissenschaft besteht darin, die (in jedem Menschen angelegte) leuchtende Gestaltungskraft erstrahlen zu lassen, alle Menschen als seine Nächsten zu behandeln und zu beharren im äußerst Guten.

Weiß man zu beharren, dann hat man feste Stetigkeit, hat man feste Stetigkeit, dann kann man Gelassenheit erreichen. Ist man gelassen, so kann man den Frieden (der Gefühlsregungen) erlangen. Herrscht der Frieden (der Gefühlsregungen), so kann man nachdenken. Denkt man nach, dann erreicht man (sein Ziel)".

Diese Sätze wurden von der Tradition dem Konfuzius selbst zugeschrieben, hatten aber wahrscheinlich erst im 2. Jahrhundert vor der Zeitwende ihre endgültige Form erhalten. Seit dem 2.

Jahrhundert unserer Zeitrechnung sind sie Teil der Kanonischen Texte des Konfuzianismus und stehen seit dem 12. Jahrhundert am Anfang seiner propädeutischen Schriften. Von den im ersten Satz aufgezählten drei Forderungen werden zwei unter Verwendung von Begriffen erhoben, die für alle gebildeten Chinesen einen ganz präzisen Inhalt haben.

Das chinesische Wort *teh*, oft etwas unscharf mit „Tugend" übersetzt, bezeichnet jene Gestaltungskraft, die frei wird, wenn die in der individuellen Anlage gegebenen Potenzen harmonisch entfaltet werden. Das Wort *min*, „Volk" bezeichnet heute wir vor 2 500 Jahren das anonyme und amorphe Volk im Gegensatz zur Bildungsaristokratie, für welche diese Anweisungen ja bestimmt waren. Nicht zweifelhaft ist aber auch der vom Begriff her mehrdeutige Ausdruck „das äußerste Gute", das von den Konfuzianern stets und heute schließlich von allen Chinesen im sozial Gedeihlichen, dem Leben der Gemeinschaft Förderlichen gesehen wird.

„Der Weg der Großen Wissenschaft besteht darin, die (in jedem Menschen angelegte) leuchtende Gestaltungskraft erstrahlen zu lassen, alle Menschen als seine Nächsten zu behandeln, und zu beharren im äußerst Guten."

Nach dieser allgemeinen Erklärung über die Grundlagen und Ziele wissenschaftlichen Bemühens folgt sogleich eine nicht minder grundsätzliche Bestimmung der Methoden der Erkenntnis. Für uns erhellt sie schlaglichtartig den wesentlichen Unterschied zwischen abendländischem und chinesischem Erkenntnismodus.

Allen westlichen Menschen erscheint selbstverständlich, daß Erkenntnis durch Arbeit, Anstrengung, das heißt durch Aktivität, Aktion gewonnen, erkämpft werden muß. (Ja, nicht wenige glauben noch immer, daß dies der einzige und ausschließliche Weg sei, positive Erkenntnis zu gewinnen).

Unser Text weist unmißverständlich den umgekehrten Weg:

„Weiß man zu beharren, dann hat man feste Stetigkeit. Hat man Stetigkeit, dann kann man Gelassenheit erreichen. Ist man gelassen, so kann man den Frieden (der Gefühlsregungen) erlangen.

Herrscht der Frieden (der Gefühlsregungen), so kann man nachdenken. Denkt man nach, dann erreicht man (sein Ziel)".

Durch Aktion wird die Umwelt verändert, durch bewußtes Zurücknehmen der eigenen Gefühlsregungen und Antriebe kann im

Gegenteil die spezifische Qualität der objektiven Wirkungen voll zur Entfaltung gelangen. Damit ist hier allerdings nur angedeutet, was sich ausführlich beweisen läßt: Der abendländische Forscher verändert den Gegenstand seiner Erkenntnis zuerst, um ihn dann zu erkennen, der chinesische Forscher erkennt ihn zuerst, um ihn darauf zu beeinflussen.

Und aus dieser zeitlichen Umkehrung der Erkenntnisschritte ergeben sich zwei komplementäre, das heißt sich ergänzende, gleichermaßen positive, jedoch nicht unbedingt auf die gleichen Positionen anwendbare Ansichten der erkennbaren Welt: Der Europäer nimmt wahr und definiert primär im Raum konkretisierte Wirkung, „Stoff" oder „Wirksubstrat", der Chinese nimmt wahr und definiert in erster Linie in der Zeit sich entfaltende, aktuelle Wirkung, „Kräfte" oder „Funktionen".

Damit haben wir auch den Schlüssel zum rechten Verständnis der folgenden Sätze.

„Die Wesen haben Wurzel und Verzweigung, die Unternehmungen haben ein Ziel und einen Anfang.

Wenn man erkennt, was vorangeht und was folgt, so nähert man sich (der Beherrschung) der rechten Weise (zu forschen)".

Hier wird ausdrücklich gesagt, daß es vor allem auf die Unterscheidung von Vorzeitigkeit und Nachzeitigkeit oder, modern ausgedrückt, auf die Unterscheidung verschiedener Zeitphasen ein und derselben Wirkung ankommt (– und nicht, wie im Abendland, auf die Unterscheidung von räumlich definierten Ursachen und Wirkungen).

Nach diesen grundsätzlichen Feststellungen gelangen wir zum zentralen Anliegen der konfuzianischen Wissenschaft, der Ordnung der Gemeinschaft.

„Wenn jemand im Altertum die leuchtende Gestaltungskraft in der ganzen zivilisierten Welt erstrahlen lassen wollte, so ordnete er zunächst sein eigenes Land. Wer sein eigenes Land ordnen wollte, sorgte zunächst für ausgeglichene Verhältnisse in seinem Haus. Wer in seinem Haus ausgeglichene Verhältnisse schaffen wollte, kultivierte zunächst seine eigene Persönlichkeit. Wer seine eigene Persönlichkeit kultivieren wollte, machte zuerst sein Bewußtsein recht. Wer sein Bewußtsein recht machen wollte, brachte zuerst seine Vorstellungen zu unverfälschter Äußerung. Wer wollte, daß seine Vorstellungen sich unverfälscht äußerten, vervollkommnete zunächst seine Erkenntnis. Die Vervollkommnung der Erkenntnis erfolgt durch die systematische Erforschung der Wesen".

Zum richtigen Verständnis dieser Sätze sind wiederum einige Erläuterungen am Platze. Mit „systematische Erforschung der Wesen" haben wir die chinesischen Worte *ko-wu* übersetzt. *Wu*, „Wesen" bezeichnet alle individualisierbaren Gegebenheiten, also alle objektivierbaren Wirkungen oder Dinge. Und das Wort *ko*, darüber herrscht unter den chinesischen Erklärern dieser Stelle zu allen Zeiten und von Anbeginn an völlige Einhelligkeit, bedeutet hier „erforschen" oder „gründlich erforschen". Mit der Übersetzung „die Dinge gründlich erforschen" haben wir allerdings nur den vordergründigen Sinn der worte *ko-wu* erfaßt. Eine wichtige, dem ursprünglichen Wortsinn nahe Bedeutung von *ko* ist nämlich „Standard", „Richtmaß", „Modell", „Norm", „konventionelle Form oder Regel".

Ko-wu bedeutet daher genauer, die „Dinge" unter vergleichendem Bezug auf konventionelle Normen erforschen und beschreiben. Was sollen wir uns darunter vorstellen? –

Als im 19. Jahrhundert die Chinesen Entsprechungen für die westliche wissenschaftliche Terminologie erfinden mußten, übersetzten sie unser Wort „Physik" zunächst mit *ko-chih*, das ist die Disziplin, „welche durch vergleichenden Bezug auf konventionelle Normen Erkenntnisse fördert". Den Chinesen war sogleich das hervorstechende Merkmal jenes Wissenszweigs aufgefallen, nämlich daß er durch mathematisch vergleichenden Bezug auf konventionell festgelegte Maßnormen – das Zentimeter-Gramm-Sekunden-System – allgemeinverbindliche Aussagen liefert. Ähnliches leisten in einem ganz anderen Bereich die biologischen und die Humanwissenschaften Chinas.

Unter Bezug auf konventionelle Wertnormen – Yin/Yang, die Fünf Wandlungsphasen und deren technische Ableitungen (s. u. S. 122f.) – erbringen sie allgemeinverbindliche Aussagen über die Qualitäten sozialer, psychologischer und biologischer Funktionen.

Ein Beispiel finden wir im vorangehenden Zitat. Der mit „Vorstellungen" übersetzte chinesische Ausdruck *i* bezeichnet die Fähigkeit des Menschen, die in ihm angelegten Potenzen gedanklich nach außen zu projizieren, also seine Phantasie oder Einbildungskraft.

Und zwar wird gefordert, daß diese Vorstellungen „unverfälscht" (*ch'eng*, „wahr") nach außen dringen — was durch Vervollkommnung der Erkenntnis ermöglicht werden soll. Die innere Logik dieser Beziehung wird uns aus unserer Sicht in Umrissen klar, wenn wir bedenken, daß nur solche Elemente in der Anlage eines Menschen kräftig entwickelt sind, die sich durch eine lange Ahnenkette hindurch herausgebildet und behauptet haben. Oder, anders betrachtet, Antriebe, welche die Existenz der Gesellschaft oder des Individuums in Frage stellen, können nur in einem Individuum selbst Gestalt gewinnen oder allenfalls durch wenige Generationen hindurch vererbt werden. Diesen störenden (oder zerstörenden) Bewußtseinsinhalten muß, wie es heißt „durch Vervollkommnung der Erkenntnis", mit anderen Worten durch einen rationalen Vergleich zwischen äußerer und innerer Wirklichkeit begegnet werden.

Nur, für die traditionelle chinesische Wissenschaft vom Menschen war diese fundamentale Beziehung viel einfacher zu begründen: Die Vernunft entspricht der Wandlungsphase „Wasser", die Einbildungskraft der Wandlungsphase „Holz". Im gesunden Kreislauf der Qualitäten geht „Holz" aus „Wasser" hervor, mit anderen Worten, die Einbildungskraft entfaltet sich auf Grund rationaler Einsichten.

So heißt es schließlich:

„Werden die Dinge systematisch erforscht, dann wird (damit) die Erkenntnis vervollkommnet. Hat man seine Erkenntnis vervollkommnet, so vermag man seine Vorstellungen unverfälscht zu entfalten. Vermag man seine Vorstellungen unverfälscht zu entfalten, dann bringt man damit sein Bewußtsein ins Lot. Ist das Bewußtsein im Lot, dann ist damit die eigene Persönlichkeit kultiviert. Ist die eigene Persönlichkeit kultiviert (das heißt harmonisch entwickelt), dann herrschen im Haus ausgeglichene Verhältnisse. Herrschen im Haus ausgeglichene Verhältnisse, dann ist auch das Land geordnet. Ist das Land geordnet, dann ist auch die Welt befriedet".

Auf jeden Fall gilt:

„Für alle, vom Himmelssohn bis zum einfachsten Mann aus dem Volke ist unterschiedslos wahr, daß die Kultivierung der eigenen Persönlichkeit das Grundlegende ist. Denn daß bei jemandem das Grundlegende in Unordnung, das Nebensächliche aber in Ordnung ist, das gibt es nie. Ebensowenig wie, daß einer zwar das (was er für) Bedeutende(s) (hält) gering behandelt, mit dem, was er geringschätzt, aber gewissenhaft verfährt".

Ohne Zweifel muß die soeben in knappen Umrissen erläuterte Probe aus einem konfuzianischen Klassiker als Beispiel eines echt wissenschaftlichen Bemühens um die existentiellen Probleme des Menschen verstanden werden. Dennoch ist es noch immer üblich, gegen die Wissenschaftlichkeit der chinesischen Lehre vom Menschen ins Feld zu führen, daß gedanklich schlüssige und gründliche Ausführungen von der Art des übersetzten Zitats in der philosophisch wissenschaftlichen Literatur Chinas die seltene Ausnahme bilden, daß letztere vielmehr im wesentlichen aus oberflächlich moralisierenden Abhandlungen, aus Gleichnissen, historischen Episoden und Anekdoten bestehen, durch welche ethische oder hygienische Leitsätze illustriert werden. Ein solcher Einwand beruht auf einer perspektivischen Täuschung. Nehmen wir an, daß ein Mensch, der so wenig Ahnung von den Zielen und Methoden der Physik hat, wie der Durchschnittsabendländer von den Zielen und Methoden der chinesischen Humanwissenschaften, ein Physiklehrbuch für Oberschulen in die Hand nimmt. Er wird feststellen, daß in diesem Buch ganz überwiegend von Versuchen, technischen Anwendungen, mathematischen Ableitungen und methodischen Erläuterungen die Rede ist, während die fundamentalen Einsichten, die „physikalischen Gesetze" in ganz wenigen dürren Sätzen formuliert oder gar zu einer einzigen, knappen Formel verdichtet sind. Denn diese Formeln und Leitsätze wären, isoliert für sich genommen, nicht einmal dem Physikstudenten, geschweige denn dem Laien verständlich. Nur die Tatsache, daß eine verhältnismäßig sehr kleine Zahl von Gelehrten die Grundgesetze der Physik beherrscht und in ihrem vielfältigen Zusammenhang einigermaßen überblickt, berechtigt uns, von einer lebendigen physikalischen Wissenschaft zu sprechen. Ähnlich in China.

Gewiß hat dort zu allen Zeiten für die überwiegende Mehrheit des Volkes, inbegriffen die Mehrzahl der literarisch gebildeten Beamten, der Begriff *hsüeh*, „Lehre" oder „Wissenschaft" ebensowenig realen Inhalt gehabt wie für die Mehrzahl unserer Zeitgenossen der doch von allen im Munde geführte Begriff „Wissenschaft".

Allein die Tatsache, daß dort eine verhältnismäßig sehr kleine Zahl von Denkern mehr als 2 000 Jahre hindurch die Erkenntnisse über den Menschen überliefert, vervollkommnet und in allgemeinverbindlichen Sätzen formuliert hat, berechtigt und zwingt uns, von einer chinesischen Wissenschaft vom Menschen zu sprechen.

K'ANG YU-WEI UND SEINE VORSTELLUNG VON DER GROSSEN GEMEINSAMKEIT

Die Geschichte des von Europa aus in China eingepflanzten Kommunismus ist kurz. Die Kommunistische Partei Chinas ist verhältnismäßig spät, nämlich am 1. Juli 1921 in Shanghai mit Unterstützung der Kommunistischen Internationale offiziell gegründet worden. Aber die Geschichte der sich auf dem Boden der chinesischen Kultur behauptenden Ideen von einer klassenlosen Gesellschaft und von der Gütergemeinschaft ist lang. Schon im *Li-chi* („Buch der Sitte"), das spätestens im 2. Jahrhundert vor der Zeitwende abgeschlossen wurde und bis an die Schwelle unseres Jahrhunderts eine der kanonischen Säulen der konfuzianischen Bildung darstellte, finden sich recht eindeutige Formulierungen. Im 9. Kapitel dieses Werks wird dem Konfuzius folgende Rede in den Mund gelegt:

„Zur Zeit, als der Große Weg begangen wurde, war die Zivilisierte Welt Gemeineigentum. Man wählte die Weisen und Fähigen als Führer; man redete die Wahrheit und pflegte die Eintracht. Und kein Mensch beschränkte seine Ehrfurcht und Liebe nur auf die eigene Verwandtschaft, auf die Eltern oder Kinder. So hatten alle Alten einen ungestörten Lebensabend und alle Arbeitsfähigen eine Beschäftigung, alle Jungen ihre Entfaltungsmöglichkeiten und die Witwen, Waisen, Kinderlosen und Kranken ihren Unterhalt und ihre Pflege. Jeder Mann hatte die ihm gebührende Stellung, jede Frau ihr Zuhause. Man speicherte die Güter, nicht um sie als Eigentum zu kennzeichnen, sondern weil man sich scheute, sie verkommen zu lassen und man entfaltete seine Kräfte, nicht um persönlichen Nutzen daraus zu ziehen, sondern weil man sich scheute, sie verkümmern zu lassen. Darum konnte sich Habgier nicht entfalten, und es gab weder Räuber und Diebe noch Aufrührer und Gewalttätige. Obzwar man Außentore hatte, verschloß man sie nicht. Solche Verhältnisse nannte man die ‚Große Gemeinsamkeit'".

Zitate wie dieses ließen sich noch viele aus der chinesischen Literatur beibringen. Auch ist seither in China kaum ein Jahrhundert vergangen, in dem nicht irgendein Rebellenführer oder Sektengründer, stets mit Eifer, doch niemals mit dauerhaftem Erfolg, den Gedanken der klassenlosen Gesellschaft im praktischen Leben zu verwirklichen trachtete. –

Doch mit der zitierten Stelle aus dem *Li-chi* hat es insofern eine besondere Bewandtnis, als darin erstmals der Ausdruck ta-t'ung, „Große Gemeinsamkeit" auftaucht. Mehr als zwei Jahrtausende später, im 19. Jahrhundert hat K'ang Yu-wei, wohl einer der originellsten und zugleich subtilsten Philosophen, die China in jüngster Zeit hervorgebracht hat, diesen Begriff mit neuer, lebendiger Bedeutung erfüllt und zum Leitmotiv einer Sozialehre erhoben, die in ihren kühnen Dimensionen in der Zeit Jahrtausende und im Raum den ganzen Erdball umspannt.

K'ang Yu wei wurde am 19. März 1858 unweit der südchinesischen Metropole Kanton in eine Familie geboren, die mit ihren Oberhäuptern dem konfuzianischen Staat dreizehn Generationen hindurch Beamte gestellt hatte. Deshalb ward ihm, auch nachdem er mit 11 Jahren seinen Vater verloren hatte, eine außergewöhnliche gründliche und zugleich vielseitige konfuzianische, d.h. eine literarische wie philosophische Ausbildung zuteil, zunächst, bis zu seinem 18. Lebensjahr, bei seinem Großvater, der Lehrer an der Provinzschule von Lien-chou in Kuangtung war und der aus Überzeugung die Thesen der als „Neokonfuzianer" bekannten Philosophen vertrat.

Die neokonfuzianischen Philosophen spielten in China eine ähnliche Rolle wie in Europa die Scholastiker, insbesondere Albertus Magnus und Thomas Aquinas. Wie Thomas Aquinas der christlichen Theologie durch die Einbeziehung der Aristotelik ganz neue Entfaltungsmöglichkeiten eröffnet hatte, so hatten die Neokonfuzianer, deren bedeutendster, Chu Hsi, ein Zeitgenosse des Thomas Aquinas war, dem Konfuzianismus, der nach tausendjähriger Entwicklung innerlich zu veröden drohte, zu höchster Vertiefung verholfen, indem sie ihm die naturwissenschaftlichen Erkenntnisse des Taoismus und die mentalhygienischen Methoden des Buddhismus erschlossen.

Sodann studierte K'ang Yu-wei bei einem gelehrten Freund

der Familie die klassischen Ritenbücher, Semantik, nachklassische Literatur und sogar medizinische Schriften und die großen taoistischen Texte *Lao-tzu* und *Chuang-tzu*. Mit 21 Jahren durchlebte er eine innere Krise. Sie war offenbar ausgelöst worden durch die Einsicht, daß die traditionellen Lehren und Gebote des Konfuzianismus, möchte man sie auch noch so gewissenhaft erfüllen, machtlos waren gegenüber den elementarsten Problemen des moderenen Alltags, gegenüber der Technik, den Waffen und dem Opium der Europäer, gegenüber der prätentiösen Unfähigkeit der mandschurischen Administration und gegenüber der im Kontrast zum Vorbild der Europäer immer drückender empfundenen Not der meisten Chinesen.

Um angesichts solch verwirrender Perspektiven abermals einen festen eigenen Standpunkt zu gewinnen, trennte sich K'ang Yu-wei damals, im Jahre 1879, vorübergehend von Familie und Kollegen und zog sich in die Einsamkeit des *Hsi-ch'iao* Berges auf einer kleinen Insel im Mündungsdelta des Pei-Flusses zurück. Er übte sich in der Meditation und vertiefte sich zunächst in buddhistische und taoistische Schriften, schließlich auch in theoretische Werke, die aus europäischen Sprachen übersetzt worden waren. Unmittelbares Ergebnis dieser Einkehr und Selbstbesinnung war der Entschluß, sich intensiv mit volkswirtschaftlichen Fragen einerseits, mit den Ergebnissen der europäischen Naturwissenschaft und Technik andererseits zu beschäftigen. Fast ein Jahrzehnt lang gab sich K'ang Yu-wei solchen, sein Weltbild weitenden Studien mit der ihm eigenen Gründlichkeit hin; zur gleichen Zeit verarbeitete er aber auch all das Wissen, das ihm seit seiner Kindheit aus dem reichen Vermächtnis der chinesischen Kultur zugewachsen war. Dabei konzipierte er bereits jene Gedanken, deretwegen wir in ihm heute einen instinktsicheren Denker und schöpferischen Philosophen erkennen. Zunächst glaubte er allerdings – ganz im Geiste der konfuzianischen Ethik, die jedem Gebildeten den Dienst an der Allgemeinheit zur Pflicht machte – die Früchte seiner Studien unmittelbar durch Wirken in der Öffentlichkeit weitergeben zu müssen.

Die Etappen der öffentlichen Wirksamkeit K'ang Yu-wei-s sind schnell aufgezählt.

1888 begibt er sich nach Peking, verfaßt Eingaben an den Thron gegen den Bau der neuen Kaiserlichen Sommerresidenz, gegen die Einmischung der Eunuchen und Kaiserlichen Verwandten in die Regierungsgeschäfte; er knüpft Beziehungen zu den verschiedensten Hofbeamten, darunter auch zu dem einflußreichen Erzieher des damals 17jährigen Kaisers Tsai-t'ien.

1890 schart er, in seine südchinesische Heimat zurückgekehrt, eine rasch wachsende Zahl von Schülern um sich.

1891 veröffentlicht er sein *Hsin-hsüeh Wei-ching-k'ao*, die „Untersuchungen über die gefälschten Klassiker aus der Hsin-Periode". Dieses Werk, dessen wesentliche Aussagen bis heute gültig geblieben sind, ist eine Sammlung textkritischer Aufsätze über die Kanonischen Schriften des Konfuzianismus. Es bringt den Namen K'ang Yu-wei-s schlagartig in den Mund aller chinesischen Gebildeten.

1892 und 1893 vergrößert und verlegt er die von ihm geführte Schule, durch den Andrang der Schüler dazu veranlaßt.

1894 versuchen die Behörden den immer spürbareren Einfluß, den die Gedanken K'ang Yu-wei-s auf die Öffentlichkeit ausüben, zu unterbinden, indem sie den Autor der „Untersuchungen über die gefälschten Klassiker" wegen „Irreführung des Volkes und Mißachtung der Erhabenen Lehre" anklagen. Er erhält Lehrverbot; auch wird die Verbreitung seines Werkes untersagt und die Vernichtung der Druckplatten angeordnet. Dank der Protektion, die er bereits an hohen Orten genießt, wird aber das Lehrverbot bald wieder aufgehoben.

Im folgenden Jahr, 1895 protestiert K'ang Yu-wei an der Spitze von über 1 200 Doktorkandidaten, die wie er zur Prüfung in die Hauptstadt gekommen waren, in einer gemeinsam unterzeichneten Eingabe an den Thron gegen die Bedingungen des soeben abgeschlossenen chinesisch-japanischen Vertrags von Shimonoseki, in dem China die Halbinsel Liao-tung und Formosa an Japan abtritt. Zwar führt dieser allgemein als sehr dramatisch empfundene Schritt nicht zu einer Revision des bereits von beiden Regierungen ratifizierten Vertrags. Doch gewinnt K'ang Yu-wei am Hofe den Ruf, ein Politiker von Mut und Initiative zu sein. Unmittelbar, nachdem er den Doktorgrad erworben hat, wird er als Unterstaatssekretär in das Ministerium für Öffentliche Arbeiten berufen. Noch im gleichen Jahr konstituiert sich unter seiner Ägide in Peking die *Ch'iang-hsüeh-hui*, die „Gesellschaft zur Förderung der Wissenschaft", die erste in einer Reihe im ganzen Reich in rascher

Folge gebildeter ähnlicher Vereinigungen. Die Mitglieder dieser Studiengesellschaften machen es sich zur Aufgabe, die Erkenntnisse der europäischen Wissenschaft und Technik in China zu verbreiten und mit dem einheimischen Wissensgut sinnvoll zu verschmelzen. Damit wollen sie die Voraussetzung für eine politische und kulturelle Renaissance Chinas schaffen.

Aus seiner Position als hauptstädtischer Ministerialbeamter wirkt K'ang Yu-wei nun mit verdoppelter Energie auf Reformen des Staates hin. Drei Jahre später, 1898, scheint er am Ziel zu sein. Der junge, seinen Vorschlägen aufgeschlossene Kaiser empfängt ihn in Privataudienz, ernennt ihn zum Mitglied des Kaiserlichen Staatssekretariats und verkündet in einer Folge Kaiserlicher Erlasse, die von K'ang Yu-wei beeinflußt oder gar entworfen werden, „Maßnahmen zur Abschaffung der alten Methoden und zur Verbreitung des Neuen", u.a. die Schaffung neuer Lehranstalten nach westlichem Vorbild, insbesondere die Gründung der Universität Peking; die Gründung eines Übersetzungsamts, in dem wissenschaftliche und technische Texte ins Chinesische übertragen werden sollen; die Steuerbefreiung für alle Zeitungen; die allgemeine Erlaubnis zur freien Gründung von Verlagen und wissenschaftlichen Gesellschaften; die Aufstellung eines ordentliches Staatshaushalts; monatliche Veröffentlichung der Staatsbilanzen; die Erweiterung des Rechts, Immediatgesuche an den Kaiser zu richten, auf alle Staatsbürger; die Schaffung landwirtschaftlicher Genossenschaften und Handelsgesellschaften nach westlichem Vorbild...

Doch haben K'ang Yu-wei und seine Freunde die Reformbereitschaft der auf diese Entwicklung kaum vorbereiteten Öffentlichkeit überschätzt; auch ist der junge Kaiser seinen skrupellosen Gegnern allzu vertrauensselig begegnet. So geht, was zunächst die langersehnte historische Wende einzuleiten schien, als kurze Episode, als die „Hundert Tage der Reform" in die Geschichte ein. Denn als die Konservativen, an ihrer Spitze die Kaiserin-Witwe Tz'u-Hsi, merken, daß die Reformatoren im Volke nur schwache Resonanz finden, handeln sie ihrerseits: Der Kaiser wird aller Regierungsgewalt enthoben und praktisch entmündigt, die exponiertesten Fürsprecher einer Reform am Hofe werden hingerichtet, die bereits in die Wege geleiteten Neuerungen werden aufgehoben. K'ang Yu-wei kann, durch eine als schicksalhaft empfundene Verkettung günstiger Umstände zunächst nach Hongkong, dann nach Japan fliehen.

Im Exil setzt sich K'ang Yu-wei zunächst mit unvermindertem Eifer für den, wie er meinte, nur verzögerten Erfolg der Chinesischen Reformbewegung ein. Auf Reisen durch Amerika und Europa sucht und findet er beachtliche ideelle und materielle Unterstützung für die von ihm ins Leben gerufene „Gesellschaft zur Bewahrung des Kaisers" (*Pao-huang hui*).

In Wirklichkeit war mit dem Sieg der Kaiserinpartei und der reaktionären Mehrheit des Mandarinats, wie sich bald zeigen sollte, in China die letzte Chance für einen friedlichen Ausgleich zwischen traditionellen und neuen Staatsformen verspielt. K'ang Yu-wei, der bis zum Jahre 1898 der Bannerführer aller Bestrebungen für eine Erneuerung Chinas gewesen war, geriet deshalb in dem Maße, in dem die Überzeugung um sich griff, daß das reaktionäre Regime der Mandschus, später das nicht minder reaktionäre ihrer Nachfolger, durch blutige Revolution beseitigt werden müsse, in den Nachtrab der Entwicklung. Als er am 31. März 1927 in Tsingtao starb, nahm man kaum Notiz von seinem Tod. K'ang Yu-wei gehörte, wie es schien, ebenso wie sein Werk längst der Vergangenheit an.

Tatsächlich haben wir mit den Daten vom Leben und öffentlichen Wirken K'ang Yu-wei's bisher nur die vergängliche Matrize jener Arbeit skizziert, durch die er auf die Gegenwart wirkt und auf die Zukunft zu wirken verspricht. Diese Arbeit trägt den Titel *Ta-t'ung shu*, „Buch von der Großen Gemeinsamkeit", und war von K'ang Yu-wei 1884 konzipiert und bis 1902 vollendet, also in den Jahren seiner höchsten Schaffenskraft verfaßt worden. Obzwar er die darin niedergelegten Gedanken als Richtschnur seines politischen Handelns genommen hatte, ließ er sie nur zögernd und fragmentarisch an die Öffentlichkeit dringen. Die vollständige Fassung des *Ta-t'ung shu* konnte erst 1935, acht Jahre nach dem Tod K'ang Yu-wei-s erscheinen.

Den Ausdruck „Große Gemeinsamkeit" hatten wir schon in dem Zitat aus dem klassischen *Li-chi* kennengelernt. K'ang Yu-wei verstand ihn als Antwort auf seine zentrale Frage: Was ist die Ursache aller Leiden in der Welt? Und auch als das Schlüsselwort, von dem er annahm, daß es ein neues Zeitalter der Menschheitsgeschichte aufschließen würde. „Große Gemeinsamkeit", das bedeutete für K'ang Yu-wei die Überwindung der materiellen Hindernisse und konventionellen Schranken, die, wie er sagt, der „Freiheit" und „Autonomie" des Individuums im Wege stehen, oder wie er es auch ausdrückt, „Die Aufhebung der Neun Arten von Grenzen", die sich im Laufe der natur- und kulturgeschichtlichen Entwicklung ausgebildet hatten.

„Wirklich überwältigend ist die Not der Menschen! Wenn sie zwischen diesen Neun Abgrenzungen leben und sich in ihrem Gewirr verstricken, erleiden sie Prüfungen und Nöte ohne Zahl. Vergleichbar der Seidenraupe, die sich selbst einspinnt, vergleichbar der Motte, die in die Flamme stößt, hasten sie wie Weberschiffchen vor und zurück, mit kummervoll gesenktem Blick und das Herz nie frei von bedrückenden Gefühlen. Wie ist dieser Not abzuhelfen? Hat man das Übel erkannt, so wird man es auch heilen: Man hebt diese Grenzen auf und löst diese Fesseln! Unbeschwert schwingt sich dann der Mensch empor. Er berührt das Firmament und schwebt über die Abgründe, ohne Hemmung, ohne Fessel; er lebt in höchster Glückseligkeit und genießt die Große Gemeinsamkeit des Großen Friedens und die nimmer endende Erleuchtung des Langen Lebens! Wie steuere ich also der Not? Indem ich die Neun Arten von Grenzen niederlege. Das ist alles!

Erstens: Man hebt die Landesgrenzen auf und schafft die geeinte Welt.

Zweitens: Man hebt die Klassengrenzen auf und schafft das Volk der gleichen Menschen.

Drittens: Man hebt die Rassengrenzen auf und vereint die Menschheit.

Viertens: Man hebt die Grenzen der Körpergestalt auf und gewährleistet die Selbständigkeit der Geschlechter.

Fünftens: Man hebt die Grenzen der Familienzugehörigkeit auf und schafft das natürlich sich entfaltende Volk.

Sechstens: Man hebt die Grenzen des Besitzes auf und produziert in der Gemeinschaft.

Siebtens: Man hebt die Grenzen der politischen Irrungen auf und begründet den Großen Frieden.

Achtens: Man hebt die Grenzen der Arten auf und liebt alles Lebende.

Neuntens: Man hebt die Grenzen der Kümmernis auf und erzielt die Höchste Glückseligkeit".

Beim ersten Hören vermeinen wir in diesen neun programmatischen Sätzen K'ang's aus dem Jahre 1884 ein Echo der Forderungen zu vernehmen, die im 18. und 19. Jahrhundert von den Philosophen der europäischen Aufklärung wie auch von den Ideologen der Großen Revolutionen erhoben wurden. Tatsächlich besteht eine auffallende, wenn auch begrenzte Ähnlichkeit, ja ein Parallelismus zwischen der jüngsten Ideengeschichte Europas und Chinas. Hier wie dort war die Allgemeinverbindlichkeit einer patriarchalischen Staats- und Sittenlehre, die durch nahezu zweitausend Jahre die Kultur und den Menschen geformt hatte – in Europa die christliche, in China die konfuzianische Ethik – in Frage gestellt worden. Und hier wie dort stellte man dem Bild einer hierarchischen Gesellschafts- und Werteordnung die Idee einer kommunistischen Gesellschaft entgegen. Denn natürlich beschreibt K'ang Yu-wei, wenn er vom Zeitalter des Großen Friedens (*t'ai-p'ing*) und der Großen Gemeinsamkeit (*ta-t'ung*) spricht, eine kommunistische Gesellschaft. Doch damit ist schon die Grenze des Gleichgesetzbaren erreicht. Wie wenig K'ang Yu-wei's Vision von der Großen Gemeinsamkeit im Grunde mit der kommunistischen Doktrin Marx'scher Prägung oder selbst mit dem europäischen Sozialismus gemeinsam hat, erkennt man schon aus folgenden Vergleichsbeispielen:

1. Die Vorstellung, daß Geist und Materie absolute Gegensätze bilden, ist dem chinesischen Denken durchaus fremd. Vielmehr verhalten sich stoffliche Objekte und energetische Phänomene zueinander komplementär oder, mit europäischen Begriffen ausgedrückt, Geist und Materie sind die beiden polaren Aspekte der Wirklichkeit, weshalb Geist ohne Materie ebensowenig wie Materie ohne Geist denkbar ist. Darum gibt es im System K'ang Yu-wei-s nicht jene gewaltsame Einseitigkeit, nach der die gesamte Wirklichkeit nichts weiter als die vielfältigen Erscheinungsformen einer sich von *unten* her höherdifferenzierenden Materie darstellen soll.

2. Biologische, rassische, politische und soziale Unterschiede sind, wie alle erkennbaren Phänomene, nach chinesischer Auffassung das Ergebnis einer langen, langsamen, organischen und *spontanen* Entwicklung, an der der einzelne Mensch, aber auch eine bestimmte soziale Gruppe weitgehend unbewußt und in bescheidenstem Umfang beteiligt ist. Folglich hat es keinen Sinn, bei

einer weltgeschichtlichen Krisensituation oder einer sozialen Katastrophe die persönliche Schuld ganz bestimmter Individuen oder einer ganz bestimmten sozialen Klasse festlegen zu wollen. Darum sieht K'ang Yu-wei die Große Gemeinsamkeit nicht durch menschliche Gewalt, etwa durch einen unerbittlichen Klassenkampf herbeigeführt, sondern er versteht sie als Folge einer Wechselwirkung zwischen technischem Fortschritt und steigendem geistigen und hygienischen Niveau der gesamten Menschheit.

3. K'ang Yu-wei verurteilt den privaten Erwerb und Besitz materieller Güter nicht kategorisch und *a priori*. Er meint jedoch erkannt zu haben und legt dar, daß solcher Besitz in gleichem Maße für die Integrität der einzelnen Persönlichkeit wie der Gesellschaft, ja sogar für den Fortbestand der menschlichen Kultur gefährlich wird, in dem eine vervollkommnete Technik die Befriedigung nicht nur der elementaren biologischen, sondern auch der sekundären humanen Bedürfnisse erleichtert. Denn insofern es — unter Berücksichtigung der Klassenmerkmale — bis zur Entfaltung der modernen Industrieproduktion möglich war, vom Besitzumfang eines Individuums auf dessen persönliche Leistung zu schließen, haben sich die meisten Menschen im Verlauf einer langen Entwicklung daran gewöhnt, vom Privatbesitz von Gütern einen beträchtlichen Teil ihres Sozialprestiges abzuleiten. Wenn nun aber raffiniertere Maschinen die Herstellung und damit auch den Erwerb von materiellen Gütern immer müheloser gestalten, dann schwindet der Wert von materiellen Produkten als Kennzeichen individueller Tüchtigkeit in gleichem Maße dahin. Anders gesagt, in einem Stadium, in dem die natürlichen Bedürfnisse aller Menschen ohne nennenswerte individuelle Leistung befriedigt werden können, müßte der einzelne, wollte er weiterhin seine besondere Tüchtigkeit durch den Privatbesitz materieller Güter dokumentieren, eine immer sinnloser werdende Menge von Besitztümern anhäufen. Die Gütergemeinschaft, die ein wesentliches Kennzeichen der Großen Gemeinsamkeit ist, stellt deshalb ein wichtiges, keinesfalls aber das Haupt- oder Endziel einer geschichtlichen Entwicklung dar; und sie wird nach Meinung K'ang Yu-wei's dadurch eingeführt, daß immer mehr Menschen sich der infolge der industriellen Technik grundlegend gewandelten sozialen Situation bewußt werden — und nicht auf Weisung oder gar durch den Zwang einer übergeordneten Instanz.

Allerdings braucht eine solche Entwicklung ihre Zeit. Deshalb unterscheidet K'ang Yu-wei drei „Systemphasen" der irdischen Kultur- und Sozialgeschichte: 1. die Epoche des „Bescheidenen Wohlbefindens (*hsiao-k'ang*)"; sie begann im Jahrhundert des Konfuzius (also im 5. Jahrhundert vor der Zeitwende) und hatte bis zum 19. Jahrhundert gereicht. 2. die Epoche des „Heraufsteigenden Friedens (*sheng-p'ing*)", in der wir gegenwärtig leben. 3. die Epoche des „Großen Friedens (*t'ai-p'ing*)" oder der „Großen Gemeinsamkeit (*ta-t'ung*)", für deren Eintritt und Dauer sich aus unserer Sicht noch keine Zeitangaben machen lassen. Der Übergang von Systemphase zu Systemphase vollzieht sich spontan, aus innerer, aus kosmischer Notwendigkeit. – K'ang Yu-wei trägt darum in seinem Buch von der Großen Gemeinsamkeit keinerlei politische Forderungen vor. Vielmehr beschreibt er mit überraschender Intuition und Sachkenntnis und mit geradezu pedantischer Liebe zum Detail die biologischen, sozialen und technischen Bedingungen, die für jede einzelne der drei Systemphasen charakteristisch sind. Von unserer Themenstellung her interessiert am meisten, wie sich K'ang Yu-wei die verwandelte Welt in der 3. Phase, d.h. im Zeitalter der Großen Gemeinsamkeit vorstellt. Im Zeitalter der Großen Gemeinsamkeit gibt es keine sozialen Unterschiede auf Grund von Herkunft, Besitz und Beruf. Die Verwaltung, die ja, um ihrer Ordnungsaufgabe zu genügen, eine gewisse Weisungsbefugnis besitzen muß, wird darum nicht von Berufsbeamten wahrgenommen, die eine Laufbahn vor sich haben, sondern von einfachen Männern und Frauen, die auf Grund ihrer Kenntnisse und Neigungen auf Zeit in ein Amt gewählt werden.

Daß die herkunftsmäßigen sozialen Unterschiede in der Epoche der Großen Gemeinsamkeit tatsächlich vollkommen verschwunden sind, wurde möglich, nachdem im Verlauf der Periode des Heraufsteigenden Friedens ihre wichtigste institutionelle Stütze, die Familie, durch umfassendere Institutionen abgelöst worden ist. K'ang Yu-wei-s Kritik des traditionellen Familienverbandes – der in seinem *Ta-t'ung shu* einer der ausführlichsten Abschnitte gewidmet ist – läßt sich zu zwei Haupteinwänden zusammenfassen.

1. Jeder Mensch ist sowohl egoistischer als auch altruistischer, d.h. uneigennütziger Handlungen fähig. Während ichbezogenes Tun seine Rechtfertigung in der Wahrung lebenswichtiger Interes-

sen hat, sollte die auf die Mitmenschen bezogene Handlung das Leben und die umfassenderen Ziele der großen Gemeinschaft fördern. Solange es jedoch die Familie gibt, begreifen die meisten Menschen schon das, was sie für ihre von ihnen abhängige Familie tun, als altruistische Leistung, weshalb sie weitergehende Verpflichtungen gegenüber der Allgemeinheit oft als eine außergewöhnliche Last empfinden. Durch die Institution der Familie, so meint K'ang Yu-wei, wurde der Altruiusmus, der sich eigentlich in sozialen Aufgaben entfalten sollte, zu einer Art erweitertem Eigennutz, zum Claninteresse pervertiert.

2. Empfängt der menschliche Nachwuchs seine ersten prägenden Eindrücke im engen Milieu der Familie, so werden dadurch angeborene biologische und ökologische Unterschiede zwischen den einzelnen Individuen verstärkt oder überhaupt erst gesetzt, also die Ungleichheit der Herkunft verursacht.

K'ang yu-wei meint damit Folgendes: Wird ein mäßig begabtes Kind auch noch von geistig unbemittelten Eltern erzogen, so vermag es kaum die bescheidenen Talente zu entfalten, die es besitzt. Das gleiche gilt von einem von der Konstitution her schwächlichen Menschen, der in einem schlechten Klima aufwächst und sich deshalb unterdurchschnittlich entwickelt. – Es erübrigt sich der Hinweis, daß sich hier wie anderwärts gute Gründe gegen K'ang Yu-wei's Argumente und Prognosen vorbringen lassen. Doch ist ja der Zweck unserer Betrachtung, seine Gedankengänge zunächst einmal kennenzulernen. Deshalb interessiert uns sogleich die Frage, welche Einrichtungen im Zeitalter der Großen Gemeinsamkeit die Funktionen übernehmen, die heute noch von der Familie wahrgenommen werden.

K'ang Yu-wei ist, wie alle chinesischen Pädagogen vor und nach ihm, der Überzeugung, daß, wie ein Edelstein seinen Glanz erst durch den Schliff, so der Mensch seine höheren Qualitäten erst durch eine sorgfältige Erziehung erhalte. Daran wird sich, so führt er aus, auch im Zeitalter der Großen Gemeinsamkeit nichts ändern. Im Gegenteil, die Erziehung bzw. erzieherische Fürsorge beginnt dann schon vor der Geburt und endet mit dem 20. Lebensjahr.

Die werdenden Mütter begeben sich in ein „Menschenwurzelheim" (*jen-pen yüan*). Dort vollzieht sich die vorgeburtliche Erziehung des keimenden Lebens. Menschenwurzelheime werden nur in der gemäßigten und in der subtropischen Zone an topologisch und klimatisch ausgewählt günstigen Orten errichtet. Denn nach chinesischer Auffassung begünstigen, ja erzwingen extreme Umweltbedingungen die Entstehung extremer Charakterzüge, besonders dann, wenn das Individuum unter solchen Bedingungen geboren wird oder die Entwicklungsjahre dort verlebt.

„Man wird sich fragen, wie dergleichen zu bewerkstelligen wäre, nachdem in den Tropen an unzähligen Orten unzählige Frauen wohnen, die dann allesamt in die kühlere Zone überführt werden müßten. Nun, dies ist nur heute", — im Jahre 1901 — „da die Elektrizitätstechnik noch nicht vervollkommnet und noch keine ausreichenden Verkehrswege erschlossen sind, ein Problem. Im Zeitalter der Großen Gemeinsamkeit, wenn Länder und Gebiete vereint sind, die Elektrizitätskraft zum äußersten vervollkommnet ist und Flugschiffe die Lüfte erfüllen, ist die Entfernung von etwa 2 500 km zwischen der tropischen und subtropischen Zone ... in ein oder zwei Stunden zu überwinden, so als ob man nur einen Nachbarn besuchte".

Die besondere Atmosphäre im Menschenwurzelheim erleichtert es der werdenden Mutter, eine vollkommene innere Harmonie zu finden. „Ärztinnen untersuchen sie täglich, stellen die ihr bekömmliche Diät zusammen und klären sie jeden 2. Tag über physiologische Probleme, über Fragen der Frauenhygiene und Kinderpflege auf. Lehrerinnen unterweisen sie täglich in sozialer Ethik und erbauen sie durch Berichte von mustergültiger Menschlichkeit. ... Eine ihr persönlich zugeteilte Gesellschafterin schirmt alle Einflüsse ab, die irgendwelche heftigen Gemütserregungen wie Trauer, Zorn, Sorge, Angst oder Schrecken auslösen könnten".

Ist das Kind geboren, so wird die Mutter nach Ablauf einer nach eigenem Wunsch und entsprechend dem Rat der Ärzte bemessenen Stillzeit jeder weiteren Verpflichtung für das neue Individuum ledig. Dieses kommt zunächst in ein „Kinderheim", wo jedem Kleinkind eine eigene Schwester vorbehalten ist. Erst nachdem die Kinder laufen und sprechen können, darf eine Erzieherin für zwei oder drei Kinder verantwortlich sein. Aus dem Kinderheim kommen die jungen Individuen in die Grundschule.

Das Grundschulalter zwischen fünf und neun Jahren ist die

Zeit, in der die Phantasie des Kindes am empfänglichsten ist und
während der der heranwachsende Mensch seine Lebenseinstellung
entwickelt. Darum werden die Grundschulen in einer offenen
Landschaft, mit nicht zu üppiger Vegetation, mit gesundem und
abwechslungsreichem Klima, doch fern den Arbeits- und Vergnügungsstätten der Erwachsenen errichtet, damit nicht einzelne,
übermächtige Eindrücke die plastische Phantasie des Kindes einseitig erfüllen und so die sich bildende Persönlichkeit verbiegen
können.

Während in der Grundschule in erster Linie die Sinne, die
Wahrnehmung und das Gefühl ausgebildet werden, liegt in der folgenden „Mittelschule", in der jedes Kind vom 10. bis 14. Lebensjahr Aufenthalt nimmt, die Betonung auf der Ausbildung des Verstandes, also auf der Vermittlung von Grundwissen, wie auch auf
der Entwicklung sozial gültiger Formen, mit der Umwelt emotional in Kontakt zu treten.

Die Formalerziehung endet in der „Oberschule", in die alle
Jugendlichen vom 15. bis 19. Lebensjahr aufgenommen werden.
Mit dem Abgang von der Oberschule – tüchtige Schüler erhalten
ein Diplom, die übrigen keines – tritt das Individuum voll in seine
Rechte als freier Mensch. Abgesehen von der ganz allgemeinen
Verpflichtung, bis zum 40. Lebensjahr eine im weitesten Sinn produktive Arbeit zu leisten, die seinen Neigungen und Fähigkeiten
entspricht, verfügt es frei über seine Talente und seine Person. So
hat es auch das Recht, mit einem Partner des anderen Geschlechts
eine Verbindung einzugehen. Eine solche Verbindung trägt nicht
den Namen „Ehe", sondern sie ist ein Freundschaftsbund auf
Zeit. Die Partner schließen vor einer Art Standesamt einen Vertrag, in dem sie sich für eine festgesetzte Zeit – mindestens einen,
höchstens zwölf Monate – verpflichten, loyal zusammenzuleben.

Eine Befristung der Freundschaftsbindung ist im Zeitalter des
Großen Friedens möglich geworden, weil kein Partner aus einer
Verbindung wirtschaftliche Vorteile oder Verpflichtungen übernimmt: jeder Mann und jede Frau hat einen Beruf; Kinder, Kranke und Alte werden in Gemeinschaftsheimen mit Mitteln der Gemeinschaft versorgt und gepflegt. Darf die Bindungsfrist nicht zu
lang bemessen werden, so ist sie leicht einzuhalten; und selbst
wenn sich eine neue Zuneigung regt, fällt es nicht schwer, sich ein
wenig zu gedulden. Ist es nicht erlaubt, die Frist der Bindung zu

kurz festzusetzen, so wird Promiskuität verhindert und selbst jene, die starke sinnliche Begierden haben, richten sich nicht zugrunde. Wenn zwei Menschen immerwährende Zuneigung zueinander empfinden, können sie natürlich bis an ihr Lebensende zusammenbleiben. Doch wenn sich eine neue Beziehung anbahnt, so läßt man sie einen anderen Vertrag schließen..."

Natürlich haben sich im Zeitalter der Großen Gemeinsamkeit vor allem die Arbeits- und Lebensbedingungen der Menschen von Grund auf gewandelt. Maschinen, die in Fabriken aufgestellt sind, die die Ausdehnung früherer Städte erreichen, übernehmen nahezu alle Verrichtungen. Jeder Arbeiter braucht täglich nur ein bis zwei Stunden im Betrieb anwesend zu sein, um das auf ihn entfallende Arbeitspensum, das vor allem in der Überwachung und Steuerung der Maschinen besteht, zu bewältigen. Insbesondere aber sind die Ziele der Arbeit andere geworden.

„In barbarischen Zeiten schätzte man den Stoff, im Zeitalter des Großen Friedens schätzt man die Leistungen der Kultur. Weil man den Stoff hochschätzte, legte man großes Gewicht auf die Landwirtschaft, denn daß man genug zu essen hatte, war alles, worauf es ankam. Weil man nun die Leistungen der Kultur werthält, legt man jetzt das Gewicht auf die Kunstfertigkeit; denn täglich immer von neuem Erlesenes und Schönes zu schaffen, das selbst die Genien in Staunen zu setzen vermöchte, das ist's, woran der Mensch sich zutiefst erfreut. Darum gibt es im Zeitalter der Großen Gemeinsamkeit nichts, das man besonders auszeichnet, außer der schöpferischen Kunstfertigkeit; und es gibt nichts, das man besonders verehrt, außer der künstlerischen Fähigkeit, neue Gegenstände zu gestalten. Auch gibt es im Zeitalter der Großen Gemeinsamkeit nichts, dessentwegen man knechtische Arbeit verrichtet, sondern man schafft allein aus Freude am Gestalten. Solche aus Freude am Gestalten verrichtete Arbeit gründet auf den Schönen Künsten, auf der Malerei, der Skulptur und Musik, und sie bewirkt, daß jeden Tag neue raffinierte Geräte geschaffen werden, die es gestatten, die Entfernungen schrumpfen zu lassen, sich gen Himmel zu erheben oder alltägliche Verrichtungen zu erleichtern, die körperliche Leistungsfähigkeit zu steigern und magische Flüge zu unternehmen. Eine durchgreifende Verbesserung und Verfeinerung der Lebensbedingungen aller ist im Zeitalter der Großen Gemeinsamkeit zur Selbstverständlichkeit geworden.

Selbst die einfachsten Wohnungen sind noch mit Perlen, Türkis und Gold ausgekleidet und mit pflanzlichen und tierischen Motiven geschmackvoll verziert. Und die schönsten Gemächer erheben sich in kühne Höhen, wo die obere Atmosphäre sie durchweht. Im Innern sind sie mit bunten Kristallen, Muscheln, Korallen und Nephrit verschiedener Farben nach eigenwilligen Motiven geschmückt und nach den vielfältigsten Grundrissen angelegt..."

Beim Bau von Hotels, in denen die Bewohner oft Monate oder gar Jahre verweilen, sind selbstverständlich alle hygienischen Erkenntnisse berücksichtigt. So sind „in allen öffentlichen Gebäuden und Hotels Apparaturen eingebaut, die im Sommer durch einen Wasservorhang die Luft kühlen, sie im Winter elektrisch aufheizen, weshalb es keine Kohlefeuerstellen mehr gibt. So wird zu allen Jahreszeiten eine für das Wohlbefinden günstige Temperatur erzielt. Die Wände wie auch Decke und Fußboden sind mit Brokaten und Teppichen verkleidet, auf denen Blumen und Menschen dargestellt sind und die sich beliebig auswechseln lassen. Dahinter sind Apparate verborgen, aus denen, sobald man sie nur berührt, Musik hervortönt, wodurch das Gemüt erfreut und der Geist entspannt wird".

Auch das ganze Verkehrswesen ist vervollkommnet. Es gibt Motorwagen verschiedener Größe, Motorboote, Motorschiffe, vor allem aber Flugschiffe und Flugboote. Viele Menschen wohnen sogar in schwimmenden oder in der Luft schwebenden Häusern, die nicht minder kunstvoll eingerichtet sind, jedoch nach Wunsch ihrer Bewohner von einer Gegend in die andere fahren können. Auch sonst hat die Technik bisher unbekannte Möglichkeiten eröffnet. Es gibt technische Lichtquellen, die das Tageslicht ersetzen, Apparate, die die Sehkraft des Auges nachahmen oder die denken und sich erinnern können.

Auch die Essensgewohnheiten und die Körperpflege hat man im Zeitalter der Großen Gemeinsamkeit von Grund auf umgestaltet. Man hat Produkte entwickelt, die die Fleischnahrung entbehrlich machen, so daß keine Tiere mehr geschlachtet werden. Auch verwendet man viele Konzentrate und Essenzen und vor allem Säfte. Die Speisen werden nicht von den Einzelpersonen zubereitet, sondern in beliebiger Vielfalt in weitgehend mechanisierten, fabrikähnlichen Großküchen. Von dort aus gelangen sie auf telefonische Bestellung hin durch eine mechanische Einrichtung wie im Flug in die einzelnen Appartements; oder man kann, wenn man die Geselligkeit liebt, in einem der großen Speisesäle essen. – Zur Körperpflege im Zeitalter der Großen Gemeinsamkeit gehört nicht nur wenigstens ein Bad am Tag, das durch Zusätze entspannend und reinigend zugleich wirkt, sondern vor allem die Entfernung aller Körper- und Kopfhaare, einschließlich der Augenbrauen.

„Dank der kulturellen Blüte in der Epoche des Großen Friedes gibt es ganz sicher auch eine wirksame Droge, durch die am menschlichen Körper aller Haarwuchs entfernt wird. Denn selbst die Barthaare und die Augenbrauen wirken häßlich und müssen völlig entfernt werden".

Männer wie Frauen benetzen sich mit aromatischen Essenzen. Aber nicht nur deshalb sind die Menschen viel anmutiger als in früheren Epochen. Vor allem haben die Eugenik und sorgfältige vorgeburtliche Erziehung und die unvergleichlich besseren Lebens- und Arbeitsbedingungen bewirkt, daß es weder Erbkrankheiten noch Seuchen oder Berufsleiden gibt. Die hochentwickelte Heilkunde erfüllt deshalb im wesentlichen vorbeugende Aufgaben.

Wenn man sich erinnert, daß K'ang Yu-wei sein *Ta-t'ung shu* vor dem Jahre 1902 abgeschlossen hat, wird man die Schärfe und Weite seines Zukunftsblicks anerkennen. Oft hat leider die Schilderung dieser farbenprächtigen Zukunftsvisionen bis heute die Leser des *Ta-t'ung shu* am meisten fasziniert. Für K'ang Yu-wei hingegen waren die pittoresken Details über den Lebensstil der Zukunft nur Schmuck und Zugabe in einem Werk, das sich vor allem mit den soziologischen und psychologischen Voraussetzungen einer künftigen Weltkultur befaßt.

So verdient Beachtung, daß K'ang Yu-wei, ganz anders als fast alle europäischen Propheten eines kommunistischen Goldenen Zeitalters, annimmt, daß trotz Gütergemeinschaft und Aufhebung des Privatbesitzes auch im Zeitalter der Großen Gemeinsamkeit mit gewandelten Zielen die Geldwirtschaft fortbesteht. Jede produktive Arbeitsleistung wird mit Geld bezahlt; Konsumgüter werden zu niedrigen Festpreisen käuflich erworben, alle übrigen Gegenstände, insbesondere die Wohnungen und Fahrzeuge, werden gemietet. Da aber jeder Mensch die Berufswahl ausschließlich nach seiner Neigung und Begabung treffen soll, es also keine soziale Ungleichheit auf Grund des Berufs geben darf, wird jede Tätigkeit nach dem gleichen Tarif, der 10 Abstufungen aufweist, bezahlt. Der Aufstieg zu einer höheren Tarifstufe hängt ausschließlich, wie es K'ang Yu-wei ausdrückt, von „origineller Arbeit", wir würden sagen, von schöpferischen Leistungen ab. Dies mag dazu führen, daß unter Umständen ein Kellner, der durch eine persönliche und gediegene Höflichkeit und Umsicht auffällt, mehr Lohn erhält als ein Professor, der nie eine originelle Idee hat.

Außer dem regulären Arbeitsentgelt werden von Akademien und Forchungsinstituten stets eine größere Zahl von Geldpreisen verliehen. „Bei der Landesregierung wird ein Institut für die Auszeichnung außergewöhnlichen Wissens eingerichtet, das die Aufgabe hat, zu Erkenntnissen anzuregen, sie zu fördern und zu prüfen... Über kleine Einsichten entscheiden die Büros bei den Gebietsverwaltungen; große Erkenntnisse werden von dem Institut der Regierung in Plenarsitzung diskutiert und beschieden. Wenn jemand ein neuartiges Gerät entwickelt, ein schöpferisches Buch schreibt oder eine neue Erkenntnis demonstrieren will, seine Mittel jedoch hierzu nicht ausreichen, so erhält er eine öffentliche Hilfe, sei es in Form von Gerät, sei es in Form einer Staatspension, um seinen Plan zu verwirklichen".

Für Erfindungen und Entdeckungen ausgezeichnete Wissenschaftler können mit dem zusätzlich empfangenen Geld allerdings nicht ihre Lebensbedingungen verbessern, nachdem bereits das Einkommen auf der untersten Tarifstufe ein im Vergleich zu früheren Zeiten paradiesisches Leben ermöglicht. Doch werden sie in die Lage versetzt, mit ihren zusätzlichen Geldern neue Geräte für die eigene Forschung herstellen zu lassen oder zu mieten oder aber die Arbeit eines ihrer Schüler oder Freunde zu unterstützen; schließlich steht es ihnen frei, das Geld einer gemeinnützigen Stiftung zu vermachen und dadurch den Ruf eines humanitären Menschen zu erlangen.

Interessant ist auch, was K'ang Yu-wei über die Rechtspflege in der Epoche der Großen Gemeinsamkeit zu sagen weiß. Wenn jeder Mensch alle gewöhnlichen Bedürfnisse und Wünsche ohne nennenswerte Mühe befriedigen kann und wenn auch der normalen Geschlechtlichkeit keine wirtschaftlichen oder konventionellen Hindernisse entgegenstehen, wenn endlich alle Menschen praktisch schon von der Empfängnis an mit größter Sorgfalt erzogen und umsorgt werden, ist zu erwarten, daß kaum noch Eigentums- und Sittlichkeitsdelikte vorkommen. Deshalb konnten an Stelle

der unzähligen Ge- und Verbote früherer Zeiten im Zeitalter des Großen Friedens vier Kardinalverbote treten:
1. Das Verbot des Faulenzens am Arbeitsplatz. Es gilt eigentlich nur für die Menschen zwischen 20 und 40 Jahren; denn bis zum 20. Lebenjahr wird die Arbeit der Schüler von den Lehrern beaufsichtigt; nach dem 40. Lebensjahr hinwiederum ist kein Mensch mehr zu produktiver Arbeit im Dienste der Allgemeinheit verpflichtet.
2. Das Verbot, einzelne Persönlichkeiten vor anderen zu verehren, mit einem modernen Ausdruck, das Verbot des Personenkults. Vom Personenkult sind im Zeitalter der Großen Gemeinsamkeit nach Meinung K'ang Yu-wei-s besonders die Wissenschaftler und Ärzte bedroht, die durch geniale Leistungen die Menschheit in Erstaunen versetzen werden.
3. Das Verbot von Streit und Kampf.
4. Das Verbot der Abtreibung.

Wer gravierend oder wiederholt gegen eines dieser Verbote verstößt, wird entweder in eine Heilanstalt eingewiesen oder aber er geht der Bürgerrechte verlustig und wird in ein sogenanntes „Armenheim" gebracht – in Wirklichkeit eine Umerziehungsanstalt für Asoziale und geistig Zurückgebliebene. Die Insassen eines „Armenheims" genießen noch eine beschränkte Freiheit, werden aber zur Arbeit angehalten. Die Dauer des Aufenthalts im Armenheim ist nicht von der Schwere des Vergehens abhängig, die zum Verlust der Bürgerrechte geführt hat. Vielmehr entscheidet allein die gute Führung des Einzelnen, ob und wann er seine Bürgerrechte zurückgewinnt und entlassen wird.

Wir haben zunächst versucht, in großen Zügen einige der bedeutsameren Gedanken darzustellen, die der chinesische Philosoph K'ang Yu-wei an der Schwelle des 20. Jahrhunderts formuliert hatte. Wir können uns nun der für unser Thema wichtigen Frage zuwenden: Welches Gewicht haben, welche Resonanz finden die im „Buch von der Großen Gemeinsamkeit" formulierten Gedanken im heutigen China?

Zunächst fällt auf, daß seit der Gründung der Volksrepublik über K'ang Yu-wei's Leben und Werk bis heute so gut wie keine öffentliche Diskussion stattgefunden hat. Während die Lehren von Marx, Engels, Lenin und Mao Tse-tung millionenfach verbreitet und in der gesamten Presse, angefangen bei den Schülerzeitschriften und Werkszeitungen bis zum Intellektuellenblatt *Kuangming jih-pao*, pausenlos diskutiert werden, während das Vermächtnis der klassischen Philosophen Chinas, allen voran das von *Lao-tzu* und *Chuang-tzu*, Gegenstand zahlreicher neuer Kommentare, gelehrter Abhandlungen und Symposien ist, während neuerdings selbst die Lehrreden des Erzkonfuzianers Menzius in die moderne Umgangssprache übersetzt wurden, schweigt man zum *Ta-t'ung shu*. Zwar ist die Lektüre des Werkes nicht verboten. Die vollständige Originalfassung des „Buchs von der Großen Gemeinsamkeit" wurde 1956 vom Verlag für Klassisches Schrifttum in Peking neu aufgelegt. Gedruckt wurden aber nur 3000 Exemplare.

Eine Beurteilung, die sich mit einem oberflächlichen Blick auf das begnügt, was in Wort und Schrift erscheint, muß zu dem Schluß kommen, daß man K'ang Yu-wei-s Ideen in Rotchina mit Gleichgültigkeit, wenn nicht Ablehnung begegnet. Eine solche Folgerung wird aber durch andere und gewichtigere Indizien widerlegt.

Von Mao Tse-tung wird heute keinerlei abfälliges Urteil über K'ang Yu-wei zitiert. Der chinesische Parteichef weist K'ang Yu-wei vielmehr einen der vier Ehrenplätze im Ahnentempel der chinesischen Revolution zu. In seinem vielbeachteten, am 1. Juli 1949 veröffentlichten Aufsatz „Über die demokratische Diktatur des Volkes" heißt es:

„Seit der Niederlage im Opiumkrieg von 1840 suchten die fortschrittlichen Chinesen unter tausend Mühen die Wahrheit in den Ländern des Westens. Hung Hsiu-ch'üan, *K'ang Yu-wei*, Yen Fu und *Sun Yat-sen* stehen für all jene, die vor der Geburt der kommunistischen Partei Chinas im Westen nach der Wahrheit gesucht haben".

Wir wissen, daß mit diesem Satz nur ein Aspekt, und zwar der sekundäre am Werk K'ang Yu-wei-s gewürdigt wurde; wir müssen aber bedenken, daß Mao Tse-tung's eigene Leistung nach seinem Urteil und nach außen hin darin besteht, daß er China mit Entschlossenheit auf eine westliche Ideologie verpflichtet hat. Darum kann man dieses Zitat nicht anders denn als Lob für K'ang Yu-wei verstehen.

Schließlich und vor allem ist ein Vergleich aufschlußreich, den man bei gründlicher Kenntnis des „Buchs von der Großen Gemeinsamkeit" zwischen den darin formulierten Ideen und den Maßnahmen anstellen kann, die von der Kommunistischen Partei Chinas zunächst in den von ihr kontrollierten Gebieten, seit 1949 in ganz China eingeleitet wurden. Ein wesentliches Ziel und Ergebnis ihrer Sozialpolitik war und ist es, die sich durch Jahrtausende behauptende patriarchalische Familienordnung aufzulösen. Die Zielstrebigkeit, mit der diese Politik verfochten wurde und wird, hat weder in Rußland noch in irgendeinem anderen Land eine Parallele. Die Auflösung der Familie ist von niemandem früher, ausführlicher und gründlicher befürwortet und begründet worden als von K'ang Yu-wei.

Die, im Vergleich zum Kaiserreich, ungewöhnliche Flexibilität in der Behandlung der völkischen Minderheiten, die Methoden für die Erschließung des zentralasiatischen Wüsten- und Steppengürtels, insbesondere die bei der Umerziehung und beim Strafvollzug in Rotchina angewandten Verfahren erinnern an Ratschläge und Vorhersagen, die K'ang-Yu-wei hierzu gegeben hatte. Auch bei den zum 10. Jahrestag des Siegs der Revolution 1959 vor allem in Peking errichteten öffentlichen Monumentalbauten, für deren konstruktive Anlage es in anderen kommunistischen Ländern keine Vorbilder gibt, gibt es Gründe, darauf zu schließen, daß den Erbauern die im „Buch von der Großen Gemeinsamkeit" entworfenen Modelle geläufig waren. Ganz sicher gilt dies für die meistdiskutierte Sondermaßnahme im kommunistischen China, für die Einrichtung der sogenannten Volkskommunen. Im 8. Abschnitt des 8. Kapitels des „Buchs von der Großen Gemeinsamkeit" spricht K'ang Yu-wei über die „Selbstverwaltung kleiner Gebietseinheiten *(ti-fang tzu-chih)*". Was hier beschrieben wird, ist ein bis in die Einzelheiten verblüffend exakter Entwurf der idealen Volkskommune, wie man sie seit mehr als einem Jahrzehnt in China einzurichten versucht.

Aber selbst scheinbar noch beiläufige Begleiterscheinungen des neuen Regimes in China, wie etwa die in den ersten Jahren fast völlig uniforme Kleidung, hat K'ang Yu-wei bereits vorhergesagt. Im Kapitel über die Emanzipation der Frau findet sich die Stelle: jetzt, in der Epoche des kleinen Wohlbefindens, ist die Frau in erster Linie ein Spielzeug des Mannes.

„Darum schätzt der Mann eine einfach schlichte Kleidung, die Frau hingegen eine bunt geschmückte ... In der Zeit, in der nun die gesellschaftlichen Verhältnisse der Großen Gemeinsamkeit zustreben, können die kleinsten Abweichungen schließlich zu trennenden Unterscheidungen werden, genau wie in allen noch patriarchalisch regierten Ländern sich Hoch und Niedrig in der Kleidung unterscheiden. In Amerika kleidet sich der Präsident wie das Volk, ohne daß bisher bekannt geworden wäre, daß darunter die Regierungsautorität leidet; im Gegenteil, dadurch wird die Gleichheit betont. Wenn solches zwischen Regierenden und Regierten möglich ist, warum nicht erst recht zwischen Mann und Frau? Deshalb ist es angebracht, daß zunächst", d.h. in der Periode des Heraufsteigenden Friedens, „eine Bekleidungsordnung festgelegt wird, derzufolge Frau und Mann sich in gleicher Weise kleiden. Im Zeitalter des Großen Friedens hingegen, wo alle Menschen selbständig und frei sind, nimmt das öffentliche Wohl keinen Schaden, selbst wenn sich die Menschen ganz unkonventionell kleiden; darum darf dann jeder anziehen, was ihm gefällt. Nur die bei öffentlichen Anlässen getragene Festkleidung soll für Männer und Frauen einheitlich sein, damit so die Gemeinsamkeit aller zum Ausdruck kommt".

Diese charakteristischen Beispiele, deren Zahl sich vermehren ließe, zeigen, daß sehr viele jener Maßnahmen, die die besondere Eigenart des chinesischen Kommunismus ausmachen und für die es in Theorie und Praxis des europäischen Kommunismus keine Vorbilder gibt, zuerst, und zwar sehr eingehend im *Ta-t'ung shu* beschrieben worden sind. Ein Zusammentreffen mit solcher Häufigkeit ist kein Zufall. Deshalb wird man entweder K'ang Yu-wei geradezu hellseherische Fähigkeiten zuschreiben müssen, oder aber, was näherliegend erscheint, man wird annehmen, daß die kommunistischen Führer Chinas nicht nur, was sicher ist, das „Buch von der Großen Gemeinsamkeit" gelesen haben, sondern daß sie auch die wesentlichen darin entwickelten Ideen in die Tat umzusetzen trachten.

Damit haben wir eine grundlegende Einsicht in die Hintergründe der chinesischen Politik gewonnen. Sie besagt, daß das gegenwärtige, oft spartanisch harte Regime sich im Verlauf weniger Jahrzehnte aus innerer Dynamik und zielstrebiger Absicht zu humaneren, wenngleich wahrscheinlich auch weiterhin zu manchen europäischen Wunschvorstellungen ganz gegensätzlichen Gesellschaftsformen wandeln wird. Wirtschaftlicher oder militärischer Druck von außen können diese Wandlung nicht beschleunigen, sondern nur verzögern. Denn China hat aus der im Verlauf der letzten hundert Jahre erfolgten unwiderruflichen Kontaktaufnahme zur übrigen, vor allem zur westlichen Welt, Traumata davongetragen, die noch längst nicht verheilt sind. Welcher Art diese Traumata sind, kommt noch im Vorwort zu der schon erwähnten Neuausgabe des *Ta-t'ung shu* zum Ausdruck. – Übrigens ist das folgende Zitat auch deshalb interessant, weil es verständlich macht, daß und warum man sich in Rotchina beim Vollzug der geplanten Reformen heute und in nächster Zukunft nicht offen zu K'ang Yu-wei zu bekennen vermag. Im Vorwort der Herausgeber der Ausgabe des Jahres 1956 heißt es u.a.:

„Als der Autor", also K'ang Yu-wei, „die im vorliegenden Buch beschriebene Organisation der Gesellschaft und die staatlichen Institutionen entwarf, hat er lediglich das System der klassisch kapitalistischen Staaten England, Frankreich, Deutschland und Amerika zur Vorlage genommen und dieses nach eigener Phantasie ausgeschmückt. Er war der Ansicht, daß China die Chaotische Phase noch nicht überwunden habe, die Länder Europas hingegen schon in die Phase des Heraufsteigenden Friedens eingetreten seien und sich dem Zeitalter des Großen Friedens näherten."

Für die heute noch maßgebende revolutionäre Generation – aber nur für diese – haben die im „Buch von der Großen Gemeinsamkeit" dargelegten Gedanken noch einen weiteren Schönheitsfehler: K'ang Yu-wei war zeitlebens ein entschiedener Gegner jedes gewaltsamen Umbruchs geblieben.

„Revolution ist für das ganze Land eine unselige, traurige und üble Sache".

So schrieb er auch nicht: „Man hebe die Grenzen des Besitzes auf! . . ., sondern: „Man hebt . . . auf" usw. Im *Ta-t'ung shu* wollte er folglich nicht eine revolutionäre Ideologie begründen; vielmehr war es seine Absicht, eine über lange Zeiträume sich zwangsläufig, gewissermaßen aus kosmischer Notwendigkeit vollziehende Entwicklung vorausschauend darzustellen, damit die Berufenen jeweils die Zeichen der Zeit erkennen und ihr Verhalten entsprechend einrichten könnten. Als er einsah, daß seine Einsichten zu Mißverständnissen und überstürzten Reaktionen führen konnten, hat er sie geheimgehalten. Erst seine Schüler haben das Schweigen gebrochen.

Und noch eines verdient zum Schluß unterstrichen zu werden: Anders als für Marx und seine geistigen Erben war für K'ang Yu-wei die kommunistische Gesellschaft, die er in großen Teilen des „Buchs von der Großen Gemeinsamkeit" beschreibt, kein absolutes Phänomen, nicht ein Ziel an sich, und schon gar nicht das Endziel eines historischen Prozesses. Zwar war K'ang Yu-wei einer der ersten Autoren, der den im modernen China so wichtigen Ausdruck für „Kommunismus", „kommunistisch": *kung-ch'an* in seinen Schriften anwendete. *Kung-ch'an* bedeutet direkt übersetzt: „Produkte im Gemeinbesitz". Doch K'ang Yu-wei verstand dies sehr wörtlich: die Produkte, d.h. die *konkreten* Besitztümer sollen im Gemeinbesitz sein, nicht aber die ideellen. Die radikale Beendigung allen Wettstreits im Bereich der konkreten Objekte schafft vielmehr erst die Voraussetzungen dafür, daß alle Menschen, und nicht nur einige Begnadete, sich dem Wettstreit im Bereich einer höheren Wirklichkeit widmen können. Wie K'ang Yu-wei sich dies vorstellte, läßt der Schlußabschnitt seines „Buchs von der Großen Gemeinsamkeit" ahnen:

„Im Zeitalter der Großen Gemeinsamkeit kennen die Menschen keine Sorgen um den Lebensunterhalt, sondern ihr Dasein ist voll der heiteren Beschaulichkeit ... dann diskutieren alle die Methoden der Lebensverlängerung und die Lehren der Gestaltenden Unsterblichen nehmen einen großen Aufschwung. Dann werden die alten chinesischen Lehren von der Pflege der Schlichtheit, von der Herstellung des Lebenselixiers, von der Transformation der korruptiven Einflüsse, von der Beherrschung der Atemfunktionen, von der Nährung der Lebensenergie, von der Ekstase des Bewußtseins, von der Befreiung vom Leichnam, von der Transmutation zum Embryo in der gesamten zivilisierten Welt in hellstem Glanze erstrahlen".

WAS IST CHINESISCHE WISSENSCHAFT?

Zwei grundsätzliche Aussagen über die chinesische Wissenschaft sollen im folgenden näher geprüft und erläutert werden:
1. Die eigenständig chinesische Wissenschaft hat im Lauf der Geschichte qualitativ wie quantitativ den europäischen Wissenschaften zumindest ebenbürtige Erkenntnisse und Entdeckungen gefördert.
2. Die chinesische Wissenschaft ist ihrem Charakter nach zur europäischen Wissenschaft komplementär, gibt also die genaue und notwendige Ergänzung zur Weltsicht der europäischen Wissenschaften.

Verhältnismäßig einfach ist heute der erste der beiden Sätze mit gesicherten Daten zu untermauern, also die Behauptung, die chinesische Wissenschaft habe vor dem 19. Jahrhundert, aufs Ganze gesehen, ebenso wichtige wie zahlreiche Erfindungen und grundsätzliche Erkenntnisse erbracht wie Wissenschaft und Technik Europas. Im Gegenteil, ehe die exakte Naturwissenschaft Europas, eine verhältnismäßig junge Frucht des menschlichen Geistes, angesetzt in der ausgehenden Renaissance im 15. Jahrhundert und erst seit dem 19. Jahrhundert zu voller Reife gelangend, dem menschlichen Erkenntnisstreben eine neue Ebene erschloß, war chinesische Technik und theoretische Erkenntnis in nahezu allen Disziplinen gegenüber der Europas um viele Jahrhunderte im Vorsprung. Dies zeigt immer eindrucksvoller die monumentale „Geschichte der chinesischen Wissenschaft und Technik" (englischer Originaltitel: Science and Civilisation in China) des englischen Naturwissenschaftlers und Sinologen Joseph Needham. Seit mehr als zwanzig Jahren zeichnet Needham, beraten von den besten Sachkennern der einzelnen Forschungsgebiete, in diesem Werk mit Sachkenntnis und Liebe zum Detail auch die scheinbar nebensächlichen Facetten der mehr als 2000jährigen Geschichte chinesischer Wissenschaft und Technik nach. Nach seinen Untersuchungen betrug der zeitliche Vorsprung Chinas gegenüber Europa bei der Erfindung des Papiers 1000 Jahre, des Plattenbuchdrucks 600 Jahre, des Typendrucks 400 Jahre und des Drucks mit beweglichen Metalltypen immer noch 100 Jahre.

Daß ein guter Teil der wissenschaftlichen Blüte allein auf das Konto dieser für die Verbreitung und den Austausch von Erkenntnissen wichtigen Erfindungen kommt, leuchtet jedermann ein. Nach Needhams Untersuchungen war der zeitliche Vorsprung Chinas bei der Erfindung des Porzellans etwa 1200 Jahre, des Schubkarrens etwa 1000 Jahre, eines leistungsfähigen Geschirrs für Zugtiere mindestens 600 Jahre, des Kolbenblasebalgs bei der Erzverhüttung 1400 Jahre, mechanischer, z.T. wassergetriebener Gebläse für die Erzverhüttung 1100 Jahre, bei der Herstellung von Gußeisen mindestens 1000 Jahre, eiserner Hängebrücken mindestens 1000 Jahre, freitragender Bogensegmentbrücken aus Stein 700 Jahre, der Tiefbohrung zur Erschließung von Saline und Erdgas 1100 Jahre, für bestimmte rationale Konstruktionsprinzipien beim Schiffbau über 1000 Jahre, bei der Erfindung des Magnetkompasses 1100 Jahre, bei dessen Anwendung in der Hochseeschiffahrt immer noch 200 Jahre, bei der Erfindung des Schießpulvers 500–600 Jahre und bei dessen Verwendung zu kriegerischen Zwecken immer noch 400 Jahre.

Die Liste wäre noch beträchtlich zu verlängern, läßt uns aber auch so das gewaltige, in der chinesischen Geschichte wirksame Potential an Beobachtungsgabe und Erfindergeist ahnen. Beobachtungsgabe und Erfindergeist waren und sind indes in China grundlegend anders orientiert als im westlichen Kulturkreis. Damit kommen wir zum 2. Beweisthema unserer Betrachtung: Die chinesische Wissenschaft ist ihrem Charakter nach zur europäischen Wissenschaft komplementär, bildet also methodisch die genaue und notwendige Ergänzung der europäischen Wissenschaft.

Im Jahre 1090 wurde im Kaiserpalast zu K'ai-feng eine astronomische Uhr in Gang gesetzt. Dieses Ereignis ist bedeutsam, zunächst, weil das Laufwerk dieser Uhr durch eine mechanische Hemmung reguliert wurde und mit mindestens 200 Jahren Vorsprung gegenüber Europa das erste, sicher bezeugte Beispiel eines solchen Mechanismus in der Geschichte der Zeitmessung darstellt; sodann, weil die Konstruktion der Uhr unter Voraussetzungen vonstatten ging, die in der westlichen Wissenschaft erst 700 bis

900 Jahre später zur Regel wurden, nämlich Berechnung, Erprobung, Gemeinschaftsforschung. Vor allem aber erwähnen wir diese Episode, weil die mit dem Bau der astronomischen Uhr des Jahres 1090 vollbrachte Pionierleistung nicht bloß aus dem Zusammentreffen günstiger Umstände resultierte, sondern Ausdruck der charakteristischen Orientierung des chinesischen Denkens und der chinesischen Wissenschaft ist.

Das chinesische Denken, die chinesische Wissenschaft sind *primär zeitbezogen*, also etwas, wozu die europäische Wissenschaft erst seit dem Ende des 19. Jahrhunderts wieder tastend Zugang findet. Diese primäre Zeitbezogenheit chinesischer Wissenschaft bekundet sich darin, daß das Interesse der chinesischen Forscher zunächst und allgemein nicht den physischen, biologischen und sozialen *Dingen an sich*, also einzelnen, isolierten Wirkpositionen gilt, sondern vielmehr den *Beziehungen zwischen* solchen Positionen. Die eigenständig chinesische Wissenschaft ist zu allen Zeiten mithin nicht eine Wissenschaft von den abstrakten oder abstrahierbaren Substraten, sondern Wissenschaft von den Beziehungen zwischen den Substraten, Beziehungswissenschaft. Beziehungen aber, oder, um das moderne Fachwort zu gebrauchen, Funktionen sind quantitativ und primär in der Zeit definiert. Ein Beispiel mag dies verdeutlichen.

Auf einer Stimmpfeife wird ein Ton von bestimmter Höhe erzeugt. Ein menschlicher Zuhörer, der den Ton vernimmt, indem seine Trommelfelle zu Resonanzschwingungen veranlaßt werden, mag vielleicht interpretieren: „Aha, Kammerton a!" Ein Schwingungsschreiber, dessen Resonanzmembran der gleiche Ton anregt, wird hingegen registrieren: „435 Schwingungen pro Sekunde". Aus diesem Beispiel ist unmittelbar klar: 1. Das, was wir Ton nennen, existiert nur als Beziehung zwischen zwei Substraten oder Positionen, also etwa zwischen der Stimmpfeife und dem Gehörorgan des Zuhörers oder der Membran des Schwingungsschreibers, in welchen die in der Pfeife erzeugte Schwingung eine Resonanzschwingung auslöst. Fehlt eine der beiden Positionen, also entweder die Stimmpfeife oder der wahrnehmende Mensch bzw. der Oszillograph, der ihn vertritt und aus dessen Aussage er unmittelbar auf den Ton schließt, so kann logisch von einem Ton keine Rede sein, denn was von keinem Menschen weder unmittelbar noch mittelbar wahrgenommen wird oder wurde oder werden kann, entzieht sich logisch jeder Bestimmung.

2. Jede eindeutig relevante Aussage über den Ton ist zeitbezogen. Der Zuhörer oder das Instrument kann die Länge (in der Zeit), die Dauer des Tons angeben oder aber seine Tonhöhe, d.h. die Schwingungszahl pro Zeiteinheit. Räumliche Angaben wie der Ort, an dem der Ton erzeugt oder wahrgenommen wird, oder der räumliche Abstand zwischen Tonquelle und in Schwingung versetzter Resonanzmembran brauchen erst sekundär oder überhaupt nicht für die Beschreibung des Tons in Betracht gezogen zu werden.

Wissenschaftliche Aussagen im engeren Sinn, nämlich *exakte* wissenschaftliche Aussagen sind solche, die unter Verwendung von Zahlen eindeutig formuliert werden, wie der Fachmann sagt, mathematisierte Aussagen. Wir alle wissen, daß von den europäischen Wissenschaften zuerst und vor allem die Naturwissenschaften, Physik und Chemie, solche Aussagen erbrachten. Das ist kein Zufall, sondern liegt daran, daß der kausalanalytische Erkenntnismodus gerade im Bereich der elementaren Naturphänomene, wie auch noch im unteren biologischen Bereich die besten Ergebnisse erbringt. Hingegen ist der europäischen Wissenschaft bis heute die Gewinnung ähnlich schlüssiger Aussagen im oberen biologischen Bereich, also etwa in der Humanmedizin und erst recht in den Human- und Sozialwissenschaften versagt geblieben. Der Grund für dieses Versagen liegt, stark vereinfachend darin, daß in diesen Bereichen menschlicher Erkenntnis, wie das chinesische Beispiel zeigt, der komplementäre, nämlich der induktivsynthetische (s. o. S. 34) Erkenntnismodus angemessener ist und mithin die präziseren, eindeutigeren Ergebnisse erbringt. Umgekehrt hatten die chinesischen Wissenschaften in jenem Bereich, in dem die europäischen Wissenschaften ihr Bestes leisteten, nur vergleichsweise mittelmäßige Ergebnisse erbracht, im biologischen und sozialen Bereich hingegen solche, die sich bei hinlänglich ausführlicher Interpretation unschwer den reifsten Leistungen der westlichen Erkenntnis an die Seite stellen lassen.

Diese Feststellung erscheint den meisten Menschen außerhalb des chinesischen Kulturkreises heute noch immer als eine gewagte, wenn nicht gar maßlos übertreibende Behauptung. Deshalb muß sie ausführlicher belegt werden. Wir versuchen dies in dem uns gesteckten Rahmen am Beispiel der traditionellen chinesischen Medizin.

Die Anfänge der chinesischen Medizin liegen im 2. Jahrtausend vor unserer Zeitrechnung und damit im Dämmerlicht der Frühgeschichte. Jedenfalls war mehr als ein Jahrtausend des empirischen Suchens und der methodischen Vorbereitung vergangen, ehe sie sich, wohl im 3. Jahrhundert vor der Zeitwende, als Wissenschaft kristallisierte, und zwar durch die Kompilation des „Inneren Klassikers des Gelben Fürsten" (*Huang-ti nei-ching*). Bemerkenswert am *Huang-ti nei-ching* ist nicht nur, daß das darin niedergelegte Erfahrungsgut von irrationalen Schlacken und von Anklängen an magisch-religiöse Heilmethoden so gut wie völlig befreit ist, sondern vor allem, daß die dargelegten Erkenntnisse bereits zu einem logischen System vereint sind. Systematik aber ist das eine der beiden Hauptkriterien für die Wissenschaftlichkeit einer Aussage, das zweite ist ihre positive Grundlage. Anders betrachtet, allein durch die zunehmende Verbreitung dieses grundlegenden Werks gelangte die chinesische Medizin aus ihrer pragmatischen Phase, aus dem Zustand einer bloßen Erfahrungsheilkunde heraus und erhob sich auf die Stufe rational begründbarer Maßnahmen. Deshalb, und nicht, weil die chinesischen Ärzte überalterten Traditionen verhaftet blieben, haben sich die im „Inneren Klassiker des Gelben Fürsten" niedergelegten Einsichten bis heute als Grundlage der medizinischen Forschung und Praxis in China behauptet. Wohl aber wurden diese Einsichten beständig verfeinert, erweitert, vertieft.

Bereits zur Han-Zeit, die etwa von 200 vor bis 200 nach der Zeitwende reichte, entstanden die „Abhandlungen über Kälteleiden und andere Krankheiten", das *Shang-han tsa-ping-lun*. Dieses Werk ist, modern ausgedrückt, das erste klinische Handbuch der chinesischen Medizin. Es enthält, auf den im „Innern Klassiker des Gelben Fürsten" entwickelten Theorien aufbauend, praktische Richtlinien für Diagnose und Therapie (397 Regeln) und zudem fast ebensoviele Drogenrezepte. Unter den in diesem Werk gegebenen praktischen Ratschlägen sind bemerkenswert die Verwendung von Brechmitteln und Klistieren bei Vergiftungen sowie Anleitungen zur Durchführung einer künstlichen Beatmung Ertrunkener.

Eine entscheidende Bereicherung der chinesischen Medizinliteratur bildeten sodann drei Schriften, die noch heute als Standardwerke gelten, nämlich zunächst der „Pulsklassiker" (Mo-ching). Ende des 3. Jahrhunderts verfaßt, enthält er eine systematische Erläuterung der in der Diagnose eine entscheidende Rolle spielenden 24 „Pulsbilder", von denen noch zu sprechen sein wird. Sodann der „Klassiker über das System von Akupunktur und Moxibustion" (Chen-chiu chia-i ching), gleichfalls aus dem 3. Jahrhundert. Endich die im Jahre 610 abgeschlossenen „Erörterungen von Ursprung und Symptomatik aller Krankheiten" (Chu-ping yüan-hou lun), eine auf Kaiserlichen Befehl herausgegebene Sammlung von 1720 Krankheitsbildern. In diesem letztgenannten Werk kommen interessanterweise schon sehr exakte Beschreibungen von Pocken, Beulenpest, Masern, Ruhr und Schwindsucht vor.

Die chinesische Medizin bewahrte ihre Vitalität auch dann noch, als nahezu alle übrigen Wissenszweige zu stagnieren begannen. So wurde erst 1578 ein chinesisches Handbuch der Pharmakologie (Pen-ts'ao kang-mu) fertiggestellt, das eine minutiöse Charakterisierung von 1892 Drogen und über 10 000 Rezepte enthält und noch heute Ausgangspunkt und Grundlage für die Erforschung der chinesischen Materia medica bildet.

Auch bei dieser Rückschau fällt für wichtige Entdeckungen zunächst wieder der beachtliche zeitliche Vorsprung Chinas im Vergleich zum europäischen Kulturkreis auf. Noch interessanter sind indes die Methoden und die praktischen Leistungen der chinesischen Medizin, von denen außerhalb Ostasiens auch heute noch höchst ungenaue Vorstellungen herrschen.

Viele Europäer halten die Akupunktur, also das Einstechen von Spezialnadeln an besonderen, reizempfindlichen Stellen der Haut, in deren Anwendung sich auch im Westen eine zunehmende Zahl von Modeärzten versucht, für das Kernstück der chinesischen Medizin. In Wirklichkeit wirkt die traditionelle chinesische Medizin in erster Linie mit einem überaus vielfältigen Drogenschatz und mit physiotherapeutischen Maßnahmen, wie etwa Gymnastik, Atemübungen, Massagen der Krankheit entgegen.

Voraussetzung einer wirksamen Behandlung ist eine frühe und genaue Diagnose. Die chinesische Diagnostik ist zugleich einfach und subtil. Schon im „Innern Klassiker des Gelben Fürsten", vor mehr als 2000 Jahren also, wurde ihr in der Folge immer wieder beschworenes Ideal aufgestellt, Krankheit zu erkennen, ehe sie in körperlichen Gebresten zum Ausbruch kommt. Daß sie in der Praxis und im konkreten Einzelfall dieses Ideal sehr oft verwirklichen kann, wird uns begreiflich, wenn wir uns daran erinnern, daß das primäre Augenmerk aller chinesischen Wissenschaft auf der Funktion liegt und daß also auch die chinesische Medizin zuerst und vor allem die am lebenden Individuum feststellbaren Wirkungen und Veränderungen beachtet und registriert – und nur beiläufig und sekundär das von diesen Lebensäußerungen abstrahierbare körperliche Substrat.

Nun weiß heute auch der Laie, daß schwere Erkrankungen wie etwa innere Geschwüre und Wucherungen, Tuberkulose, Diabetes, Krebs, aber auch ein Herzinfakt nicht von heute auf morgen auftreten, sondern sich Wochen, Monate oder gar Jahre hindurch latent entwickeln. Die westliche Medizin bekommt die Vorstadien dieser Krankheiten überhaupt nicht in den Griff, ihre Frühstadien zumeist erst, wenn ein röntgenologischer, serologischer oder histologischer Befund vorliegt, mithin erst dann, wenn nach chinesischer Definition das Leiden tatsächlich schon in ein kritisches Endstadium getreten ist. Demgegenüber vermag ein erfahrener chinesischer Arzt bereits die Vorstufen kritischer Krankheiten – die in Gestalt von Dysfunktionen, Diathesen, Arrhytmien, zumeist ohne klaren Befund auftreten – eindeutig zu diagnostizieren und damit auch gezielt zu behandeln. Welche Vorstellungen leiten ihn dabei?

Da dem chinesischen Denken die scheinbar so wesentliche Unterscheidung von Geist und Stoff durchaus fremd ist, hat für den chinesischen Arzt *jede* Krankheit gleichzeitig psychische und somatische Aspekte; anders gesagt, es ist für ihn selbstverständlich und unbezweifelt, daß absolut jede Krankheit zunächst und zugleich – und oft ausschließlich – in Störungen der Gefühls- und Geistesregungen oder, wie wir sagen, der psychischen Funktionen besteht und daß sich diese Störungen erst allmählich und, je nach individueller Disposition und äußeren Umständen, mehr oder minder rasch in körperlichen Schäden auswirken. Oder, um uns in die Vorstellungswelt der Chinesen zu versetzen, das menschliche Individuum ist eine energetische Gesamtkonstellation (*ch'i*); Krankheit ist eine Störung der natürlichen Harmonie eines einzelnen oder mehrerer in dieser Gesamtkonstellation zusammenwirkenden Energiekreisläufe.

Eine solche Störung kann sowohl durch innere Schädigungen (heftige Gefühle) als auch durch äußere Einwirkungen (z.B. klimatische Einflüsse, bakterielle Infektionen, körperliche Verletzungen) hervorgerufen werden. Jede Störung ist nur in den für die europäische Medizin somatisch u.U. gar nicht nachzuweisenden Anfangsstadien auf einen bestimmten organischen Energiekreislauf begrenzt – und damit lokalisierbar. Letztlich – und das gilt für so gut wie alle körperlichen Schäden – erfaßt sie den gesamten Organismus. Ziel der chinesischen Diagnostik ist daher in erster Linie, Art, „Lokalisation" und Ausmaß der Störung der Energiekreisläufe festzustellen; die Therapie zielt primär auf die Normalisierung der Organ*funktion* – wofür der Energiedurchgang der beste Indikator ist. Erst indirekt wird auch der Träger der Funktion, also das körperliche Organ „repariert".

In diesem Zusammenhang ist von Interesse, daß durch physikalische Untersuchungsmethoden in den letzten Jahren sowohl in Westeuropa als auch in China die Richtigkeit dieser Vorstellung bestätigt wurde. Bei einer Anzahl chronischer Magengeschwürkranker, die eine Kombination von gymnastischen und Atemübungen durchgeführt hatten und danach subjektiv drei Jahre hindurch ohne Nachbehandlung völlig symptomfrei blieben, zeigte der röntgenologische Befund, daß die krankhaften Veränderungen nur teilweise oder gar nicht geschwunden waren. Trotzdem hatte sich die Funktion des anscheinend in seiner mechanischen Struktur geschädigten Organs praktisch normalisiert. Nicht minder bemerkenswert ist die immer wiederkehrende Beobachtung, daß bei der Behandlung von Arthritis durch Akupunktur oder bei der konservativen Rehabilitation von Poliomyelitisfällen das betroffene Glied seine Funktion allmählich zurückgewinnt, lange ehe röntgenologisch eine Besserung festzustellen ist.

Wie aber lassen sich derartige flüchtige und subtile Wirkungen präzise und eindeutig beschreiben und logisch systematisch aufeinander beziehen? – Tragendes Fundament jeder wissenschaftlichen Systematik sind Normkonventionen, und zwar *Maß*konventionen für die systematische Verknüpfung kausalanalytischer Erkenntnisse, *Wert*konventionen für die Systematik induktivsynthetischer Erkenntnisdaten. Jedermann kennt die Maßkonventionen des cgs-Systems; was aber sind Wertkonventionen? Auch in Europa finden wir solche in dem jungen induktivsynthetisch fundierten Wissenschaftszweig der Atomphysik und Elektrodynamik, in dem der Physiker zur eindeutigen Beschreibung der anstehenden Phänomene auf Wertkonventionen wie positiv:negativ rechtsdrehend u.ä. nicht verzichten kann. Er bedarf ihrer, um für eine zeitlich definierte Wirkung (etwa eine elektrische Entladung) die Richtung im Raum anzugeben.

Die wichtigsten Wertkonventionen der induktivsynthetischen chinesischen Wissenschaft sind das Polpaar Yin:Yang und der Zyklus der Fünf Wandlungsphasen. Diese konventionellen Grundwerte nun können durch Kombination miteinander nach Belieben und nahezu endlos abgestuft werden, also etwa 1. Wandlungsphase der 1. Wandlungsphase, 2. Wandlungsphase der 1. Wandlungsphase, 3. Wandlungsphase der 1. Wandlungsphase usw. oder Yang der 1. Wandlungsphase, Yin der 1. Wandlungsphase, Yang der 2. Wandlungsphase ... Auf diese Weise ist es möglich, für den Europäer kaum vorstellbar präzise Aussagen nicht nur über die Qualität einer aktuellen Wirkung, d.h. einer Funktion, sondern implizit auch über deren relative Intensität zu machen. Vor dem Hintergrund dieser allen chinesischen Wissenschaften gemeinsamen Wertkonventionen hat die chinesische Medizin Beziehungssysteme spezieller Art entwickelt, etwa:

Nur für die Diagnose, für diese aber grundlegend wichtig das System der am Handgelenk getasteten Pulse. An und neben der bekannten Stelle der Speiche, an der auch der westliche Arzt einen bzw. zwei Pulse prüft, ermittelt die chinesische Medizin deren zwölf, d.h. an jeder Hand drei oberflächliche und drei tiefe Pulse, von welchen ein jeder einem der zwölf Funktionskreise (*orbes*) entspricht. Aus der Beobachtung von Frequenz, Amplitude und rhythmischen Besonderheiten wird jeder Einzelpuls nach 30 Pulsbildern klassifiziert, so daß sich allein bei der Diagnose der Handpulse bereits eine astronomische Zahl von diagnostischen Variationen abgrenzen läßt.

Von zentraler Bedeutung, weil für Diagnose und Therapie gleichermaßen wichtig ist sodann das System der Leitbahnen des Körpers (*ching-luo*). Die Chinesen hatten, wie es scheint schon im 2. Jahrtausend vor unserer Zeitrechnung, an der Körperoberfläche Punkte festgestellt, die als Folge bestimmter Gesundheitsstörungen eine erhöhte Reizempfindlichkeit aufweisen, auf die man aber auch umgekehrt von außen einwirken konnte, um die damit in

Zusammenhang gebrachten Störungen der Körperfunktionen zu normalisieren: die sogenannten Reizpunkte (*shu-hsüeh*). Im bereits erwähnten Innern Klassiker des Gelben Fürsten wurde dann insofern eine Systematik in der Beschreibung der Reizpunkte erzielt, als eine größere Zahl von ihnen durch gedachte Linien, die „Leitbahnen" (*ching-luo*), untereinander mit einem bestimmten Funktionsbereich verbunden wurden. Oder, anders formuliert, eine Leitbahn, *ching-luo*, verbindet alle an der Körperoberfläche liegenden Punkte, die bei der Störung eines bestimmten Organbezirks eine erhöhte Druckempfindlichkeit aufweisen oder die durch mechanische Einwirkung von außen gestatten, Störungen zu normalisieren, von denen man annimmt, daß sie mit dem gedachten Funktionsbereich in Beziehung stehen. Die chinesische Medizin beschreibt zwölf paarige Hauptleitbahnen, acht unpaarige Leitbahnen, fünfzehn Zweigbahnen usf. Die Zahl der auf diesen Leitbahnen liegenden Reizpunkte beträgt nach dem heutigen Stand des Wissens 670 an der gesamten Körperoberfläche.

(Beiläufig ist darauf hinzuweisen, daß die Leitbahnen gedachten Linien entsprechen und deshalb in keiner Weise mit Adern oder Nerven identisch sind, weshalb alle Versuche, sie als Nervenbahnen zu deuten und daher histologisch bzw. chemisch nachzuweisen, ergebnislos blieben. Andererseits deuteten wir bereits an, daß die Chinesen die induktiven Beziehungen zwischen energetischen Konstellationen, also zwischen „Kraftfeldern" beobachtet und beschrieben haben. Körperinneres und Körperoberfläche induzieren ein bestimmtes Kraftfeld, welches in den Leitbahnen eine besondere Konzentration oder Stärke erreicht und so der Beobachtung und Beeinflussung zugänglich wird. Tatsächlich ist es heute ohne weiteres möglich, die Leitbahnen, oder richtiger die darauf gelegenen Reizpunkte elektrophysikalisch eindeutig nachzuweisen).

Diagnostische Beobachtungen und therapeutische Maßnahmen müssen indes nicht nur der Topologie des menschlichen Körpers, wie sie im System der Leitbahnen dargestellt wird, gewissenhaft Rechnung tragen, sondern in gleichem Maße den ständig wechselnden Umweltbedingungen. Unter dem Einfluß psychischer, sozialer einerseits, klimatischer und kosmischer Faktoren andererseits verändert sich die Funktionslage des Organismus unablässig. Deshalb wäre jede rationale Therapie, die sich an biologischen

Funktionen (und nicht am Substrat) orientiert, eine Illusion, wenn sie nicht auch diesen äußeren Einwirkungen genauestens Rechnung trüge. – Dies geschieht mit hinlänglicher Genauigkeit für die psychischen Faktoren nach dem System der Sieben Emotionen (*ch'i-ch'ing*), für die klimatischen Einwirkungen nach dem der Sechs Exzesse (*liu-yin*) und für die makrokosmische Situation nach dem der Fünf Umlaufphasen und der Sechs energetischen Konstellationen (*wu-yün, liu-ch'i*).

Diese im Verhältnis zum gewaltigen Umfang unseres Themas überaus knappen Ausführungen haben eben erst die Umrisse von dem erkennen lassen, was chinesische Wissenschaft war und ist. Dennoch dürfen wir nicht schließen, ohne aus vertiefter Kenntnis und ganz ohne Prophetie auf gewisse Perspektiven hinzuweisen, die sich heute schon aus der Entwicklung der modernen chinesischen Wissenschaft ergeben. Wir hatten vorhin festgestellt, daß der kausalanalytische Erkenntnismodus, der für das europäische Denken charakteristisch ist, im physikalischen und unteren biologischen Bereich zu den besten Ergebnissen führt, weshalb die westliche Wissenschaft hier – und nur hier – zu Wissenschaft im engeren Sinn, zu exakter Wissenschaft vorgestoßen ist. Umgekehrt, so fuhren wir fort, vermittelt der induktivsynthetische Erkenntnismodus, der das chinesische Denken charakterisiert, optimale Erkenntnis im oberen biologischen und im humanen Bereich, weshalb die traditionellen chinesischen Wissenschaften folgerichtig hier ihre universalgültigen Einsichten vorweisen.

Im 19. Jahrhundert haben die großen Völker des Westens den ganzen Erdkreis ihrem politischen, wirtschaftlichen und auch kulturellen Einfluß unterworfen. Heute, kaum zwei Generationen später stehen sie in großen Teilen der Welt bereits in verzweifelter Defensive oder sie haben diesen Einfluß schon wieder eingebüßt. Mehr noch, schon heute fürchten die bislang mächtigsten Nationen des Westens, daß ihnen aus den noch vor kurzem für kolonisierbar gehaltenen Staaten Asiens, besonders aber aus China eine unheimliche Bedrohung erwächst. Diese Befürchtung ist zwar nicht abwegig, wohl aber ist abwegig, ja gefährlich die noch immer geltende Vorstellung, die man sich von dieser Bedrohung macht.

Die Vormachtstellung, welche die westliche Kultur in den vorausgegangenen Jahrhunderten errungen hat und z.T. noch heute behauptet, beruht ganz überwiegend wenn nicht ausschließlich auf der Überlegenheit der westlichen Technik, und damit letztlich auf der überragenden Leistungsfähigkeit der exakten Naturwissenschaften. Inzwischen meistern auch die Chinesen diese Technik und diese Wissenschaften. In ein bis zwei Jahrzehnten, wenn China hier auch industriell quantitativ das Niveau des Westens erreicht haben wird, könnte es mit seinen gewaltigen Hilfsquellen und seiner großen Bevölkerung nicht nur den Führungsanspruch der westlichen Völker, sondern deren politische Existenz in Frage stellen. Ein solches Raisonnement ist ebenso theoretisch wie irreal. Fast 1 200 Jahre sind es her, seit eine *chinesische* Dynastie einen Expansionskrieg über die Grenzen des Reiches vorgetragen hat – und es gibt heute kein Indiz dafür, daß China diese Zurückhaltung aufzugeben beabsichtigt. Ungebrochen hingegen, ja von Jahrzehnt zu Jahrzehnt sich noch steigernd, ist heute, was China vom Anfang seiner Geschichte an vor anderen Staatsgebilden auszeichnet: sein kulturelles bzw. kulturpolitisches Sendungsbewußtsein. Und die Aussichten dafür, daß China in wenigen Jahrzehnten ohne Waffengewalt seine kulturelle und schließlich auch politische Hegemonie über den ganzen Erdball ausdehnt, sind durchaus begründet.

Wodurch? – China meistert heute, und damit kommen wir zu Schluß und Konsequenz der vorangehenden Betrachtungen, nicht nur die im Abendland entwickelten wissenschaftlichen Verfahren, sondern es erschließt sich zugleich im Vermächtnis seiner eigenen mehr als 2 000jährigen Wissenschaften ein Wissenspotential von ungeahntem Reichtum. Die umfassende Renaissance der traditionellen chinesischen Wissenschaften seit den 50er Jahren ist, unbeschadet, daß sie von einer einseitig durch ökonomische und machtpolitische Ereignisse hypnotisierten westlichen Berichterstattung so gut wie gar nicht registriert wurde, zweifellos eines der bedeutendsten Ereignisse unseres Jahrhunderts. Denn die Synthese von exakter kausalanalytischer westlicher Erkenntnis und exakter induktivsynthetischer chinesischer Wissenschaft ermöglicht – ja ist zum Teil schon – die Verwirklichung dessen, was die Philosophen der Aufklärung schon vor 250 Jahren in greifbarer Nähe wähnten: eine alle Erkenntnisbereiche umfassende rationale Wissenschaft. Vor einer solchen Wissenschaft – und nicht vor einem ganz hypothetischen künftigen Kriegspotential Chinas – wird das

Abendland, dessen Wissenschaften im biologischen und humanen Bereich ganz überwiegend noch immer auf der Stufe empirischer Protowissenschaften verharren, kapitulieren müssen.

Als vor etwas mehr als einem Jahrhundert die Mächte des Westens an die Pforten Chinas pochten, wurde die Entscheidung darüber, ob China die Wissenschaft und Technik des Westens sich zu eigen machen sollte, von einer Ermessensfrage zu einer Entscheidung über Fortbestand oder Untergang der chinesischen Kultur. Heute liegen die Verhältnisse umgekehrt. Daß die Beschäftigung mit den traditionellen chinesischen Wissenschaften schon in wenigen Jahrzehnten das einzige Mittel sein wird, womit die Eigenständigkeit der abendländischen Kultur bewahrt und erhalten werden kann, sollte klar sein. Die in absehbarer Zukunft schon unumgängliche Entscheidung darüber, wie unser Erkenntnisstreben orientiert werden soll, wird durch eine solche Einsicht erleichtert, durch Ahnungslosigkeit oder Gleichgültigkeit erschwert oder gar unmöglich gemacht.

DIE REISEN DES CHENG HO

China stellt heute, im Zeitalter der modernen Industriewirtschaft einen in jeder Beziehung selbständigen Wirtschaftsraum dar, und diese völlige Autarkie ist bereits für die ersten chinesischen Staatengebilde kennzeichnend, die im Frühlicht der Geschichte vor drei- und viertausend Jahren am unteren Wei und am Mittellauf des Gelben Flusses blühten. Sie hat später sicher nicht bedingt, gewiß aber ermöglicht, daß einzelne Themen der philosophischen Klassik sich zu unumstößlichen Maximen der Staatsethik verfestigen konnten – wir denken vor allem an die soziale Stellung des Kaufmanns im konfuzianischen China.

Unternehmungslust, Phantasie und Kulanz scheinen schon immer die chinesischen Kaufleute ausgezeichnet zu haben. Kein Wunder also, wenn sie zu Wohlstand kamen und sich in Ostasien gegen alle Konkurrenten durchsetzen konnten. Schon zur T'ang-Zeit etwa, im 7. bis 10. Jahrhundert unserer Zeitrechnung, als in Europa Kultur und Verkehr darniederlagen, gelangten manche Handelsherren in China zu solcher Opulenz, daß sie sich auch die Befriedigung der extravagantesten Launen leisten konnten, so etwa die Haltung importierter Negersklaven. Noch größere Gewinne flossen dem Kaufmannsstand unter der luxusfreudigen Sung-Dynastie zu, erst recht aber, als China im 13. Jahrhundert Teil des mongolischen Weltreiches wurde und ein flüssiger Verkehr auf den seit dem 2. Jahrhundert verstopften transkontinentalen Land- und Seewegen wieder möglich wurde.

Der Venetianer Marco Polo, der damals China bereiste, berichtet, daß manche Kaufherrn in den berühmten Umschlagplätzen wie Ch'üan-chou (Saitun) oder Hang-chou (Quinsai) märchenhafte Vermögen angesammelt hatten, „derart, daß man sie bei uns für Könige hätte halten mögen". Doch dieser äußere Glanz und Reichtum hatte geringes Gewicht gegenüber einer konfuzianischen Konvention, nach welcher der Händler nahezu an letzter

Stelle in der gesellschaftlichen Stufenordnung noch unter dem Soldaten rangierte. Der Handel galt als „*mo*", d.h. als „Verästelung, Nebensächlichkeit" der Kultur. Mochte diese Sicht aus dem eingangs erwähnten Grund auch nur für den Außenhandel ihre Richtigkeit haben, so bewirkte jedenfalls durch mehr als zweitausend Jahre die gesellschaftliche Deklassiertheit der Kaufmannschaft, daß sie mit ihren mitunter sehr beachtlichen materiellen und finanziellen Mitteln nie verbriefte Privilegien oder gar politischen Einfluß sondern bestenfalls nur beschränkte, vor allem *befristete* Vergünstigungen erringen konnte. Nach Empfang entsprechender Geschenke fand sich die Beamtenschaft meist bereit, solche Vergünstigungen, die sich durch augenblickliche praktische Notwendigkeiten, z.B. durch die schlechte Versorgungslage rechtfertigen ließen, zu gewähren. Durch Zubilligung von Privilegien hätten die Beamten ihre Kompetenzen und die Grenze des sittlich Erlaubten überschritten und sich notwendig den Tadel ihrer Vorgesetzten und die moralische Ächtung durch die staatstragende Öffentlichkeit, d.h. die Konfuzianer zugezogen.

Dem Außenhandel nun, der in China ja wirklich nur ein Handel mit Luxusgütern, mit „Nebensächlichkeiten" war, boten sich viel weniger Handhaben, um sich der Anteilnahme der Regierung zu versichern. Gewiß war es den chinesischen Kaufherrn meist gestattet, aus eigener Initiative Ozeandschunken zu bauen oder Karawanen auszurüsten, um ihre Ware nach Indien, Persien, Arabien und den Ländern der Südsee zu verfrachten. Für ihren militärischen Schutz hatten sie dabei aber ebenfalls allein Sorge zu tragen – und auf diplomatischen durfte jemand, der sich ohne Not, aus purem Erwerbsstreben, in die Länder der Barbaren begab, grundsätzlich nicht rechnen.

Ein besonders frappantes Beispiel dafür, wie gleichgültig der Regierung das Los der Auslandschinesen war, zeigt das Schicksal jener, welche sich seit dem Ende des 15. Jahrhunderts auf den Philippinen niedergelassen hatten. Kaum hundert Jahre später setzten sich auch die Spanier dort fest und veranstalteten unter den chinesischen Siedlern, deren Handelskonkurrenz sie fürchteten, ein Blutbad, dem 25 000 Menschen zum Opfer fielen. Die chinesische Regierung reagierte auf diesen Vorfall überhaupt nicht.

Oft genug hatten sich die Dschunken der Kauffahrer sogar in den chinesischen Küstengewässern noch der Seeräuber zu erwehren. Immerhin sah sich hier die Verwaltung dann zum Eingreifen veranlaßt, wenn Piraten durch dreiste Überfälle auf Küstenstädte unmittelbar Leben und Gut der Untertanen bedrohten. Eine solche Situation war auch in den Gründungsjahren der Ming-Dynastie gegeben, als die Zahl der Freibeuter plötzlich, vor allem durch Marodeure aus den Heeren der gestürzten Mongolen wie auch durch Flüchtlinge aus dem japanischen Bürgerkrieg, stark angewachsen war. Der Bauernsohn und ehemalige buddhistische Mönch Chu Yüan-chang begegnete, nachdem er 1368 als erster Ming-Kaiser den Drachenthron bestiegen hatte, dieser Gefährdung zuerst durch Anlage von 75 neuen Garnisonstädten entlang der Küste; er erkannte aber auch, daß, um dieses Übel an der Wurzel zu fassen, eine starke Hochseeflotte notwendig war. Deshalb wurden ebenfalls in den ersten Jahren seiner Regierung wenige Kilometer unterhalb von Nanking 100 000 Tung-Bäume gepflanzt sowie Lackfabriken und Werftanlagen für Hochseeschiffe errichtet. Denn trotz des durchwegs verhältnismäßig geringen Interesses der Herrscher an der Seefahrt konnten sich die Leistungen der chinesischen Schiffsbauer sehr wohl neben denen der übrigen Nationen sehen lassen; vielleicht hatten sie damals nicht ihresgleichen. Insbesondere seit dem 10. Jahrhundert waren ihnen zahlreiche technische Verbesserungen gelungen, und im 11. kam in Ostasien der Magnetkompaß allgemein in Gebrauch. Im 13. Jahrhundert hatten die Mongolen auf chinesischen Schiffen 165 000 Soldaten nach Japan und 30 000 nach Java transportiert.

Die Früchte dieser Entwicklung wie auch der vorausschauenden Maßnahmen des ersten Mingkaisers sollte dessen vierter Sohn Chu Ti ernten. Er hatte schon als König von Yen, des strategisch wichtigen Grenzdistrikts um das heutige Peking, seine Herrscherbegabung erwiesen und bestieg nach fünfjährigem Krieg gegen seinen minderjährigen Neffen 1403 den chinesischen Thron. Während der 22 Jahre seiner Regierung, die unter der Devise Yung-lo stand, und mit Recht als die glanzvollste Periode der Ming-Ära gilt, betrieb er mit zielstrebiger Energie die Verwirklichung weittragender Pläne, die auf eine innenpolitische Festigung (Vereinfachung und Senkung der Steuern und Zölle, Beschäftigung Tausender von Gelehrten bei der Herstellung des *Yung-lo Ta-tien*, einer Enzyklopädie, in welche die gesamte erreichbare chinesische Literatur einbezogen wurde) sowie außenpolitische Stärkung (Sicherung der Nordgrenzen, Zurückverlegung des Regierungssitzes in die Nördliche Hauptstadt, d.h. nach Peking, Schiffsbau) abzielten.

Die von seinem Vater vor der Hauptstadt angelegte Pflanzung von Schiffsholz forderte geradezu zum Bau einer Flotte heraus. Und tatsächlich zog Yung-lo sogleich ein Heer erprobter Handwerker aus den angrenzenden Provinzen, aus Fukien, Chekiang und Kiangsu in den Werften am Yangtse zusammen, wo übers Jahr 62 Ozeandschunken vom Stapel laufen konnten. Daß diese neuen Schiffe, wohin sie auch kamen, Staunen, ja Verblüffung erweckten, können wir uns gut vorstellen, könnten sie doch zumindest hinsichtlich ihrer respektablen Größe noch sehr wohl neben den turbinengetriebenen Großschiffen unserer Zeit bestehen. Die größten der damals, zu Beginn des 15. Jahrhunderts gebauten Einheiten waren 44 Klafter, also über 140 Meter lang und 18 Klafter, d.h. 58 Meter breit; aber selbst die Schiffe mittlerer Größe maßen noch 120 Meter in der Länge und 48 in der Breite. Bis zu 560 Mann Besatzung und Passagiere, Proviant für ein ganzes Jahr und um 1 000 Tonnen Nutzlast konnte jeder dieser geräumigen Schiffleiber aufnehmen. Die nur durch Windeskraft bewegten Dreimaster waren auch mit Pulverkanonen bestückt und wurden von einer z.T. sehr spezialisierten Mannschaft geführt.

Neben Soldaten und Offizieren, Matrosen und Maaten erwähnen die Schiffslisten gesondert Steuerleute, Lotmänner, Ankerleute, Schiffszimmerer, Schiffsküfner. Bemerkenswert ist die Anwesenheit von ein bis zwei Ärzten und zwei Sanitätern pro Schiff, wonach ein Heilkundiger auf 150 Mann Besatzung kam — eine Einrichtung, die wohl erst viel später auf den Weltmeeren zur Regel wurde. Die Truppen und Seeleute machten aber höchstens zwei Drittel der Besatzung aus. Denn neben einer Anzahl wohl aus eigener Initiative mitreisender Kaufleute gab es das unentbehrliche Verwaltungspersonal. Zahlmeister, Sekretäre, Dolmetscher, aber auch Kartographen und Geographen, die erstaunlich genaue und detailreiche Beschreibungen der besuchten Länder hinterließen, buddhistische Bonzen, Korangelehrte, ja sogar Tierpfleger und Gärtner, unter deren Obhut es möglich wurde, exotische Tiere wie die Giraffe wohlbehalten von den Gestaden Afrikas bis nach China zu führen.

Am 11. Juni 1405 erließ Kaiser Yung-lo ein Edikt, in dem die Ausrüstung einer Expedition in die Länder am Westlichen Ozean verfügt wurde. Den Oberbefehl über das Unternehmen erhielt der Großeunuche Cheng Ho; um 1372 im Kreise K'un-yang in der Provinz Yünnan geboren, stand er damals im 33. Lebensjahr. Seine Vorfahren kamen aus einem Land arabischer Zunge und waren wohl drei Generationen früher, als der mongolische Völkerstaat ganz Asien überspannte, in diesen „Wilden Süden" Chinas — wie man die Provinz Yünnan sogar heute noch nennen könnte — eingewandert. Im Süden und Westen von Burma und Tonking-China, im Norden von Osttibet begrenzt, war das verkehrsfeindliche Bergland von Yünnan, nachdem es um die Zeitwende dem Reichsverband eingegliedert wurde, nicht nur den Resten einer im übrigen Land dezimierten oder ausgerotteten Urbevölkerung ein letztes Reservat; nach dynastischen Umwälzungen pflegten auch politische Abtrünnige in den Monsunwäldern der Täler oder auf von Gletschern überstrahlten Bergmatten Zuflucht zu nehmen. Deshalb mußte jedem chinesischen Herrscher daran gelegen sein, in dieses der Hauptstadt am fernsten gelegene Gebiet besonders zuverlässige Statthalter zu entsenden. Deshalb auch siedelten die Mongolenkaiser dort Christen aus Europa und vor allem Musulmanen aus dem Vorderen Orient an. Wie vielleicht bekannt, hatte sich auch Marco Polo im Auftrag des Kaisers nach Yünnan begeben und dort bereits eine große musulmanische Gemeinde festgestellt.

Cheng Ho, der Held unseres Berichts, wuchs in der Glaubens- und Kulturtradition dieser Musulmanen auf. Er war des Arabischen und vielleicht auch des Persischen mächtig. Sein Vater war offenbar ein Imâm, d.h. ein Gemeindeältester gewesen und hatte — wie auch sein Großvater — die lange Pilgerfahrt nach Mekka vollzogen. Als er aber selbst geboren wurde, herrschte die neue Ming-Dynastie schon seit vier Jahren über China. In Yünnan allerdings hielten sich noch Verbände der gestürzten Mongolen. Als es der Zentralregierung dann 1382 endlich mit einem starken Truppenaufgebot gelang, auch diese ferne Provinz botmäßig zu machen, führten die siegreichen chinesischen Generäle neben Kostbarkeiten aller Art auch Scharen gut gewachsener Knaben und Mädchen, darunter auch den damals zehnjährigen Cheng Ho, als Kriegsbeute in die Hauptstadt zurück. Cheng Ho kam als Sklave zum Gefolge des Königs von Yen, dessen Vertrauen und besondere Gunst er gewann, als er sich während der erwähnten Thronfolgekriege (1398–1403) durch Geschick und Tapferkeit auszeichnete. So ernannte ihn sein Herr, nachdem er als Kaiser Yung-lo den Drachenthron bestiegen hatte, sogleich zum Großeunuchen und betraute ihn schließlich mit dieser politisch und wirtschaftlich gleichermaßen wichtigen Mission.

Daß der Kaiser die Leistung eines so kostspieligen Unternehmens einem ihm persönlich ergebenen Eunuchen aus dem Inneren Palast, nicht aber einem erprobten General, wie dies gefordert und zu erwarten war, anvertraute, hatte natürlich seine Hintergründe. Im Volksmund, vereinzelt aber auch in den amtlichen Dokumenten wurden die Fahrzeuge jener Flotte nämlich als „Kleinodienschiffe (pao-ch'uan)" bezeichnet. Wir wissen, daß zwischen China, Indien und den Ländern des Vorderen Orients schon seit dem 7. Jahrhundert ein üppiger Handel mit Luxusgütern blühte. Im 13. und 14. Jahrhundert, unter der Mongolenherrschaft, die der Ming-Dynastie vorausging, hatte er einen solchen Umfang angenommen, daß Marco Polo – seine Angaben werden auch durch arabische Quellen bestätigt – der im letzten Drittel des 13. Jahrhunderts sowohl die südchinesischen als auch die indischen Häfen besucht hatte, schreiben konnte: „Und ich sage euch, daß für jedes Schiff, das mit Pfeffer beladen von Indien nach Alexandrien oder irgendeinen anderen Hafen der Christenheit ausläuft, mehr als einhundert nach Saitun (d.h. Ch'üan-chou) kommen".

In der Tat schlossen Beauftragte der Mongolenkaiser damals regelrechte Handelsverträge mit den Radschas von Travancore und Karnat und anderen indischen und hinterindischen Fürsten ab. Die Flotten mongolisch-chinesischer Kauffahrer schafften Rohseide, Buntseide, Sandelholz, Seidenstoffe und Goldbrokat herbei und führten dafür Pfeffer und Zuckerrohr aus Indien, Muskat und Ingwer aus Ozeanien, Perlen von den Inseln im Indischen Ozean, Diamanten aus Dekkan, Teppiche, Lederwaren, Rüstungen, Bronzegerät und Emailschmuck aus Persien in die chinesischen Häfen. Durch den Zerfall des mongolischen Weltreiches wurde dieser florierende Warenaustausch zwar stark beeinträchtigt. Aber bald gingen von dem Aufschwung, den Handel und Industrie nach den steuerpolitischen Maßnahmen der ersten Ming-Kaiser nahmen, neue kräftigende Impulse auf den Außenhandel aus.

Damals, seit Beginn des 15. Jahrhunderts, erlebte die chinesische Porzellankunst ihre höchste Entfaltung. Allein in dem Zentrum der staatlichen Porzellanmanufakturen von Ching-tê – dem heutigen Fu-liang in der Provinz Kiangsi – waren 3 000 Brennöfen Tag und Nacht in Betrieb, und nahezu eine Million Menschen lebten von dieser Industrie. Daher ist leicht zu verstehen, daß gerade ein energischer und ehrgeiziger Herrscher wie Yung-lo, der als König von Yen die administrative Praxis recht eingehend kennengelernt hatte und wußte, wie wenig von den zwar niedrigen, doch sehr ertragreichen Außenhandelszöllen – sie schwankten damals zwischen 6 und 12 % – bis an den Hof durchsickerten, auf Mittel und Wege sinnen mußte, wie ein größerer Teil der Außenhandelsgewinne direkt in seine Schatzhäuser zu leiten wäre. Denn für seine militärischen Maßnahmen zur Absicherung der Nordgrenze, für den Neubau der Nördlichen Hauptstadt und anderer Projekte waren ihm neue Geldquellen erwünscht. Als chinesischer Kaiser und höchster Repräsentant der natürlichen und moralischen Ordnung konnte er sich jedoch am allerwenigsten über die konfuzianische Sittenkonvention hinwegsetzen, nach welcher der Handel eine geradezu verwerfliche Beschäftigung darstellte. So diente ihm die Bedrohung der chinesischen Küsten durch Piraten, vor allem aber die zeitgemäße Auslegung der alten Gepflogenheit, die Thronbesteigung eines Himmelsohns den Barbaren aller Vier Meere kundzutun, damit sie ihren Tribut entrichteten, jetzt als willkommener Vorwand für die sehr kostspielige Ausrüstung und Entsendung von Expeditionen. Cheng Ho wird mit dem Titel *cheng-shih*, „Ordentlicher Botschafter" ausgestattet, und die märchenhaften Schätze, exotischen Tiere, Pflanzen und Waren werden in den Reichsannalen stets nur als „Tribut" bezeichnet.

Gut ein halbes Jahr verging nach Erlaß des Edikts, ehe die Flotte im Liu-kia-ho-Hafen der traditionsreichen Handelsmetropole und Seidenweberstadt Suchou, die durch Kanäle und Nebenflüsse Zugang zum Yangtse und zum Meere hat, mit den Geschenken und Waren beladen war und ehe sich die aus den verschiedenen Provinzen zusammenströmenden Besatzungen und Passagiere, 27 500 an der Zahl, eingefunden hatten, und das stattliche Geschwader der 62 Ozeandschunken der offenen See zustrebte. Das erste Reiseziel war das Königreich Champa an der Ostküste der heutigen indochinesischen Provinz Annam. Dessen Herrscher hielten es seit den peinlichen Erfahrungen mit China unter der Mongolenherrschaft politisch für das Klügste, stets freundschaftliche

Beziehungen zum chinesischen Hof zu pflegen. So wurden Cheng Ho und seine Begleiter betont herzlich und mit gebührendem Gepränge empfangen. Der König im Festornat bemühte sich persönlich in den Hafen, um den Gesandten in einer kriegerisch-feierlichen Prozession in den Palast einzuholen. Nachdem die vorgesehenen Geschenke zeremoniell ausgetauscht waren, veranstaltete man zu Ehren der Gäste mehrtätige Festlichkeiten, an welchen die ganze Bevölkerung der Hauptstadt teilnahm.

Nahezu das gleiche Schauspiel wiederholte sich vor gewandelten Dekors in fast allen Reichen und Fürstentümern, welche Cheng Ho mit seiner Flotte anschließend besuchte, um das Edikt des chinesischen Himmelsohns zu verlesen und Geschenke und Waren auszutauschen; so zuerst auf Java, das in den vorausgegangenen zwei Jahrhunderten ebenfalls Gegenstand mongolischer Angriffe gewesen war, dann in den Staaten an der Ost- und Westküste Sumatras und danach auf der Halbinsel Malacca. Anscheinend schloß Cheng Ho bereits bei seinem ersten Besuch in diesem Knotenpunkt des Seeverkehrs mit dem Fürsten einen Vertrag über die Errichtung einer chinesischen Handelsniederlassung ab und legte sogleich eine umfriedete „Chinesenstadt" mit weiten Lagerhallen an, in welcher seine Landsleute exterritoriale Rechte genossen. Dieser Freihafen blieb während der 1. Hälfte des 15. Jahrhunderts einer der wichtigsten Umschlagplätze in der Südsee. Endpunkt der ersten Expedition wurde das bedeutende Handelszentrum Kalikut an der Südwestküste der indischen Halbinsel, welches man nach kurzen Etappen auf den Nicobar-Inseln und auf Ceylon erreichte. Eine dreisprachige Tafel, auf welcher Cheng Ho hier, wie andernorts seine Botschaft verewigt hatte, wurde Anfang unseres Jahrhunderts dort gefunden.

Nach kurzem Aufenthalt trat man die Rückreise an, während der sich in Palembang an der Südostküste Sumatras erstmals ein Anlaß zu einer militärischen Intervention bot. Dort hatte sich nämlich ein ehemaliger chinesischer Untertan als Lokaldespot aufgeworfen und durch Handel und Seeräuberei ein gewaltiges Vermögen angehäuft. Cheng Ho war angewiesen, diesen Freibeuterbaron zur Ordnung zu rufen und tributpflichtig zu machen. Jener empfing ihn auch freundlich, schmiedete aber heimlich einen Plan, die mit Kostbarkeiten reich beladene Flotte des Kaiserlichen Gesandten zu plündern. Aber Cheng Ho, der rechtzeitig von dieser

Absicht erfuhr, kam ihm zuvor und konnte die Truppen des Piraten vernichtend schlagen, ihn selbst aber lebend gefangen nehmen.

Am 2. Oktober 1407, nach eineinhalbjähriger Abwesenheit erschien Cheng Ho zur Berichterstattung vor dem Kaiser in Nanking. Dabei führte er auch den „Rebellen aus Sumatra" vor, der anschließend auf dem Marktplatz der Hauptstadt enthauptet wurde. Mit nicht minderer Genugtuung als dieses willkommene Objekt, seinen weltweiten Einfluß zu demonstrieren, dürfte Kaiser Yung-lo auch die Botschafter aus den besuchten Ländern und die angelandeten Kostbarkeiten entgegengenommen haben. Jedenfalls entschloß er sich schon im folgenden Jahr, Cheng Ho abermals mit der „Kleinodienflotte" auszusenden. Sie verließ Anfang 1409 die chinesischen Gewässer und berührte dann alle während der ersten Reise besuchten Häfen der Südsee. Hauptziel dieses zweiten Unternehmens war, zu den zahlreichen Handelsplätzen Südindiens insbesondere aber zu Ceylon engere politische Beziehungen zu knüpfen.

Bei seinem ersten Besuch, zwei Jahre zuvor, war das chinesische Geschwader in Ceylon offenbar sehr kühl empfangen worden. Diesmal nun, so berichten die chinesischen Quellen, zeigte sich der ceylonesische König jedoch sehr begierig, von den Schätzen zu gewinnen, welche die chinesischen Boten vor ihm ausbreiteten. Zu Gegengeschenken und den politischen Verpflichtungen, die man von ihm erwartete, wollte er sich aber keineswegs bereit finden, vielmehr lockte er die Truppen Cheng Ho's ins Innere der Insel, um die vor Anker liegende Flotte der Chinesen plündern zu können. Cheng Ho parierte diese List mit einer Gegenlist, griff mit nur 2 000 erprobten Soldaten die von Truppen entblößte Hauptstadt der Insel an und nahm dort den König mitsamt seiner Familie und seinen wichtigsten Ratgebern gefangen. Als die zum Überfall auf die Schiffe ausgesandte Armee von dieser Katastrophe Kunde erhielt, kehrte sie zurück und wurde vernichtend geschlagen. Cheng Ho führte darauf seine adeligen Gefangenen und eine reiche Beute an den Hof nach Nanking zurück (1411), wo der Kaiser den König von Ceylon und sein Gefolge großzügig begnadigte.

Die Kunde von der Tat Cheng Ho's verbreitete allgemeinen Schrecken an den Küsten des Indischen Ozeans, und alle Länder, die Cheng Ho bisher besucht hatte, wie auch jene, die schon vor ihm mit China in Handels- oder diplomatischen Beziehungen standen, beeilten sich, ihre Ergebenheit gegenüber dem chinesischen Kaiser zu bezeugen und reichen Tribut nach Nanking zu entsenden. Das entschlossene Eingreifen beeindruckte besonders auch Thailand, das damals eine gewisse Vorherrschaft über die Nachbarstaaten ausübte, weshalb jene, vor allem Champa, am chinesischen Hof Beschwerde geführt hatten. Nach Cheng Ho's Coup in Ceylon beteuerten die Thais ihre Neutralität und schickten ebenfalls Tribut nach Nanking.

Vom Kaiser zum Besuch der Länder am Westmeer Ende 1412 zum dritten Mal ausgesandt, stieß Cheng Ho mit der Flotte der „Kleinodienschiffe" diesmal bis zu dem berühmten Handelsplatz Hormutz (heute Bandar Abbasi) an der Einfahrt zum Persischen Golf, wo am Ende des 13. Jahrhunderts auch die drei Polos gelandet waren. Von dieser Reise traf er im Herbst 1415 wieder in der chinesischen Hauptstadt ein. Und mit ihm kamen die Gesandten und Botschafter aus neunzehn am Indischen Ozean gelegenen Ländern. Vor allem führte er das Königspaar von Malacca, begleitet von 540 Höflingen mit nach Nanking. Auch brachte er diesmal eine ganze Anzahl exotischer Tiere zurück, für die der Kaiser eine eigene Menagerie anlegen ließ. Das größte Aufsehen erregte darin eine Giraffe, das Geschenk des Fürsten von Aden.

Zum Höhepunkt dieses Intermezzos interkontinentaler Fahrten der Geschwader Cheng Ho's – denn sie sollten nur ein kurzes Zwischenspiel der chinesischen Geschichte bleiben – wurde die vierte Reise, die Kaiser Yung-lo in einem Edikt vom 28. Dezember 1416 befohlen hatte. Wie bisher wurden auf den Schiffslisten etwa 27 000 Teilnehmer geführt. Wiederum berührte man die gewohnten Etappen, Java, Malacca, Ceylon, Kalikut, die Malediven, Hormuz, um dann aber wieder in südwestlicher Richtung in See zu stechen, nach Aden und dann zu den Gestaden Afrikas, vor denen das Gros der Flotte in den ersten Monaten des Jahres 1418 vor Anker gelegen haben muß, 69 Jahre ehe Bartolomeo Diaz die Südspitze Afrikas erreichte und fast genau 80 Jahre bevor die Gallionen des Portugiesen Vasco da Gama vor Kalikut aufkreuzten. Der König von Aden sandte diesmal eine kostbare, mit Edelsteinen besetzte goldene Krone, und aus Afrika, wo man die Plätze Brava und Mogadiscio (beide im heutigen Somaliland) sowie Malindi (heute in Kenya) angelaufen hatte, brachte man unter anderem Smaragde und ein zwei Fuß hohes Korallenbäumchen mit. Im August 1419 kehrte Cheng Ho nach Nanking zurück und berichtete dem Kaiser über diese seine längste Reise.

Im Jahre 1421 übersiedelte der Hof von Nanking in die nach 12jähriger Bauzeit wiedererstandene Nördliche Hauptstadt Peking. Trotzdem lief die Flotte der „Kleinodienschiffe" auch in diesem Jahr in gewohnter Stärke aus, kehrte aber von dieser fünften Reise, die sie bis Aden geführt hatte, schon im Herbst des nächsten Jahres nach Nanking zurück. Ein sechstes Mal stach Cheng Ho auf Kaiser Yung-lo's Geheiß im Feburar 1424 in See, um, wie es heißt, einem König auf Sumatra ein Kaiserliches Patent und Siegel zu überbringen. Als die Schiffe ein halbes Jahr später nach Nanking zurückkehrten, war Kaiser Yung-lo schon gestorben. Sein Nachfolger regierte zwar kaum ein Jahr, ehe auch er dem Himmel zugesellt wurde; doch hatte er, dem Drängen seiner Beamten nachgebend, schon in seiner Thronantrittserklärung eindeutig versprochen, daß ab sofort und für alle Zukunft keine „Kleinodienschiffe" mehr entsandt werden würden und zur Bekräftigung dieses Entschlusses den verdienten Cheng Ho als Standortkommandant der alten Hauptstadt Nanking bestellt.

Der folgende Kaiser aus dem Ming-Hause – er regierte von 1426 an unter der Devise Hsüan-tê – suchte die Außenpolitik seines Großvaters fortzuführen. Doch erst im Mai 1430 fühlte er sich stark genug, um gegen den Widerstand der konfuzianischen Beamtenschaft die Entsendung einer neuen Expedition in die Länder am Westmeer zu verfügen. Noch einmal wurde der nun schon 58jährige Cheng Ho als Oberbefehlshaber berufen. Gegenüber den früheren Unternehmungen scheint diese letzte ganz unverhohlen kommerziellen Charakter gehabt zu haben, wenngleich die Bezeichnung „Kleinodienschiffe" in den Dokumenten vermieden wurde. Darauf deutete vor allem der Umstand, daß die Flotte nach dem Auslaufen aus der Drachenbucht bei Nanking (Januar 1431) ein volles Jahr lang in südchinesischen Häfen lag, um dort Kaufleute mit ihren Waren an Bord zu nehmen.

Trotzdem fungierte Cheng Ho – wie bei den früheren Reisen – als Ordentlicher Botschafter des Kaisers und war mit Sendschreiben und Geschenken für die Könige der Länder am Westmeer ausgestattet. Das Gros der Flotte nahm den Weg über die gewohnten

Etappen nach Hormuz am Persischen Golf, wo die Hochseedschunken drei Monate — von Januar bis April 1433 an der Reede liegen blieben. In viel größerem Umfange als früher hatte Cheng Ho aber einzelne Schiffe nach abseits seiner Segelroute liegenden Ländern abgezweigt, so z.B. nach Borneo und nach Bengalen. Als bemerkenswerteste Entscheidung auf dieser Reise erscheint uns heute die Entsendung einer siebenköpfigen Abordnung nach Mekka, um dort eine Grußbotschaft und Geschenke des neuen Kaisers zu übergeben. Einer der Teilnehmer, ein chinesischer Korangelehrter namens Ma Huan, hat darüber nach seiner Rückkehr einen weitverbreiteten, sehr exakten Bericht verfaßt. Im Juli 1433 traf die Flotte nach kaum dreimonatiger Reise aus Hormuz in Nanking ein. Niemals mehr sollten chinesische Geschwader nach dem Westozean auslaufen. Und schon im folgenden Jahr, als ein früherer Begleiter Cheng Ho-s eine letzte Expedition bis Sumatra führte, scheint Cheng Ho selbst nicht mehr gelebt zu haben.

Westliche Historiker haben oft über die Gründe hinter der Entsendung der Flotte und hinter dem plötzlichen Abbruch der erstaunlichen Unternehmungen gerätselt. Dabei liegen diese für einen nur einigermaßen mit der chinesischen Geschichte und Mentalität Vertrauten recht klar zu Tage: Wie in der Psyche des einzelnen Chinesen, so ist auch im staatlichen Verband als Ganzen das Vorherrschen introvertierter Tendenzen unverkennbar. Mit anderen Worten, die Chinesen empfinden zu allen Zeiten, daß die Umweltbeherrschung nur durch und nach einer Klärung und Bewältigung der inneren Probleme zu erzielen ist — während der westliche Mensch von allem Anfang an seine psychischen Spannungen in die Außenwelt projiziert und als äußere Anfechtungen oder Auseinandersetzungen mit den Naturgewalten erlebt und löst.

Ausdruck dieser Einstellung in der Staatsphilosophie war der Satz, daß die Macht eines Herrschers in direktem Verhältnis zu seiner Tugend („virtus, mana") stehe. Als Gradmesser solcher Tugend nahm man die Fähigkeit, den rechten Mann auf den rechten Platz zu stellen. Eigene Initiative zu entfalten stimmte bei einem Himmelssohn schon bedenklich, und offensive Maßnahmen oder einen üppigen Handel über die Grenzen des Reiches zu tragen, wurde unfehlbar als Hybris oder niedriger Machttrieb des Fürsten gebrandmarkt. Selbst eine außergewöhnlich tatkräftige und zielbewußte Persönlichkeit wie Kaiser Yung-lo bedurfte daher einer selten günstigen politischen (Bedrohung der Küsten) und wirtschaftlichen Konstellation (Hochkonjunktur der inländischen Industrie), um seine Vorstellungen allen psychologischen Hemmnissen zum Trotz verwirklichen zu können. Wie heftig der Widerstand gegen diese Unternehmungen aber gewesen sein muß, zeigt am eindringlichsten die Tatsache, daß kaum fünfzig Jahre nach Einstellung der Reisen der Konfuzianer Liu Ta-hsia, in seiner Eigenschaft als Präsident des Heeresministeriums, die umfangreichen amtlichen Dokumente und Akten über die Reisen Cheng Ho's im Westozean vernichten ließ, „auf daß durch sie die Nachwelt nicht verwirrt und ihre Begierlichkeit geweckt werde!"

Es ist müßig, darüber zu spekulieren, welchen Lauf die Geschichte genommen hätte, wenn seit dem 15. Jahrhundert nicht portugiesische, spanische, englische und niederländische Gallionen und Segler die Weltmeere beherrscht hätten, sondern die riesigen chinesischen Hochseedschunken. Auch die verderblichen Folgen, welche das Fehlen einer achtunggebietenden Flotte für die chinesische Innenpolitik schon seit dem 16. Jahrhundert hatte, stehen auf einem anderen Blatt. Jedenfalls zeigt diese chinesische Episode aus der Geschichte der Seefahrt selten eindrucksvoll, daß oft weder ein hohes Niveau der Technik oder der materiellen Kultur noch der Wille eines Einzelnen jene Barrieren zu überwinden vermögen, welche ihnen ein psychologischer Habitus, der sich in gesellschaftlichen Traditionen und moralischen Konventionen verfestigt hat, entgegenstellt.

DIE ZWIESPÄLTIGE ROLLE DES CHIANG TZU-YA, DER ZENTRALFIGUR IM *FENG-SHEN YEN-I*

1. Das Werk: Das *Feng-shen yen-i,* die „Ausgeschmückte Geschichte von der Belehnung der Genien" nimmt unter den Klassikern der chinesischen Romanliteratur in gehobener Umgangssprache sowohl wegen seiner stilistischen Qualitäten als vor allem wegen seiner thematischen, protowissenschaftlichen Aussage eine hervorragende Stellung ein. Diese Aussage entfaltet sich auf drei Ebenen, und zwar 1. einer literarisch-exoterischen, 2. einer ikonographisch-formalen, 3. einer technisch-exoterischen. Exoterisch kann das *Feng-shen yen-i* als ein in durchsichtigem, homogenem und geschliffenem, wenn auch nicht brillantem Stil verfaßter, mit ungewöhnlich farbiger Phantasie gestalteter parahistorischer Roman zur Kurzweil gelesen werden. Als ikonographisch-genealogisches Kompendium verstanden, hat das Werk auf die Ikonographie der chinesischen Volksreligion einen tiefgreifenden Einfluß ausgeübt: viele Gottheiten bzw. Genien haben erst entsprechend und nach ihrer Charakterisierung im *Feng-shen yen-i* im Pantheon einen Platz erhalten. Esoterisch schließlich vermittelt das aus souveräner Sachkenntnis mit für ein romanhaftes Werk ungewöhnlicher terminologischer Präzision und Konsequenz gestaltete Opus grundsätzliche Einsichten vor allem in salvatorische Übungen des taoistischen Kults und der alchemistischen Prozeduren.

2. Der Autor: Nach den Untersuchungen von Liu Ts'un-yan[1] kann als sicher gelten, daß das *Feng-shen yen-i* von einem gewissen Lu Hsi-hsing verfaßt worden ist, der von 1520 bis etwa 1601 lebte. Dieser Lu Hsi-hsing hatte auf Wunsch seiner Eltern zunächst im Hinblick auf eine mögliche Beamtenlaufbahn das ethisch-literarische Vermächtnis des Konfuzianismus rezipiert, hatte sich sodann aber in die Schriften und Methoden des Taoismus vertieft und dabei auch den zu seiner Zeit besonders modernen alchemistischen

Untersuchungen Aufmerksamkeit geschenkt; und er hatte endlich auch wichtige Klassiker des Buddhismus studiert. Mit anderen Worten, er schöpfte nacheinander aus jeder der drei Strömungen, welche den Charakter des chinesischen Geisteslebens geprägt haben. Unter diesen drei hat den Autor aber offenkundig der Taoismus am tiefsten und nachhaltigsten beeindruckt und am stärksten beschäftigt: denn im Verzeichnis seiner übrigen Schriften wie auch im Text des *Feng-shen yen-i* selbst herrschen taoistische Themen und taoistische Terminologie vor[2].

3. Die Zentralfigur als Typus: ein „verborgener Weiser" (yin-shih): Wenn wir dem *Feng-shen yen-i* eine bestimmte Entstehungszeit und einen bestimmten Autor zuordnen, so wird mit dieser positiven Aussage keineswegs die Regel außer Kraft gesetzt, die für alle chinesische Literatur gilt und die um so unbedingter anzuwenden ist, als je klassischer ein Werk empfunden wird, nämlich daß sich die Kunst des Autors weniger in der Erfindung absolut neuer Themen erweist, sondern vielmehr in einem beispiellos neuem Arrangement altbekannter, unzählige Male wiederholter Themen und Motive oder, wenn man will, Stereotypen und Klischees. Anders gesagt, neu und ungewohnt sind niemals die Themen und Motive, die Namen und die Hauptattribute, originell und überraschend sind in einem neuen Werk die *Beziehungen* der Themen zueinander und die Attribut*nuancen* der Charaktere. Dies gilt auch, ja gerade für die stark profilierten Figuren dieses Romanepos und so auch für die Figur des Chiang Tzu-ya.

Chiang Tzu-ya, auch Chiang Ya oder Chiang Shang genannt, ist nach den Kriterien chinesischer Geschichtsschreibung eine historische Figur, wird ihm doch schon in den „Aufzeichnungen der Historiker" (*Shih-chi*) eine eigene Sippenbiographie (*shih-chia*) im Kapitel 32 gewidmet. Darin erscheint er als Graue Eminenz hinter dem Befestiger der Chou-Dynastie, Wu-wang. Auch in unserem Roman spielt Tzu-ya im Prinzip diese Rolle, doch wird die Bedeutung seiner Figur in zweierlei Weise überhöht. Tzu-ya ist im *Feng-shen yen-i* Mittler zwiscnen den höchsten Personifikationen des kosmischen Geschehens (*t'ien-ming*) nämlich zwischen den Himmlischen Ehrwürdigen (*t'ien tsun*) einerseits und den Inhabern der irdischen Gewalt, also dem König (*wang*) und den Lehensfürsten (*chu-hou*) andererseits. Aus irdischer und schließlich auch aus historischer Perspektive erscheint Chiang Tzu-ya aber nur als Untergebener (*ch'en*) eben dieses Königs. Genauer gesagt, obwohl im *Feng-shen yen-i* Chiang Tzu-ya als Achsenfigur der Handlung fungiert, die kraft ihrer überirdischen Verbündeten und Kenntnisse alle entscheidenden Impulse gibt und das historische Geschehen vorantreibt, wird unterstellt, daß diese außergewöhnlichen Fähigkeiten seinen Zeitgenossen zunächst verborgen blieben. Der Autor typisiert also die Zentralfigur seines Romans als „verborgenen Weisen" (*yin-shih*).

Der „verborgene Weise", der sein Wissen und seine Fähigkeiten nicht zur Schau stellt, sondern im Gegenteil sorgsam hinter einer Fassade alltäglicher Tätigkeiten und Emotionen verbirgt, ist ein wichtiges und häufiges Motiv der taoistischen Literatur. Es wird bereits in den „Taoistischen Klassikern", also im *Tao-têh-ching*, im *Chuang-tzu* und *Lieh-tzu* mannigfach variiert, und die hagiographische Literatur des Didaktischen Taoismus bringt es in zahllosen Abwandlungen[3].

Als ein Beispiel unter vielen sei hier als besonders relevant der Passus aus dem *Chuang-tzu* 25/5[4] zitiert, in dem es von einem Mustergültigen heißt: „Er vergräbt sich im Volk und verbirgt sich auf den Nebenwegen. Obwohl sein Ruf unbedeutend ist, bleibt sein Streben grenzenlos. Obwohl er mit seinen Mitmenschen alltägliche Worte wechselt, offenbart sich sein Sinnen in diesen Worten nie. Denn er unterscheidet sich von der Welt und mag sein Sinnen nicht auf die weltlichen Dinge richten. So ist er einer, der an Land untertaucht". Liu Ts'un-yan, den wir schon im Zusammenhang mit dem Problem der Autorschaft des *Feng-shen yen-i* erwähnten, führt zu dieser Stelle die Erläuterung an[5], die Lu Hsi-hsing (d. i. der Autor des *Feng-shen yen-i*) in einem *Chuang-tzu*-Kommentar zu eben dieser Stelle gegeben hat: „Jemand, der an Land untertaucht, ist jemand, der sich verbirgt, obwohl er allen sichtbar sein sollte". Dieser scheinbar nebensächlichen Glosse ist deshalb besondere Bedeutung beizumessen, weil das chinesische Wort *lu*, das „festes Land" im Gegensatz zu den Wasserflächen bedeutet, zugleich der Familienname (*hsing*) des Autors Lu Hsi-hsing sowie eines jener Charaktere im *Feng-shen yen-i*, nämlich des Lu Ya ist, in welchen der Autor sich selbst darzustellen bemüht war. (Dieser Lu Ya, wie er sich selbst vorstellt, „ein Vagant vom Westlichen K'un-lun", ist gleichfalls ein „verborgener Weiser", der der Handlung an entscheidenden Zäsuren eine neue Wendung gibt).

4. *Die literarische Gestaltung des „typischen" Chiang Tzu-ya:* Das in der historischen Überlieferung vorgegebene und nun auf den Typus des „verborgenen Weisen" hin entwickelte Thema Chiang Tzu-ya erfährt im Roman *Feng-shen yen-i* eine vielschichtige und hintergründige Ausgestaltung. — Chiang Tzu-ya war mit 32 Jahren auf den K'un-lun gekommen und hatte sich vierzig Jahre lang der Askese zur Erlangung der Himmlischen Unsterblichkeit gewidmet. Obzwar er dieses höchste Ziel noch nicht erreicht hat, ist er doch zu einem hochgradigen Adepten gereift, der eine Fülle akzessorischer Fähigkeiten und Künste beherrscht. Mit 72 Jahren wird er nun von einem Meister, dem Himmlischen Ehrwürdigen des Uranfangs (*Yüan-shih t'ien-tsun*) beauftragt, in die Welt zurückzukehren, um dort eine der kosmischen Konstellation (*t'ien-ming*) nach fällige Wende, nämlich die Ablösung der Shang- durch die Chou-Dynastie herbeizuführen. Chiang Tzu-ya fügt sich diesem Befehl, nachdem er vergeblich gefleht hatte, daß ihm dieser Auftrag erlassen werden möge[6].

Er begibt sich zunächst zu einem wohlsituierten früheren Bekannten in der Hauptstadt, von dem er sogleich gastfreundlich aufgenommen, bald auch wider Willen verheiratet und schließlich über Monate und Jahre hinweg freigehalten wird. Denn Chiang Tzu-ya, der vor allem auf Betreiben seiner Frau versucht, seinen Lebensunterhalt durch nützliche Tätigkeit selbst zu verdienen, scheitert mit allem, was er beginnt: beim Verkauf von Reusen, von Mehl, in der Führung einer Kneipe und beim Viehhandel. Stets erzielt er nicht nur keinen Gewinn, sondern verliert auch noch den ihm von seinem Freund zur Verfügung gestellten Einsatz (15/139—144). Schließlich besinnt er sich auf sein esoterisches Wissen und eröffnet eine Wahrsagerbude. Auch hier bleibt der Erfolg lange Monate aus, obwohl die Bude in einem der belebtesten Stadtteile liegt (16/148f.). Schließlich bringt ihm eine Folge skurriler Vorkommnisse zunächst eine kurze Periode der Berühmtheit und schließlich die Aufmerksamkeit des Shang-Königs, der ihm ein Hofamt verleiht (16/151—154; 17/155 f.). Doch kann er sich dieses Amts nicht lange erfreuen, denn durch eine gegen ihn gerichtete Intrige der Königin Ta-chi wird er zur Hinrichtung durch Zerstückeln verurteilt (17/161 f.; 18/163f.). Durch einen Zauber entgeht er der Festnahme und zieht sich in die Einöde im *Hsi-chʼi*-Gebirge (*Hsi-chʼi-shan*) im Gebiet des Chou-Hauses zurück, nachdem er zuvor noch seiner Frau auf deren Wunsch einen Scheidungsbrief ausgestellt hat (18/164, 168f.).

Im *Hsi-chʼi*-Gebirge lebt er als kauziger Eremit unter Fischern und Holzfällern, die sich zwar darüber lustig machen, wenn er mit einer hakenlosen Nadel im Pʼan-Fluß nach einem Fürsten angelt – „Wie könnte ich den Fisch (den ich meine) durch Krummes erlangen?", erklärt er doppeldeutig (23/212–213) – , die aber dennoch, durch seine Bonhomie versöhnt, seine Lieder nachsingen (24/222–224). Durch solche von Tzu-ya gedichteten und von den Holzfällern und Fischern der Gegend gesungenen Lieder wird König Wen, der Begründer der Chou-Dynastie, auf Tzu-ya aufmerksam. Tzu-ya entzieht sich jedoch zunächst der Werbung des Königs. Denn obzwar König Wen sowohl nach konfuzianischer Tradition als auch im *Feng-shen yen-i* als „Mustergültiger Herrscher" (23/210; ferner 21/194; 22/200, 204) gerühmt wird, begeht er den Fehler, gelegentlich einer Jagdexpedition, also nur beiläufig im Verlauf einer Vergnügung zu Tzu-yas Hütte vorzustoßen (24/225). Erst nachdem der gesamte Hof drei Tage mit Fasten und Gebet zugebracht hat und König Wen nach ritueller Waschung in aller Form aufbricht, den Weisen einzuholen, läßt sich Tzu-ya „überraschen".

> König Wen gab Befehl: „Das Gefolge soll vorerst vor dem Wäldchen lagern und die Stimmen nicht erheben, damit der weise Meister nicht aufgeschreckt wird!" Er selbst stieg vom Pferd und ging, begleitet von seinem Kanzler San I-sheng, zu Fuß weiter. Im Walde angekommen erblickten sie Chiang Tzu-ya, der, ihnen den Rücken zugewandt, am Ufer des Bergbachs saß. König Wen ging leise ganz nahe heran und blieb hinter Tzu-ya stehen. Tzu-ya, der genau wußte, daß die Majestät angekommen war, stimmte das Lied an:
>
> > Der Westwind hat sich erhoben, die weißen Wolken eilen,
> > Die Jahre gehen zur Neige, was werd' ich noch tun?

Wenn Fünf Phönixe rufen, und der wahre Herr erscheint,
So wird er, obzwar ich nur angelnd hier sitze, erkennen meinen seltenen Wert.

Nachdem Tzu-ya sein Lied beendet hatte, sagte der König Wen: „Weiser Meister, seid ihr glücklich?" Tzu-ya wandte den Kopf, erblickte den König Wen, warf rasch seine Angelrute beiseite und prosternierte sich mit den Worten": Ich grober Tölpel ahnte nicht den Besuch Eurer Majestät und habe versäumt, Euch gebührend zu empfangen ..." (24/226 ff.)

Nach wiederholtem Austausch konventioneller Ergebenheitsbezeugungen kann König Wen in seine Residenz zurückkehren, wobei ihn Tzu-ya zu Pferd begleitet. Chiang Tzu-ya, der zu diesem Zeitpunkt 80 Jahre zählt, wird zunächst zum „Minister der Helfenden Zaubermacht" (*Yu-ling-sheng ch'eng-hsiang*) ernannt (24/228).

5. Die Wandlung des Typus: die charakterliche Perversion des Chiang Tzu-ya: Der frühere Adept und Eremit, übernimmt das Amt des Ersten Ministers in „höherem Auftrag" — auf Geheiß seines Meisters, des *Yüan-shih t'ien-tsun* — und auf die förmliche Einladung des weltlichen Herrschers hin (24/227). Aber die Ausübung des Ministeramts bedingt nicht nur eine öffentliche, exponierte Tätigkeit, sondern fordert auch Initiativen, aktives Handeln. Nun ist nach taoistischem Konsensus die Aktion, das Initiativen-Ergreifen, das „Absichtsvolle Handeln (*yu-wei*)" der Reaktion, dem Geschehenlassen, dem „Nicht-Absichtsvollen-Handeln (*wu-wei*)" unterlegen, ist geringerwertig als dieses[7]. Der Chou-Minister Chiang Tzu-ya aber agiert, ja agitiert pausenlos, auf Erden und im Himmel. Damit unterstellt der durchaus mit der taoistischen Philosophie vertraute Autor des *Feng-shen yen-i* also, daß die Aktion in der energetischen Ökonomie des Kosmos und in einzelnen Phasen der historischen Entwicklung durchaus notwendig, ja unersetzlich ist. Von dieser Notwendigkeit unabhängig, bleiben aber auch die kosmischen Regeln in Kraft, nach welchen soziale Funktion und Charakter sich gegenseitig induzieren, bedingen.

Tzu-ya hatte, wie wir zunächst erfuhren, bereits vierzig Jahre lang als Asket nach der Himmlischen Unsterblichkeit gestrebt und übernimmt wider alle Regeln die aktive Rolle einer historischen Schlüsselfigur in einem Alter, in dem selbst aktive Persönlichkeiten zur Selbstbesinnung zurückziehen[8], mit 72 bzw. 80 Jahren (15/138; 24/228). In dieser neuen Funktion bleibt ihm äußerlich der Status des Adepten, der mit den Himmlischen verkehrt (37/ 336; 38/348; 67/653; 76/750; 99/989) und über magische Hilfsmittel gebietet (38/348 f.; 39/361 f.; 40/371 f.; 48/453; 49/463; 97/970); ja, der durch ihn vermittelte Beistand der Genien ist eine Grundvoraussetzung für den Erfolg seiner Mission. Doch innerlich paßt sich sein Wesen unausweichlich und unverzüglich der neuen Aufgabe an: Sein Charakter wandelt sich und seine Person wird den Bedingtheiten des aktiven Wirkungsmodus unterworfen (38/ 352; 44/409 ff.; 50/473; 72/698 ff.; 80/787 ff.; 81/801). Der Autor läßt keinen Zweifel, daß Chiang Tzu-ya mit der Übernahme des Staatsamts sich selbst dem Kosmischen Tao aufopfert[9], und zwar sowohl in körperlichem wie in moralischem Sinn. Indem er persönlich an vielen Schlachten teilnimmt, setzt er seinen Körper aufs Spiel. Er wird siebenmal getötet, dreimal schwer geprüft (38/ 352). Mancher dieser Prüfungen geht Tzu-ya mit Absicht und Bewußtsein entgegen (80/787 ff. u.ö.).

Ungleich schwerer noch wiegt das moralische Opfer. Der Bruch im Verhalten des auf sein privates Heil bedachten taoistischen Eremiten und des allmächtigen, im Dienste des Staates wirkenden Ministers ist eklatant. Der Eremit Tzu-ya, der sein *tao* pflegt und praktiziert, handelt sicher im taoistischen, oft auch im konfuzianisch-konventionellen Sinn moralisch. Der Minister Chiang Tzu-ya hingegen fühlt sich allein dem „Befehl des Himmels" (*t'ien-ming*) unterworfen und handelt amoralisch, stets pragmatisch und opportunistisch, mitunter sogar treu- und wortbrüchig.

Durch solches Verhalten wird er mitschuldig am Tod seines ersten weltlichen Herrn, am Tod des Chou-Königs Wen. König Wen fühlt sich, unbeschadet der Übergriffe und Verfehlungen des Zentralherrschers der Shang-Dynastie, stets als dessen Untertan, dem es nicht zusteht, mit Worten oder gar mit Waffen sich gegen seinen Herrn zu erheben. Nur mit Mühe setzt deshalb der agitierende Tzu-ya zunächst eine Strafexpedition gegen einen anderen, dem König Wen rangmäßig gleichgeordneten Lehnsfürsten durch (28/ 260). Doch er bringt diesen Gegener nicht mit einem Sieg der

Waffen, sondern durch schmählichen Verrat in seine Gewalt und läßt ihn zusammen mit seinem gleichfalls gefangenen Sohn vor den Augen des Königs Wen hinrichten (29/265-270). Dieses Geschehen erschüttert König Wen über die Maßen. Von Schuldgefühlen ergriffen, erkrankt er schwer (29/270). Auf dem Sterbebett nimmt der Tzu-ya das Versprechen ab, sich gegen die Bestrebungen der Lehensfürsten zu stellen und keine Erhebung gegen den Zentralherrscher zuzulassen. Tzu-ya gelobt dies, „andernfalls er als treulos gelten solle (29/271 f.) Doch bald setzt er sich auch über dieses Gelübde hinweg. Denn Tzu-ya genießt unter dem Nachfolger des Königs Wen, unter König Wu noch größeren Einfluß. Wenn er bei irgendeiner seiner Maßnahmen die Verweigerung der Zustimmung oder gar einen Einspruch des Königs befürchtet, läßt er ihn im Unklaren über Sinn und Tragweite seines Tuns oder er täuscht ihn absichtlich (40/365; 67/644 f.; 88/881). Der letztgenannte Umstand schließt aus, daß Tzu-yas Amoralität im Sinne des *Tao-teh-ching*-Satzes „Der Mustergültige ist ohne Menschlichkeit, er behandelt das Volk wie Strohhunde" *(Tao-teh-ching*[5]*)* zu verstehen ist – denn auch die Taoisten unterscheiden zwischen Volk und Herrscher.

Vielmehr hat der Zwang zur Aktivität bei Tzu-ya eine echte moralische Degradation verursacht. Dies wird durch zwei Episoden im *Feng-shen yen-i* unmittelbar angedeutet. Während entscheidender Zäsuren seiner Unternehmung, nämlich als er sich anschickt, mit den Chou-Truppen in das Reich des Zentralherrschers einzufallen (68/660), und als er nach dem Sieg über diesen die Truppen wieder in das Chou-Gebiet zurückzieht (98/984), treten ihm die Eremiten Po-i und Shu-ch'i entgegen, die ihm die Unrechtmäßigkeit seines Tuns vorhalten, ohne daß Tzu-ya ihre Argumente widerlegen kann.

Diese Eremiten verkörpern das taoistische Gewissen: „Wehe, wehe! Durch Gewalttaten Gewalttaten korrigieren, was hast du damit im Sinn?" (ebenda) Der Autor demonstriert an der originell und nuancenreich gezeichneten Figur des Chiang Tzu-ya, wie er eine Antinomie zwischen den (in den „Taoistischen Klassikern" formulierten) Bedingungen des individuellen Heils und den Anforderungen einer übergeordneten „kosmischen" Notwendigkeit (hier als *t'ien-ming*, „Gebot des Himmels" bezeichnet) für denkbar hält: ethische Postulate und die pragmatischen Forderungen der Zeit (*t'ien-ming*) können in irreduktiblen Gegensatz treten. Oder, anders gesagt, der Autor hält Situationen für möglich, in welchen das Individuum seine persönliche Integrität und sein endliches Heil im Dienste einer übergeordneten Idee opfern muß — fürwahr eine bemerkenswerte Synthese von taoistischem Fatalismus und spätkonfuzianischer Skepsis, in der sich bereits die philosophischen Tendenzen des kritischen 17. Jahrhunderts ankündigen.

Dennoch schließt der Roman ohne jeden nihilistischen Ton. Zwar ist dem Chiang Tzu-ya, der sich in 40jähriger Askese auf die Himmlische Unsterblichkeit vorbereitet hatte, der sich kraft seiner magischen Fähigkeiten durch alle himmlischen Bereiche bewegen konnte, dem als Generalissimus die höchsten himmlischen Potentaten mit ihrem Gefolge zu Hilfe eilten, der nun auf Befehl seines Meisters die Belehnung der Genien (d.h. der individuellen Seelen aller im Kampfe gefallenen Personen) vornimmt, auch nicht der bescheidenste Platz im Bereich der Himmlischen vorbehalten. Aber er wird von König Wu mit dem Staate Ch'i belehnt und stirbt auf seinem Lehen (100/1017). Die als Folge seiner Erdenmission eingetretene moralische Degradation hat nicht nur zur Auslöschung seiner Individualität, sondern auch zu einer minderen Art der Unsterblichkeit geführt: sein Name lebt in seinen Taten und in seinen Nachfahren fort (ebenda).

In diesem Schluß wird auch der tiefere Sinn von Chiang Tzu-yas Opfer deutlich: Nach einem unabdingbaren Grundsatz taoistischer Staatslehre kann eine mustergültige Ordnung — wie sie im Roman von der aufsteigenden Chou-Dynastie errichtet werden soll — nur auf der moralischen Ausstrahlung, auf der Tugend oder Gestaltungskraft (*teh*) begründet werden. Solche Gestaltungskraft (*teh*) entfaltet sich nur bei völliger Abstinenz von absichtsvoller Intervention (*wu-wei*), wenn der Mustergültige (*sheng*) also „mit gefalteten Händen (*ch'ui-kung*)" regiert. Am Schluß des *Fengshen yen-i* (ebenda) wird ausdrücklich daran erinnert, daß der Chou-König Wu so regierte. Chiang Tzu-ya mußte aktiv tätig sein, damit die Tugend der neuen Dynastie sich in idealer, makelloser Reinheit entfalten und eine 800 Jahre hindurch währende Ordnung begründen konnte.

Anmerkungen

[1] Buddhist und Taoist Influences on Chinese Novels, Vol. 1: The Authorship of the *Feng-shen yen-i*, Hongkong/Wiesbaden 1962
[2] Op. cit. p. 126.
[3] Man vergleiche die Konkordanzen zu diesen Werken, Stichwort: *yin-shih*, ferner die *Lieh-hsien-chuan* des Liu Hsin und die *Shen- hsien-chuan* des Ko Hung.
[4] p. 386 in der *Chuang-tzu chi-shih*-Ausgabe im *Chu-tzu chi-ch'eng*.
[5] Buddhist and Taoist Influences . . . p. 262.
[6] *Feng-shen yen-i* 15/138. — Dieser und alle folgenden (von nun an den betreffenden Stellen in Klammern nachgestellten) Stellenverweise beziehen sich auf die 1955 vom Verlag *Tso-chia ch'u-pan-shê*, Peking, herausgegebene korrigierte und interpungierte Ausgabe des Werkes.
[7] *Tao-têh-ching* 10, 37, 38, 40, 43, 47, 48, 57, 63, 64 und 75. Zu den übrigen taoistischen Klassikern vgl. die Konkordanzen.
[8] Die Zahl 8 reguliert das Leben des Mannes (Vgl. Granet, *Das chinesische Denken*, deutsche Ausgabe, München 1963, S. 280). 9 x 8 = 72, 10 x 8 — die Vollendung des Zyklus — = 80.
[9] Die Problematik des Opfers nimmt im *Feng-shen yen-i* breiten Raum ein und wird nicht nur in Verbindung mit der Figur des Chiang Tzu-ya abgehandelt, sondern (vor allem in den Kapiteln 44 und 45) in seiner Bedeutung für verschiedene Charaktere dargestellt.

DIE LEGITIME REVOLUTION –
DIE BEDEUTUNG DES POLITISCHEN UMBRUCHS
IM CHINESISCHEN VOLKSBEWUSSTSEIN

Im Leben jedes Menschen, begrenzt durch die Krisen von Geburt und Tod, ist eine Folge von Zeiten ruhiger, gedeihlicher Entwicklung und solchen gespannten Umbruchs zu beobachten. Nicht anders verhält es sich mit dem historischen Entwicklungsgang staatlicher Gemeinschaften. Auch hier wechseln unablässig Perioden des friedlichen Geschehens mit kritischen Episoden des Umbruchs, des Krieges, der Revolution ab. Dieses Wechselspiel läßt sich, so weit die Geschichte reicht, bei allen Völkern und auf allen Breiten beobachten. Und einig sind sich alle Menschen auch darin, die Verheerungen von Krieg und Revolution zu beklagen, die Opfer an jungem Leben und alten Kulturgütern, die Verwüstungen der Pläne und der Ernten. Doch sehr viel weiter gehen die Gemeinsamkeiten der Kulturen in der Beurteilung der politischen Krisen nicht.

Sind politischer Aufstand und Krieg notwendige, vermeidbare oder gar um jeden Preis zu vermeidende Entwicklungen, ist die gewaltsame Absetzung oder Beseitigung eines Herrschers ein legitimes, ein zweifelhaftes oder ein absolut verwerfliches Mittel der Politik? Auf diese Fragen wurden in verschiedenen Epochen von verschiedenen Kulturen radikal verschiedene Antworten gegeben. Wir wollen hierzu einmal die konstanten Antworten der chinesischen Kultur näher betrachten, mit anderen Worten jene selbstverständlichen und reifen Überzeugungen gegenüber Revolution und politischem Umbruch beleuchten, welche sich als Folge jahrtausendelanger Einübung dort schon lange vor dem Einbruch des Westens und lange vor der kommunistischen Revolution des 20. Jahrhunderts herausgebildet hatten.

In unserem abendländischen Kulturkreis galt bis zur Aufklärung jede Erhebung gegen die bestehende staatliche Ordnung und ihre Vertreter nicht bloß als Verbrechen gegen den Staat und die Menschen, sondern als Vergehen wider die göttliche Ordnung; denn die Herrschenden hatten ihr Amt „von Gottes Gnaden". Deshalb haftete früher, haftet hier in mancher Hinsicht oft auch heute noch jeder Art von Erhebung, Aufstand, Verschwörung unabhängig von ihren Motiven und Ergebnissen ein moralisches Stigma an – wie in unserer jüngeren Geschichte die zwiespältige Beurteilung des Stauffenbergschen Putsches gegen Hitler gezeigt hat. Ganz anders in China. Ein wichtiges Ziel der konfuzianischen Reform im 5. Jahrhundert vor der Zeitwende war es gewesen, die sakrale Grundlage des Staates durch eine vernunftmäßige zu ersetzen. Staatliche Ordnung und die Stellung der Herrschenden sollten nicht durch übernatürliche Investitur, sondern allein durch Handeln im Einklang mit einer rationalen Ethik legitimiert sein. Der erste große Exeget solcher Lehren war der konfuzianische Philosoph Menzius (chines. *Meng-tzu*), der zu Beginn des 3. Jahrhunderts vor der Zeitwende wirkte. Zur Frage, ob ein Fürst oder Herrscher wenn nötig auch mit Gewalt abgesetzt, ja beseitigt werden darf, hat Menzius sich in einer Weise geäußert, die an Deutlichkeit nichts zu wünschen läßt. Im Kapitel VIIb/14 seiner Schriften heißt es:

„In einem Gemeinwesen ist das Volk das wertvollste; darauf folgen die Gottheiten des Ackerbodens und der Ernten; der Fürst wiegt am leichtesten"..... „Bringt ein Lehnsfürst die Gottheiten des Ackerbodens und der Ernten (d.h. die Grundlagen des Staates) in Gefahr, dann ist ein anderer an seine Stelle zu setzen!" Und im Kapitel Ib/8 findet sich der Passus: „Frage: ‚Darf ein Untergebener seinen Fürsten ermorden?' Antwort: ‚Wer sich an der Menschlichkeit vergeht, den nennt man einen gewalttätigen Räuber, wer sich an der Rechtlichkeit vergeht, den nennt man einen brutalen Verbrecher. Ein Gewalttäter oder ein Verbrecher ist ein Mann wie jeder andere. Deshalb heißt es im Fall des Tyrannen Chou in den Geschichtswerken nur, daß der Mann Chou hingerichtet wurde – und nicht, daß in seinem Fall Fürstenmord geschah' ".

Gewiß, dem Philosophen Menzius, dessen Schriften in China 2 300 Jahre hindurch ehrfurchtsvoll zitiert worden sind, und die seit dem 12. Jahrhundert sogar als propädeutische Texte des konfuzianischen Systems den Rang von Canones (*ching*) erhielten, dem Philosophen Menzius lag nichts ferner als mit solchen Worten Unzufriedene zur Rebellion zu ermuntern. Gewiß auch war man in China – nicht anders als anderswo – stets bestrebt, mit Aufrührern und Attentätern, mit gescheiterten Revolutionären kurzen Prozeß zu machen. Aber ebenso unzweifelhaft stand doch für die Chinesen fest, daß ein ungerechtes Regime zu beseitigen, einen unfähigen Herrscher zu stürzen nicht nur moralisch erlaubt, sondern geboten sei. Wie politisch wirksam dieser Gedanke seit Menzius in China gewesen ist, zeigt die Geschichte: Von 25 Dynastiewechseln sind 23 durch einen Staatsstreich erfolgt. Und mindestens vier der 25 Dynastiegründer sind auf den Wogen eines allgemeinen Volksaufstandes an die Macht gelangt – von den Ereignissen unseres Jahrhunderts ganz abgesehen.

Seit Konfuzius verstanden die Chinesen das vordem himmlische – also sakrale – Mandat ihrer Herrscher (*t'ien-ming*) als einen natürlichen, rationaler Beurteilung unterworfenen Auftrag (*ming*). Wodurch gewinnt und bewahrt sich ein Herrscher diesen Auftrag? Indem er die Menschlichkeit (*jen*) und den Sinn für Billigkeit (*i*) wie ganz allgemein die Regeln der zwischenmenschlichen Beziehungen (*li*) in mustergültiger Weise (*sheng*) erkennt und praktiziert (s. o. S. 38). Verstieß ein Herrscher in eklatanter Weise gegen die kardinalen Tugenden von Menschlichkeit und Rechtlichkeit, so bedeutete dies – wie uns die heftige Verurteilung durch Menzius schon zeigte – nicht bloß, daß ihm der Verlust seines Mandats drohte, sondern daß er dieses Mandat tatsächlich bereits verwirkt hatte. *Ko-ming*, „Wechsel des Mandats" oder, was das Wort im modernen Chinesisch bedeutet, „Revolution", war also nur die praktische Konkretisierung eines logisch schon als gegeben erachteten Tatbestandes.

Das Problem der Revolution und ihrer Vorläuferin, der Rebellion, hat die Chinesen indes nicht nur auf der entrückten Ebene der philosophischen Literatur beschäftigt, sondern es wurde von Alters her als ein ganz alltägliches und allgegenwärtiges empfunden – wie Thema und Inhalt eines klassischen Volksromans, das *Shui-hu*, beweisen.

Der „klassische Volksroman" ist ein der Literatur Chinas eigentümliches Genre. Die Bezeichnung „Volksroman" erscheint gerechtfertigt, weil praktisch alle Charaktere und Episoden eines solchen Werks zunächst in den Merkbüchern der berufsmäßigen

Geschichtenerzähler erste Gestalt annahmen und sodann bis zum heutigen Tag ihre Vitalität bewahrten, indem sie einen beträchtlichen Teil des volkstümlichen Theaterrepertoires – in neuester Zeit auch der volkstümlichen Filme – in allen chinesischen Provinzen bestreiten. Und das Etikett „klassisch" verdient diese Art von Roman, weil der im Grunde alltägliche und zusammenhanglose Stoff seit dem 13. Jahrhundert durch eine Reihe hochbegabter Literaten eine einheitliche und zugleich mustergültige Ausformung erfuhr.

Das *Shui-hu*, zu Deutsch „Am Ufer" ist das Epos einer Bande Unbotmäßiger, deren Mitglieder lange Zeit durch schwere Fehlgriffe der Regierung in eine Rolle außerhalb der Gesellschaft, in die Rolle von Räubern und Rebellen gedrängt wurden, schließlich aber doch wieder in die Gemeinschaft integriert werden. Das Werk schildert also mit größter Ausführlichkeit, mit Wirklichkeitsnähe, ja oft mit krassem Realismus alle Etappen und Begleitumstände einer Rebellion, wobei das Typische eines solchen Vorgangs in China vermöge der Einfühlungsgabe und dank der dichterischen Freiheit der Autoren herausgestellt wird. Diese Qualitäten rechtfertigen vollauf, daß wir in erster Linie dieses Werk zu Rate ziehen, wenn wir eine Antwort auf die Frage suchen, zu welcher Beurteilung des politischen Umbruchs die Thesen der Philosophen im chinesischen Volksbewußtsein geführt haben.

Der Konfuzianismus sah eine zentrale Aufgabe darin, die Motivationen der Menschen rational zu erkennen und die gewonnenen Erkenntnisse im Rahmen einer sozialen Technik praktisch anzuwenden. Allerdings, Außenstehenden – dem einfachen Volk in China wie den Europäern ganz allgemein – mag in Unkenntnis der nüchternen Hintergründe solche Technik schlechthin als Kunst erscheinen, als Kunst, deren oberster Kanon in den Worten *yung-jen*, d.h. „jeden Menschen entsprechend seinem Temperament und seinen Fähigkeiten einsetzen" zusammengefaßt ist. Ein Fall offensichtlichen Versagens in der Kunst des *yung-jen*, „der richtigen Verwendung der Menschen", eröffnet denn auch den Roman.

„In K'ai-feng, der Östlichen Hauptstadt, gab es einen Burschen namens Kao Ch'iu, den zweitgeborenen, ausschweifenden Sohn einer heruntergekommenen alten Familie... Dieser Mensch verstand sich auf gesellige Künste wie Flötenspiel, Gesang und Tanz, auf Schwertfechten und Stangenturnier und auf den Faustkampf, und er hatte wohl auch mehr schlecht als recht ein wenig in den Konfuzianischen Klassikern und der klassischen Poesie herumstudiert. Doch von Tugenden wie Menschlichkeit und Rechtlichkeit, von den Regeln der zwischenmenschlichen Beziehungen und von den Methoden der Erkenntnis, von Treue und Loyalität hatte er keine Ahnung. Als er dem Sohn des Roheisenhändlers Wang beim Geldausgeben half und täglich von Bordell zu Bordell und von Kneipe zu Kneipe zog, singend und buhlend, trinkend und spielend, da war er auf die Anzeige durch seinen eigenen Vater hin bei der Präfektur mit 20 Stockschlägen bestraft und aus dem gesamten Gebiet der Hauptstadt verbannt worden".…

Erst nach einigen Jahren ermöglicht ihm eine Generalamnestie die Rückkehr in die Hauptstadt. Durch die Protektion eines Gleichgesinnten erhält er im Haus eines hohen Beamten eine Stelle. Bei einem Fußballspiel, das dort stattfindet, wird der Thronfolger auf das Spiel Kaos aufmerksam und erbittet den geschickten Spieler für sein eigenes Gefolge. In der Rolle eines Mußekumpans des Thronfolgers und später des Kaisers zeigt sich Kao Ch'iu von seiner besten Seite – nicht mehr aber, als ihn der Kaiser schließlich in völliger Fehleinschätzung seines Charakters zum Führer der Palastgarde ernennt. Kao Ch'iu benützt seine einflußreiche Stellung sogleich, um früher erlittene Kränkungen zu rächen und sich und seiner Familie persönliche, zugleich maßlose und unrechtmäßige Vorteile zu verschaffen. Durch die willkürliche Verfolgung Unschuldiger, durch aktive und passive Bestechung, durch Verleumdung und Erpressung werden fähige und aufrechte Menschen in ihrer nackten Existenz bedroht – womit der zunächst noch latente Ansatz für die spätere Revolte gegeben ist.

Denn der korrupte Kao Ch'iu ist am Hofe mit seiner Korruption nicht allein. Erst recht finden sich in den unteren Rängen der Beamtenschaft Leute, denen das schlechte Beispiel ihrer Vorgesetzten einen willkommenen Vorwand für eigene Übergriffe gibt.

Was verzögert das Aufkeimen des Widerstands? Zunächst und vor allem, daß die meisten Opfer der rechtlosen Akte sich in ihr Schicksal fügen, entwürdigende Strafen, Einziehung ihres Besitzes, Trennung von ihrer Familie hinnehmen, in der unbestimmten Hoffnung, daß durch die Intervention von Freunden das Unrecht offenbart und ihre Rehabilitation bewerkstelligt werden wird. Aber schließlich geschieht es, daß ein von Kao verfolgter Offizier das Komplott der gegen ihn gedungenen Mörder durch einen Zufall entdeckt und daraufhin die Mörder niedermacht, eine Handlung, mit der er den willkommenen Vorwand liefert, nach ihm, dem bislang insgeheim Verfolgten, nun als einem Schwerverbrecher von Amts wegen fahnden zu lassen. Um nicht seine allerorts drohende Festnahme und Vernichtung zu riskieren, schließt sich der Offizier einer Räuberbande an, die auf einer Insel in einem großen Moorsee ihren Unterschlupf hat, der Keimzelle der späteren Liang-shan-See-Bande.

Dieser Fall ist typisch und wird im Roman als Schicksal anderer Figuren immer von neuem variiert werden: Auf bestimmten Gebieten überdurchschnittlich tüchtige Mitglieder der Gesellschaft – im Roman sind es aus dramatischen Gründen vorwiegend waffengeübte Krieger, daneben aber auch Handwerker, Techniker, Ärzte, Verwaltungsfachleute – werden durch die Machenschaften korrupter Beamter in eine Schicksalsgemeinschaft mit dem immer vorhandenen Bodensatz der Gesellschaft, mit Räubern, Dieben, Gewaltverbrechern gedrängt. Solch unerwarteter Zuwachs an Intelligenz und hohem Können erweitert die operativen Möglichkeiten der asozialen Unterwelt so gewaltig, daß von ihr schließlich spürbare Rückwirkungen auf den ganzen Staat ausgehen können. Damit kommt jener seltsame Kreislauf in Gang, dessen erste Hälfte durch die Phasen Räuber, Rebell, Revolutionär markiert ist. Es findet also ein Wandel des Gruppenziels statt, der auch im Wechsel der Führerpersönlichkeiten seinen deutlichen Ausdruck findet. Die einfache Bande aus Dieben und Räubern hat an ihrer Spitze einen Hauptmann, der seiner Gefolgschaft durch Körper- und Entschlußkraft, durch Rücksichtslosigkeit und im Gebrauch einer Waffe überlegen ist. Die heterogene Gruppe aus opportunistischen Räubern und wider Willen aus der Gesellschaft ausgestoßenen Rebellen bedarf zu ihrer Organisation eines im Umgang mit Menschen und Mitteln überlegenen leidenschaftslosen Mannes des Ausgleichs. Aber nur ein charismatischer Führer könnte eine revolutionäre Bewegung zur Entfaltung bringen, die an den Grundfesten des Staates rüttelt. Wer gewinnt das Charisma eines solchen Führers? Im Roman scheint ein Mann namens Sung Chiang für diese Rolle ausersehen zu sein. Er wird folgendermaßen charakterisiert:

„Sung, mit Vornamen Chiang und mit Großjährigkeitsnamen Kung-ming, war das dritte Kind seiner Eltern. Seine Familie war seit Generationen im Dorf der Familie Sung im Kreis Yün ansässig. Wegen seiner dunklen Gesichtsfarbe und seiner geringen Körpergröße nannte man ihn allgemein den Schwarzen Sung Chiang. Wegen seiner großen Kindesehrfurcht, wegen seiner Rechtlichkeit und Freigebigkeit trug er außerdem den Beinamen des Pietätvollen und Rechtsamen Schwarzen Dritten Sohns. Sein Vater lebte noch, seine Mutter war bereits gestorben. Auch gab es noch einen älteren Bruder, Sung Ch'ing, der Eiserne Fächer genannt, der zusammen mit dem alten Sung im Familiendorf aus der Landwirtschaft seinen Lebensunterhalt zog. Sung Chiang hingegen war Sekretär in der Kreisverwaltung von Yün. Er war gleichermaßen in der Handhabung von Waffe und Pinsel gewandt und ein zugleich unbestechlicher und routinierter Verwaltungsbeamter. Unter den kriegerischen Künsten hatten es ihm der Schwertkampf und der Gebrauch des Stabes besonders angetan, Künste, in denen er vielseitige Fertigkeit zeigte. Auch war es ihm schon immer eine Freude gewesen, umherziehende ‚Wackere Leute' kennenzulernen. Wer nur immer sich von diesen an ihn wandte, den beherbergte er ohne Ansehen seines Rangs, nahm sich seiner persönlich an und bewirtete ihn unermüdlich auf seinem Hof. Wollte der Gast aber weiterziehen, so gab er ihm an Reisemitteln mit, was nur in seinen Kräften stand. Ja, wirklich, er gab in solchen Fällen Geld aus, als ob es Dreck wäre. So verfuhr er übrigens auch, wenn ihn sonst jemand um Geld oder eine Sache anging, niemals lehnte er ab. Es freute ihn einfach, anderen zu helfen, Notfälle zu lindern und Streit zu schlichten, kurzum anderen das Leben zu erleichtern. So griff er bald dem einen bei seinen Bestattungskosten unter die Arme, dem anderen schickte er Arzneien, oder er linderte einfach die nackte Armut, die unerwartete Bedrängnis. So hatte sich sein Ruf in den ganzen Provinzen Shantung und Hopei verbreitet, wo man ihm den Beinamen „Regen zur rechten Zeit" gegeben hatte. Denn sein Tun wirkte auf die Menschen wie in der Natur ein Regen zur rechten Zeit: Er ist allen Wesen eine ganz große Hilfe".

Zunächst indes denkt auch dieser künftige Führer einer Rebellenarmee keineswegs daran, die etablierte Ordnung zu verlassen. Denn wenn er auch oft das Gesetz beugt, um zu Unrecht Verfolgten zu helfen, ja mitunter sogar beide Augen zudrückt, um Eigentumsdelikte, die von Armen an Reichen verübt wurden, zu übersehen, so weist er doch jede Belohnung, die ihm die Betroffenen und Täter antragen, entschieden zurück. Am Ende ist jedoch angesichts seines impulsiven Temperaments und der völligen Unbekümmertheit, in welcher er Umgang mit zwielichtigen Existenzen pflegt, der Konflikt mit der gesetzlichen Ordnung unvermeidlich; und über Etappen der Prüfung gelangt er schließlich an die Spitze der Liang-shan-Rebellen.

Rein vernunftmäßig betrachtet — also so wie die konfuzianische Intelligentsia die Dinge zu sehen sich angewöhnte — erscheint Sung Chiangs Führerrolle durch seine schier unerschöpfliche Hilfsbereitschaft und durch seine großzügige Menschenfreundlichkeit und seine zuverlässige Loyalität hinlänglich begründet. Das einfache Volk indes wünscht sich noch heute wie in archaischen Zeiten, daß die Autorität ihrer Führer wenn nicht in der Sache, so zumindest in der Form auf einer Art höherer Weihe beruhe. Es wünscht zu glauben, daß seine mächtigsten Helden ähnlich den Schamanen und Priesterkönigen der Vorzeit, wenn nicht durch ein übernatürliche Offenbarung, so zumindest durch Einblick in eine esoterische Wahrheit ausgezeichnet wurden.

Diese Auszeichnung wird dem Sung Chiang zuteil — wie der Roman *Shui-hu* voll innerer Folgerichtigkeit schildert —, als er in höchster Bedrängnis in einem Tempel der Geheimnisvollen Frau des Neunten Himmels Zuflucht sucht: Er wird seinen Verfolgern entrückt und empfängt bei dieser Gelegenheit eine Himmlische Schrift, in welcher die personellen und strategischen Möglichkeiten der von ihm zu leitenden Revolution umrissen sind.

Diese Episode bereitet nicht nur den Höhepunkt des Geschehens, sondern auch schon seinen Umschwung vor, ist doch die Verleihung der Schrift von der zunächst seltsamen Ermahnung begleitet:

„Gestirnsherr Sung! Wir übergeben dir die drei Kapitel der Himmlischen Schrift. Du mögest als Stellvertreter des Himmels der rechten Ordnung Geltung verschaffen, als Herrscher die Loyalität ungeschmälert erhalten und die Rechtlichkeit zu deiner Handhabe machen, als Minister den Staat stützen und das Volk befrieden! Verlasse die Abwege und kehre auf den rechten Weg zurück! Bleibe dieser Worte eingedenk, aber verrate sie nicht!"

Der Sinn dieser Worte wird klar in dem Maße, in dem sich die weitere Handlung entrollt. Die Regierung, der Herrscher selbst haben Fehler und Mißgriffe begangen und sind daher vom Verlust des Mandats bedroht. Instrument des Mandatwechsels (*ko-ming*), d.h. der Revolution könnte — wie so oft in der Geschichte, so auch im Roman — die Armee der Rebellen werden, deren Entstehung ja, wie gezeigt wurde, eine direkte Folge der Mißgriffe der Regierung darstellt. Die letzte Rechtfertigung und das höchste Ziel einer Revolution wäre also konsequenterweise die Aufrichtung einer neuen, gerechteren, menschlicheren Ordnung. Was läge näher, als eine solche neue Ordnung zunächst im eigenen Kreise zu verwirklichen?

Tatsächlich stellen auch im *Shui-hu* die Rebellen ihre Handlungen unter Parolen wie „Alle Menschen unter dem Himmel sind Brüder!" oder „Zur Befriedigung des Volkes!" oder „Stellvertretend für den Himmel der rechten Ordnung Geltung verschaffen!" Aber im Gegensatz hierzu zeigt der Roman auch, wie die militärische Schlagkraft der Rebellion nahezu ausschließlich aus dem Zusammentreffen von Menschen rührt, die entweder im Grunde jeder sozialen Disziplinierung feindlich sind oder aber nur notgedrungen unter das Banner des Aufruhrs gekommen sind. Die Notwehr und der Rachedurst zu Unrecht Verfolgter oder die Beutegier und die Kampfeslust wesensmäßig Unbotmäßiger sind aber Motive, die der Verwirklichung der immer wieder beschworenen hehren Ziele direkt zuwiderlaufen. Ja nicht genug damit, sogar die nüchterne Vernunft scheint, nachdem die erste Selbstbehauptung der Rebellion gelungen ist, außerordentliche, d.h. im Grunde verwerfliche Mittel zu rechtfertigen. Denn sobald die Regierung die Gefährlichkeit des Aufstands wahrgenommen hat, trachtet sie, ihn mit zunehmend massiverem Einsatz militärischer Macht niederzuschlagen. Angesichts solcher immer größer werdender Bedrohung von außen sehen die Rebellen hinwiederum ihr ganzes Heil darin, ihre eigenen Machtmittel noch rascher zu vermehren, als dies auf Seiten des Regierungsapparats möglich ist. So werden Versorgungsgüter nun ganz überwiegend durch Raubüberfälle auf Reisende und Karawanen, aber schließlich auch auf Dörfer und Städte beschafft. Und zur Gewinnung der dringend notwendigen militärischen und zivilen Kader müssen tückische Komplotte, Täuschungen und brutale Erpressungen dienen.

So erleben wir, daß Sung Chiang gewissermaßen als Kontrapunkt zu einer Kette militärischer Siege seiner Armee über die Regierungstruppen immer hektischere Bemühungen um einen friedlichen Ausgleich mit der Regierung anstellt, die zu reformieren, wenn nicht zu stürzen, er zunächst doch angetreten war. Denn das moralische Kapital, das am Anfang der Rebellion stand, ist weitgehend in grausamen Racheakten, in der Beraubung und Tötung Unschuldiger, ja sogar in Massakern, die aus schierem Blutdurst von den Aufständischen veranstaltet wurden, vertan worden. Es läßt sich also am Ende gar nicht mehr erkennen, was Sung Chiang und seine Leute, übergäbe man ihnen die Macht im Staate, wesentlich anders, geschweige denn besser machen könnten. So genügt schließlich eine gnädige Geste des Kaisers, um die Rebellen zur Unterwerfung zu bewegen: Durch einen Sonderbeauftragten läßt er ihnen ein Amnestieedikt überbringen, dessen selbstgerechter Wortlaut zeigt, wer moralisch und mithin vor dem Tribunal der Geschichte gesiegt hat.

„Verfügung: Wir haben, seit wir den Thron bestiegen, mit Menschlichkeit und Rechtlichkeit die Welt regiert, durch Verbreitung von Sitte und Musik das Kulturland zivilisiert, durch gerechte Belohnungen und Strafen die Waffen zum Schweigen gebracht. In unserem Trachten fähige Männer zu gewinnen, sind wir niemals säumig gewesen, in unserem Trachten das Volk liebend zu umsorgen, sind wir niemals lässig gewesen. Bei unseren umfassenden Maßnahmen zur Sorge für die Allgemeinheit strebten wir die Vollkommenheit an. Wir haben die rechte Ordnung verkörpert und der Menschlichkeit Geltung verschafft, auf daß allenthalben das Volk ihren Schutz genieße. Nah und fern haben die Säuglinge, unser Volk, unser Trachten erfühlt!

Mit besonderer Inbrunst gedenken wir auch des Sung Chiang und seiner Genossen, die vordem eine loyale und rechtliche Gesinnung hegten und keine Gewalttaten verübten. Schon lange geht ihr Trachten nach Unterwerfung; und über jeden Zweifel erhaben ist ihre Bereitschaft zur Bewährung. Zwar haben sie Verbrechen begangen, aber immer aus gegebener Ursache. Indem wir ihre aufrichtigen Neigungen prüften, schienen sie uns des tiefsten Erbarmens würdig. Also ordnen wir nun den Kaiserlichen Kommandanten Su Ya-ch'ing in besonderem Auftrag ab, sich mit diesem Edikt persönlich auf den Liang-shan-Moor-See zu begeben und dort eine

Generalamnestie zu verkünden für alle von Sung Chiang und seinen großen und kleinen Gefolgsleuten begangenen Verbrechen. Auch verleihen wir 36 goldene Tafeln und 36 Längen roten Brokats an Sung Chiang und seine Oberführer sowie 72 Silbertafeln und 72 Längen grünen Brokats an seine Unterführer. Wenn die Amnestieschrift eintritt, mögen sie nicht unserem Trachten widerstreben und sich ohne Säumen unterwerfen! Gewiß sollen sie dann wieder zu bedeutenden Aufgaben gebraucht werden. In solcher Absicht verkünden wir dies!"

Die Versammlung der Rebellenführer hat der Verlesung des Edikts kniend zugehört. – Damit ist der antiklimaktische Höhepunkt, aber noch keineswegs das Ende des Epos von den Liang-shan-Rebellen erreicht. Denn eine Reihe im Roman wie in der Historie deutlich hervortretender Tatsachen war mit der Kapitulation und Amnestierung der Liang-shan-Rebellen keineswegs aus der Welt geschafft. Es sind dies 1. der unsichere Regierungsstil des herrschenden Kaisers, 2. der durch die Rebellenarmee verursachte Schaden und das menschliche Elend und nicht zuletzt 3. die von den Rebellen als aktuelle moralische Verpflichtungen hervorgekehrten Leitsätze konfuzianischer Ethik. Zwischen diesen Tatsachen ist zwar, wie wir heute sagen würden, ein kausaler Zusammenhang konstruierbar – er drängt sich aber nicht unmittelbar auf.

So erscheint es als Kabinettstück konfuzianischer Verwaltungspraxis, wenn das Zusammenwirken eben dieser Faktoren zum Heil für Staat und Gesellschaft gelenkt wird. Die magische Formel dies zu erreichen lautet: „Durch Verdienste die Schuld tilgen". Deshalb wird die Rebellenarmee Sung Chiangs auf Veranlassung der kaiserlichen Ratgeber nicht aufgelöst, sondern „zur Löschung ihrer Verbrechen" zunächst gegen die an der nördlichen Reichsgrenze stehenden Tartaren, später zur Niederwerfung verschiedener anderer Rebellionen im Innern des Reiches eingesetzt. Das letzte Viertel des Romans ist der Schilderung dieser ruhm-, aber auch verlustreichen Kämpfe gewidmet. Die siegreichen Kommandeure Sungs finden nach und nach in der Schlacht den Tod; die Armee zerfällt. Am Ende sterben auch Sung Chiang und seine letzten Getreuen durch Gift oder Selbstmord. Einige wenige kehren ins Kloster zurück, für das sie ursprünglich bestimmt waren.

Kein Zweifel, das chinesische Rebellenepos *Shui-hu*, „Am

Ufer", ist eine Revolutionstragödie mit konfuzianischer Regie: Aufstand und Revolution erscheinen als historische Episoden der Prüfung, durch welche der konfuzianische Staat nicht in Frage gestellt wird, sondern aus denen er im Gegenteil mit gefestigtem Selbstbewußtsein hervorgeht. Doch davon ganz unabhängig hat dieser Volksroman bis auf den heutigen Tag einige grundsätzliche Einsichten unablässig im Bewußtsein der Chinesen lebendig erhalten, etwa: Durch Anwendung unbeherrschter Gewalt, also durch körperliche Züchtigung, durch Zwangsarbeit und militärische Strafaktionen werden im Volke chaotische Triebe, Habgier und Brutalität freigesetzt, und die Schar der Unbotmäßigen wird immer größer; durch richtige Erkenntnis und Verwendung der menschlichen Motivationen lassen sich hingegen auch die wildesten und exzentrischsten Charaktere zum Wohle aller gewaltlos und vollkommen in das Gefüge der Gemeinschaft integrieren. Und schließlich: Auch einer legitimen Revolution gelingt es nicht, eine gerechte Ordnung unter Verwendung unrechter Mittel aufzurichten.

RÄUBER ODER REBELL – ZUR TYPOLOGIE DES CHINESISCHEN REVOLUTIONÄRS

Nach dem Sieg der Revolution Mao Tse-tungs wurde in China zu Beginn der 50er Jahre die vordem parteiinterne Diskussion über die Neubewertung des kulturellen Erbes öffentlich fortgesetzt. Im Verlauf dieser Diskussion waren naturgemäß die Klassiker der alten Literatur ein Hauptgegenstand der Erörterungen. Dabei erhielt ein Werk aus der konfuzianischen Ära auffallend gute Zensuren – das volkstümliche Romanepos *Shui-hu*. Denn einer Mehrheit der maoistischen Literaturfunktionäre schien es, daß man in diesem klassischen Volksroman den frühen und echten Ausdruck revolutionären Bewußtseins, ja sogar eine Spiegelung des revolutionären Kampfs der Massen gegen die feudale Unterdrückung sehen müsse. Unsere nachfolgende Betrachtung der wichtigsten im *Shui-hu* gezeichneten Charaktertypen wird zeigen, inwieweit eine solche Beurteilung sachlich begründet ist und inwieweit sie nur die Projektion politischer Wunschvorstellungen darstellt. Auf jeden Fall wollen wir zunächst als ideengeschichtliches Faktum registrieren, daß es wie früher auch heute namhafte Chinesen gibt, die im Roman *Shui-hu* den Widerschein einer revolutionären Gesinnung sehen.

Eine solche Deutung drängt sich nämlich bei der unbefangenen Lektüre des Werks keineswegs von vorneherein auf. *Shui-hu* bedeutet wörtlich „Am Ufer", ein Titel, der ein Hinweis darauf ist, daß die Hauptakteure des Romans waffentüchtige Vaganten oder – wie es im Chinesischen heißt: „Auf Flüssen und Seen dahintreibende Wackre Kerle" (*chiang-hu shang-te hao-han*) waren und beiläufig darauf anspielt, daß einer der wichtigsten Schauplätze der Handlung die Ufer eines in der heutigen Provinz Shantung gelegenen Moorsees sind.

Die amerikanische Chinaschriftstellerin Pearl S. Buck hat eine freie Übersetzung einer kürzeren Fassung des Romans unter dem

Titel „All Men Are Brothers" in den 30er Jahren veröffentlicht. Und unter dem Titel „Die Räuber vom Liang-shan Moor" verdanken wir dem Deutschen Franz Kuhn eine paraphrasierende Teilübertragung des Werks. Der letztgenannte Titel deutet bereits die andere Perspektive an, aus der heraus das *Shui-hu* gelesen werden kann: als derber Räuberroman, der für Stunden von den Sorgen des Alltags ablenkt. Dies ist es vor allem – darüber gibt es keinen Zweifel – weshalb sich heute wie vor 700 Jahren die Chinesen an dem Stoff ergötzen.

Daß beide Auffassungen vom Roman *Shui-hu* gleichermaßen gerechtfertigt sind, wird verständlich, wenn wir bedenken, wie er entstanden ist. Das Material – die vielen Tausend abenteuerlicher, oft greller und brutaler Episoden – ist uns erstmals in den Merkbüchern der professionellen Geschichtenerzähler am Ende der Sung-Zeit, d.h. im 13. Jahrhundert faßbar. Der Stoff hatte also tatsächlich aus der Phantasie des einfachen Volkes Gestalt angenommen, entsprach in allen Details genau dem, was die Menschen der Zeit zu erleben gewohnt waren. Während der folgenden Jahrhunderte – in China brachten sie die Blüte des umgangssprachlichen Romans – nahmen sich wiederholt hochbegabte Literaten des Themas an und formten aus den vordem nur locker aneinandergefügten Episoden ein in sich geschlossens Epos. Sie verfeinerten dabei nicht nur den Stil der Erzählung, sondern befrachteten, was zunächst als reine Unterhaltung gemeint war (oft auch weiterhin nur so verstanden wurde), mit philosophischem Gedankengut und politischer Ideologie. Mit Fug kann man daher den Roman *Shui-hu* als eine Tiefensonde in die chinesische Volksmentalität bezeichnen: In ihm verbinden sich naive Alltagserfahrung, hintergründige Fabulierkunst auf der einen Seite mit sozialphilosophischer Spekulation und politischem Engagement auf der anderen. Angesetzt ist diese Sonde in Richtung auf die Frage: Welche Züge charakterisieren im Bewußtsein der Chinesen von jeher den Rebellen sowie seine genetischen Verwandten – nach unten den gesetzlosen Wegelagerer, nach oben den Revolutionär?

Die Rebellen des *Shui-hu*, dies steht von vorneherein fest, stellen die bestehende soziale Ordnung nicht pauschal in Frage, wie folgender Vergleich zeigt. In der seit dem 2. Jahrhundert vor der Zeitwende in China sich befestigenden konfuzianischen Gesellschaftshierarchie werden vier Klassen unterschieden: 1. (*kuan*) beamtete Literaten, 2. (*nung*) Bauern, 3. *chiang, chi*) Handwerker, Techniker, Soldaten, endlich 4. (*shang*) Händler und Kaufleute. Diese Klassenordnung wurde zwar nicht scharf und streng eingehalten, übte aber nichtsdestoweniger vielleicht gerade darum auf das Allgemeinbewußtsein einen starken Einfluß aus.

Im Roman *Shui-hu* nun werden – der konfuzianischen Hierarchie ziemlich genau entsprechend – auf Seiten der staatlichen Ordnung ausdrücklich genannt: 1. (*kuan*) literarisch gebildete Beamte, „die Verwaltung", 2. (*chü-min*), seßhaftes Volk, worunter in erster Linie die Bauern zu verstehen sind, 3. (*chiang*) waffengeübte Berufssoldaten, 4. (*kung-jen*) Handwerker und endlich 5. (*shang*) Händler und Wirte. – Die Helden der Handlung im engeren Sinn – Räuber, Rebellen, Revolutionäre – kommen aus all diesen sozialen Schichten: Wir finden unter ihnen den gebildeten und begüterten Sproß einer kaiserlichen Familie ebenso wie den kleinen Schankwirt und Schieber. Daraus darf man aber nicht schließen, daß in ihren Reihen bereits alle sozialen Unterschiede eingeebnet sind. Auch die im Roman gar nicht so häufig proklamierte Losung „Alle Menschen in der Welt sind Brüder!" darf uns nicht irreführen. Im Gegenteil! Auf Seiten der Rebellion herrscht eine geradezu archaische, somit eher noch strenger ritualisierte Stufenordnung. Da ist zunächst die wichtige Dichotomie in *chiang* und *hsiao lou-luo*. Das Wort *chiang* bezeichnet allgemein den waffengeübten Berufssoldaten, den Truppführer, den General. Im Rebellenepos *Shui-hu* versteht man unter *chiang* im weiteren Sinn einen Angehörigen der 108 Mitglieder zählenden Führungsgruppe der Rebellion, gleichgültig ob dessen besondere Leistung nun in militärischer Bravour, in strategischem Scharfsinn, in diplomatischer Geschicklichkeit, handwerklichem Können oder in politischem Organisationstalent besteht. Jeder *chiang*, jeder Führer hat im *Shui-hu* seine eigene Lebensgeschichte. Seine Erlebnisse, Taten, Wünsche und Absichten bis hin zu den feineren Verästelungen seines Charakters werden oft über viele Kapitel hinweg beschrieben. Ja das *Shui-hu* ist eigentlich nichts weiter als das romanesk entfaltete Geschichtenmosaik, vom Schicksal der 108 die Liang-shan-Rebellion führenden *chiang*.

Im Gegensatz zu den individuell oft klar profilierten *chiang* ist die große Masse ihrer Gefolgsleute, *hsiao lou-luo* genannt, amorph und gesichtslos. Auch als ihre Zahl in die Zehntausende geht und die vielfältigsten Berufe und Funktionen unter ihnen vertreten sind, wird ihrer nur quantitativ Erwähnung getan. *Lou-luo* bedeutet von der Etymologie her „Pfiffikus". *Hsiao lou-luo*, „Kleiner Pfiffikus" ist in diesem Genre von Romanen das Wort für jene bunte, aber dennoch anonyme Schar von Dieben, Kriegsknechten, Dienern, Handwerkern und sogar Bauern, die im Gefolge eines Räuberhauptmanns, eines Rebellenführers oder Revolutionärs die kleine und die schmutzige Arbeit verrichten. Dabei erscheinen ihre Antriebe und menschlichen Regungen auf die primitivsten Rudimente reduziert: Hunger und Gier nach Gewinn, Angst vor Strafe, Panik in kritischen Situationen ... Ihre stets nur quantitative Erwähnung zeigt ihre dramatisch, implizit aber auch sozial untergeordnete Rolle an. Wir erfahren etwa, daß dieser Führer mit 200 *hsiao-lou-luo* eine Warenkarawane überfällt, jener 500 *hsiao lou-luo* getötet worden sind usw. Nur das Gros der Gefolgsleute bildet also im *Shui-hu* zumindest äußerlich eine klassenlose Masse. Das genaue Gegenteil gilt für die Mitglieder der Führungsgruppe. Der Rang, den ein jeder Führer innerhalb der Kader einnimmt, ist sogar ein ganz wesentliches Element seiner Charakterisierung. Die Hierarchie der Führungsgruppe stellt sich in den bei wichtigen Anlässen abgehaltenen Vollversammlungen allen sichtbar dar.

Wonach bemißt sich der Rang innerhalb dieser Hierarchie? Diese Frage ist innig verknüpft mit jener anderen: Wer ist überhaupt würdig, in die Reihen der Rebellen aufgenommen zu werden? Betrachten wir zunächst folgende Szene aus dem 38. Kapitel: „Sung Chiang verabschiedete sich von den Amtsdienern und trat aus der Schreibstube in die Appellhalle hinaus. Dort saß an einem Tisch an der Kopfseite der Halle der Garnisonskommandant und rief laut: ‚Wer ist der neu überstellte Strafverbannte?' Der Oberaufseher deutete auf Sung Chiang und sagte: ‚Dieser hier ist's!' Sogleich schimpfte der Kommandant los: ‚Du schwarzer, zwerghafter Galgenvogel! Auf wessen Einfluß verläßt du dich eigentlich, daß du es unterlassen kannst, mir das übliche Geldgeschenk zu schicken?' Darauf sagte Sung Chiang spöttisch: ‚Ja, ja, die schönen Geldgeschenke! Die gibt es nur, wenn jemand etwas schenken will. Wie kannst du eigentlich mit Gewalt anderen Leuten das Geld abnehmen? Klein fürwahr ist dein Format!' Als die Umstehenden diese Worte hörten, brach ihnen vor Schreck der Schweiß aus. Der andere aber polterte wütend los: ‚Elender Verbannter! Wie wagst du es, mich so unverschämt herabzuwürdigen! Büttel! Spannt diesen Dreckskerl auf den Bock und zählt ihm hundert Stockschläge auf!' – Nun wissen wir ja, daß alle Leute in der Garnison mit dem Sung Chiang sehr gut standen. Als es jetzt hieß, man solle ihn schlagen, da stoben alle auseinander, so daß am Ende der Garnisonskommandant mit Sung Chiang allein zurückblieb. Daß alle davongelaufen waren, hatte seinen Zorn noch mehr entfacht. So ergriff er selbst einen Patrouillenstock und lief damit auf Sung Chiang zu, ihn zu schlagen. Sung Chiang sagte: ‚Kommandant! Was für ein Verbrechen habe ich begangen, dessentwegen du mich schlagen willst?' Der andere schrie: ‚Du elender Sträfling! Du bist in meiner Hand ein Stück gängige Ware! Wenn ich das will, ist ein kleines Hüsteln schon ein Verbrechen!' Sung Chiang wandte ein: ‚Wenn du willkürlich an mir Fehler finden willst, so könntest Du mir trotz allem keine todeswürdigen andichten!' Aber jener polterte weiter: ‚Was? keine todeswürdigen! Wenn ich dich umbringen will, so ist das nicht schwieriger, als wenn ich eine Fliege erschlage!' Darauf entgegnete Sung Chiang ironisch lachend: ‚Wenn ich deiner Meinung nach den Tod verdiene, nur weil ich dir das übliche Geldgeschenk verweigert habe, was geschieht dann einem guten Bekannten des Schulmeisters Wu vom Liang-shan See?' Als jener dies hörte, ließ er den Stock sogleich fallen und fragte bestürzt: ‚Was sagst du da?' Sung Chiang antwortete: ‚Ich habe nur davon geredet, daß jemand den Heeresdirigenten Wu kennt. Was interessiert dich das?'"

Diese Szene eröffnet eines der erzählerisch eindrucksvollsten und zugleich psychologisch hintergründigen Kapitel des Romans *Shui-hu.* Die beiden Männer, denen wir hier begegnen, und die sich auch im Roman hier erstmals gegenübertreten, sind Sung Chiang, ein wegen Totschlags strafverbannter unterer Verwaltungsbeamter und nachmaliger Anführer der Liang-shan Rebellen, und Tai Tsung, hier Kommandant einer kleinen Provinzgarnison, später einer der Obristen in Sung Chiangs Rebellenarmee und unentbehrlicher Eilkurier. Zweierlei wird uns bei diesem Auftritt schon ins Bewußtsein gerückt. Erstens, es ist nicht geläuterte Menschlichkeit, die das Wesen der Helden des Romans kennzeichnet. Tai Tsung, später eine Figur im Rebellenpantheon, tritt uns hier als brutaler Provinzbeamter entgegen, der ohne Skrupel einen seiner Obhut anvertrauten Sträfling aus vergleichsweise geringem

Anlaß zu erschlagen bereit ist; zweitens, Sung Chiang erweist sich hier – wie in vielen anderen Szenen des Romans, als überlegener Könner in der Kunst der Menschenführung womit allgemein und grundsätzlich sein Anrecht auf und seine Befähigung zu einer politischen Führungsrolle unterstellt wird. Deshalb hat er auch den demaskierenden Wutausbruch seines künftigen Mitstreiters mit voller Absicht provoziert. Erst indem er diesen Exzess hervorruft, kann er die Barbarei solcher Selbstvergessenheit dem Betroffenen ebenso wie den Beobachtern der Szene demonstrieren und zu Bewußtsein bringen – und so vielleicht erreichen, daß die erkannte Charakterschwäche und soziale Unvollkommenheit korrigiert wird. Darüber hinaus schafft er eine Bindung analog jener, die uns heute zwischen Psychotherapeut und Patient geläufig ist.

Diese hier demonstrierte Fähigkeit Sung Chiangs, die Gefühle und Wünsche anderer Menschen bewußt zu steuern, ist zwar ein bedeutsamer, trotz allem aber ein eher esoterischer Aspekt seiner Führerschaft. Die Qualität, die diese Führerschaft vor allem und jedermann sinnfällig begründet, ist seine schier grenzenlose Großzügigkeit, seine aussöhnende Jovialität. Selten eindrucksvoll tritt uns diese Qualität in jener Szene vor Augen, in welcher der spätere typologische Gegenpart Sung Chiangs, Li K'uei, ihm zum ersten Mal begegnet. Ort der an die eingangs geschilderte anschließende Handlung ist das obere Stockwerk eines Speisehauses, in welches sich Sung Chiang und Tai Tsung zurückgezogen hatten, um ungestört zu plaudern.

„Das Gespräch der beiden war dahin gelangt, daß sie ihre innersten Gefühle darlegten und sich gegenseitig lieb gewannen. Schon hatten sie einige Becher Wein geleert, als sich unten ein lautes Schreien erhob. Gleich darauf trat ein Kellner hastig in ihr Séparé und wandte sich an Tai Tsung: ‚Dieser Mensch da! Niemand als der Herr Kommandant kann ihn zur Vernunft bringen! Bitte! Dürfen wir den Herrn Kommandanten bitten, uns in dieser Situation zu helfen?' Tai Tsung fragte: ‚Wer lärmt denn da unten?' Darauf der Kellner: ‚Ja halt der Eiserne Büffel genannte große Bruder Li, der so oft den Herrn Kommandanten begleitet! Er will jetzt vom Wirt Geld geliehen haben!' Tai Tsung lachte: ‚Ich hab' mir's doch gleich gesagt, es wird wieder dieser Lackel sein, der sich da unten rüpelhaft benimmt. Älterer Bruder, warte einen Augenblick, damit ich den Kerl heraufrufe!' Tai Tsung erhob sich also, ging hinunter und kehrte bald in Begleitung eines Hünen mit schreckeinflößendem schwarzen Antlitz in den Oberstock zurück. Als Sung Chiang seiner ansichtig wurde, fragte er erschrocken: ‚Kommandant, wen hast du denn da gebracht?' Tai Tsung antwortete: ‚Das ist einer von meinen Leuten, ein kleiner Gefängniswärter namens Li K'uei (...) Er hat den Beinamen der Schwarze Wirbelwind; in seiner Heimat nennen sie ihn Li, den Eisernen Büffel. Wegen eines Totschlags war er dort geflohen. Inzwischen wurde er zwar amnestiert, ist aber trotzdem hier bei uns hängengeblieben. Wenn er getrunken hat, ist er sehr rauflustig, weshalb man ihn allgemein fürchtet. Er versteht es, mit zwei Breitäxten zu kämpfen und weiß auch die Kampfstäbe zu handhaben. Jetzt tut er hier Dienst als Gefängniswärter".

Li K'uei, der Naturbursche mit den primitiven Instinkten und dem naiven Egoismus, verkörpert das genaue Gegenbild zum konfuzianischen Ideal des sozial disziplinierten Menschen. Gewohnt, jede Regung seiner Eingeweide unvermittelt in lautstarke Forderungen und muskelstarke Handlungen umzusetzen, ist er seiner zivilisierten Umwelt eine beständige Bedrohung. Somit erscheint sein eignes Verhalten letztendlich als das größte Hindernis für die Befriedigung seiner Begierden. Ein solcher Mensch ist aber bereit, demjenigen eine bedingungslose Anhänglichkeit entgegenzubringen, der es versteht, seine elementaren Bedürfnisse ohne Zögern und großzügig zu befriedigen. – All dies zeigt sich im Verhältnis zwischen Li K'uei und Sung Chiang, wie es in den folgenden Auftritten schon Gestalt gewinnt.

Das literartypische Bild des chinesischen Rebellen läßt sich wie folgt umreißen: Zunächst einmal, Tai Tsung und vor allem Li K'uei repräsentieren stellvertretend für die meisten anderen Figuren der Rebellengeschichte eine Art Mensch, die nicht nur in China das Lieblingsthema der Kolportageliteratur bildet: Menschen, die mit ihren übermächtigen oder unausgeglichenen Gefühlen und Trieben nicht fertig werden und so immer wieder in Konflikt mit der Gesellschaft oder der staatlichen Ordnung geraten. Ständig laufen sie Gefahr, an den Rand der Gesellschaft oder gar aus dieser heraus gedrängt zu werden, es sei denn, ein messianisches oder demagogisches Talent versteht ihre einseitigen Neigungen oder Antriebe vor den Karren einer mitreißenden, wenngleich kurzlebigen Massenbewegung zu spannen. Genau dies ist's, wovon in einem großen Teil des *Shui-hu* die Rede ist: Schmuggler und Diebe, Räuber und Wegelagerer, Giftmischer und Zuhälter, gescheiterte Literaten und gescheiterte Bonzen, Totschläger und Meuterer stellen nahezu die Hälfte seiner 108 großen Helden.

Also kein Rebellen- und schon gar nicht ein Revolutionsepos, sondern ein Schelmenroman, eine Ganovenstory? Dieser Schluß wäre zumindest ganz einseitig, wenn nicht falsch. Massenbewegungen wie Rebellionen beruhen auf den vielfältigsten menschlichen Motivationen. Im *Shui-hu* wird vor allem geschildert, wie zu den Asozialen aus Temperament und Neigung eine ganz andere Kategorie Ausgestoßener tritt, die der Verfolgten eines korrupten staatlichen Regimes, anders gesagt, die der Asozialen aus momentanem äußerem Zwang. – Es gibt Zeiten, in welchen die staatliche Ordnung von einer Schwäche befallen ist. Dann häufen sich die Fälle, in denen Beamte aus persönlicher Ranküne, aus Geltungsbedürfnis, aus politischen Motiven gesetzestreue Menschen verfolgen oder zu ungesetzlichem Tun verführen; dann gibt es mithin eine größere Zahl von im Grunde rechtschaffenen Charakteren, die in eine Schicksalsgemeinschaft mit den ihrem Wesen nach Unbotmäßigen gedrängt werden. Aber diese aus äußerer Not Verstoßenen zeigen ein ganz anderes Verhältnis zu der Gesellschaft, aus der sie ein äußeres Schicksal gedrängt hat: sie wollen die Mißstände korrigieren, vielleicht auch die Gesellschaft verbessern, verändern. Eine solche Motivation ergibt aber – nicht nur im Roman – eine echte Grundlage für rebellisches Tun, für eine reformerische oder revolutionäre Gesinnung.

Eben diese Grundlage – mithin eine wirklich revolutionäre Gesinnung ist aber nur bei einer Minderheit der Helden des Romans vorhanden, so etwa bei Sung Chiang. Sie ist das Ferment, das den Teig der ansonsten diffusen und zusammenhanglosen Unzufriedenheit und des politischen Überdrusses zu einer Rebellion oder gar Revolution hochtreibt. Daß im Roman gerade der zu Unrecht geächtete Sung Chiang die treibende Kraft der Rebellion verkörpert, ist also voll innerer Konsequenz. Konsequent und wirklichkeitsgetreu ist aber auch das Bild der von ihm gesammelten Gefährten und Anhänger. Sung Chiangs unangefochtene Führerrolle gründet im wesentlichen auf der beispiellosen Großzügigkeit, mit der er gegenüber allen verfährt, die er für Gesinnungsgenossen hält. Allerdings ist diese Großzügigkeit nicht nur eine Großzügigkeit der Mittel, sondern auch der Moral. Das ist nur teilweise damit zu erklären, daß der alltägliche vertraute Umgang mit asozialen Elementen seine moralische Empfindung abgestumpft hat. Warum hat er eigentlich diesen vertrauten Umgang?

Die Historie kennt kaum ein Beispiel dafür, daß jene Handvoll willkürlich Geschädigter und revolutionär bewußt Motivierter aus eigener Kraft einen Aufstand getragen, einen Umschwung herbeigeführt hat. So gelangen auch Sung Chiang und die wenigen echten Rebellen des Romans – auf Etappen zwar, doch unvermeindlich – zu der Überzeugung, daß nur durch Zulauf aus dem ewig vorhandenen Reservoir der Asozialen, der permanent Unzufriedenen und der labilen Opportunisten ihre Bewegung die erforderliche Durchschlagskraft gewinnen kann. Entsprechend lassen sich im *Shui-hu*-Rebellenepos vier verschieden motivierte Typen deutlich unterscheiden:

1. Rebellen und Revolutionäre aus Überzeugung – eine kleine Minderheit an der Spitze der Führungshierarchie; 2. Rebellen aus Berechnung und Geltungsdrang – eine etwas größere Minderheit in Führung und Anhang; 3. Räuber und Asoziale aus Neigung und Gewohnheit – die Mehrheit in Führung und Anhang; endlich 4. durch die Akte der Rebellen absichtlich oder vermeintlich Kompromittierte – eine größere Minderheit von Mitläufern in Führung und Anhang. Das bedeutet, daß die winzige revolutionäre Gruppe eine überwältigende Mehrheit von Leuten ins Schlepptau genommen hat, deren Interessen einem politischen Umsturz geradewegs zuwider liefen. Daß es überhaupt zu einem solchen Bündnis auseinanderstrebender Interessen kommen konnte, war nur infolge der Faszination möglich, die von einer suggestiven Persönlichkeit, wie sie Sung Chiang darstellte, ausgeht. Denn gewiß ist, daß weder den Rebellen aus Opportunismus noch den anarchistischen Räubern und Asozialen – und schon gar nicht den durch Zwang in die Reihen der Revolte Gepreßten – die Veränderung der bestehenden Ordnung ein inneres Anliegen sein konnte. Unter diesen Voraussetzungen erscheint es wiederum folgerichtig, wenn der Rang in der Führungshierarchie, wie dies im Roman gezeigt wird, davon abhängt, in welchem Maße eine bestimmte Persönlichkeit zur Kohäsion dieser höchst heterogenen Kräfte beiträgt.

Die vielfältigen Beziehungen und Handlungen all dieser Typen werden im chinesischen Volksroman *Shui-hu*, unbeschadet seiner konfuzianischen Überlagerung, wirklichkeitsgetreu und psychologisch subtil dargestellt. So gesehen, kann man das Werk tatsächlich als Lehrstück über die historisch typische, d.h. die gescheiterte Revolte verstehen.

DER EHRENKODEX DES AUFSTÄNDISCHEN – DIE REVOLUTIONSETHIK IM CHINESISCHEN VOLKSROMAN

Es ist längst ein Gemeinplatz, daß all jene, die außerhalb der geltenden Ordnung stehen – die Asozialen und Verbrecher einerseits, die Aufrührer und Revolutionäre auf der anderen Seite – einen besonderen Ehrenkodex, d.h. Verhaltensnormen eigener Art beobachten. Interessant ist dabei nur, ob und in welchen Einzelheiten ein solcher Kodex von den gültigen sozialen Normen abweicht. Welche ethischen, welche sozialen Grundpostulate werden reduziert oder fallengelassen, welche im Gegenteil noch unbedingter erhoben, übersteigert?

Die konfuzianische Lehre vom Menschen hat mehr als 2 000 Jahre hindurch die chinesische Mentalität geformt. Die Grundmaxime dieser Lehre läßt sich in die Worte Maß und Mitte fassen. Abweichungen von diesem konfuzianischen Mittelweg sozialen Verhaltens erschienen in zweierlei Hinsicht möglich – als Verweigerung der Kommunikation, als selbstgenügsame Abkapselung oder, im Gegenteil, als übersteigerte Ansprüche an das Gemeinwesen, bedingt durch überhöhte moralische Forderungen des Individuums oder durch das, was man einen physischen Aktivismus nennen könnte, d.h. durch das Bestreben, Taten um der Taten willen zu vollbringen.

Die Praxis der taoistischen Lebenspflege ebenso wie die Mönchsregeln der meisten buddhistischen Traditionen liefen auf eine Distanzierung oder gar Absonderung des Individuums von der Gemeinschaft hinaus und waren daher von konsequenten Konfuzianern als anrüchig empfunden, ja zu Zeiten sogar als asozial bekämpft worden. Im Verlauf der Jahrhunderte, beginnend um die Zeitwende und etwa im 12. Jahrhundert sich vollendend, war jedoch hier ein nahezu idealer Ausgleich der Gegensätze erfolgt: die Konfuzianer lernten den Wert der Persönlichkeitsbildung in zeitlich begrenzter Abgeschiedenheit schätzen; umgekehrt fanden Taoisten und Buddhisten hin zum Ideal der Persönlichkeitsvervollkommnung aus sozialer Verantwortung.

Ein solcher Ausgleich gelang nicht — oder sagen wir vorsichtiger, gelang niemals während der zwei Jahrtausende des Kaiserreichs — gegenüber der anderen extremen Komponente des chinesischen Volkscharakters, vertreten durch die Militärs, Abenteurer, Forschungsreisenden, Hochseefahrer. Denn das berufliche Ethos dieser Menschen gründet auf dem Alles-oder-Nichts-Prinzip, es bedingt eine gesteigerte — die Konfuzianer meinten stets, eine übermäßige — Entfaltung von Kraft, die Verausgabung natürlicher und vor allem menschlicher Ressourcen. Die Armee erschien daher als notwendiges Übel und der Soldatenberuf wurde mit wachsender Übermacht der konfuzianischen Orthodoxie zunehmend abgewertet. China hat zu keiner Zeit eine auch nur annähernd so differenzierte und anhaltende Verherrlichung des Kriegers und Ritters gekannt wie etwa Europa während des Mittelalters und zu Beginn der Renaissance; auch gab es in China nichts, was auch nur annähernd dem Ehrenkodex des japanischen Samurai vergleichbar war. Die kriegerische Glanzperiode (soweit man von einer solchen in China sprechen kann) fällt in die Han-Zeit, also etwa zwischen 200 vor und 200 nach der Zeitwende. Und die Zeit namhafter chinesischer Heerführer endet allerspätestens mit der Sung-Zeit, d.h. im 12. Jahrhundert unserer Zeitrechnung.

Seither wurden dort die glorreichen Schlachten nur mehr auf den Brettern des Theaters geschlagen, und die Schar der unbezwingbaren Krieger ist nur auf den Seiten der klassischen Romane lebendig geblieben, ja sogar noch angewachsen. Nicht anders, eher noch ungünstiger verhält es sich mit den Forschungsreisenden und Hochseefahrern. Die Zeit der großen Erkundungsreisen chinesischer Mönche oder Naturkundler reicht von der Zeitwende bis knapp zum 8. Jahrhundert. Als im 14. Jahrhundert — fast zwei Generationen vor den Entdeckungsreisen der Portugiesen und Spanier — chinesische Kaiser ihre Flotte gewaltiger Hochseeschunken bis nach Arabien und sogar an die Ostküste Afrikas aussandten, wurde von den Konfuzianern am Hofe die Sache als solcher Skandal empfunden, daß man nach der erzwungenen Einstellung des Unternehmens sogar die Akten der Reisen aus den Archiven beseitigte (s.o.S. 138f.).

Diese beherrschende Präformierung des chinesischen Allgemeinbewußtseins durch die konfuzianische Moral müssen wir uns gegenwärtig halten, wenn wir den seltsam deformierten Ehrenkodex richtig beurteilen'wollen, der in einflußreichen Volksromanen verherrlicht wird. Die in solchen Romanen geschilderten Taten und Ideale bedeuteten dem chinesischen Leser in weitem Maße Ersatzbefriedigung und Kompensation für elementare Antriebe, die der Konfuzianismus tabuisierte und unterdrückte.

Was also tabuisierte der Konfuzianismus? Vor allem Kraftakte jeder Art, das hemmungslose Ausspielen von Möglichkeiten und Mitteln, jedes Sich-in-Szene-Setzen, also jede ostentative oder aktivistische Expansion im persönlichen wie im sozialen Bereich.

Im Roman *Shui-hu* (zu Deutsch „Am Ufer"), dem umfänglichsten und berühmtesten der chinesischen Krieger- und Rebellenromane, spielen eben diese Verhaltensweisen die wichtigste Rolle. Die allgemeinste der darin verherrlichten ethischen Maximen ist *ta-fang*, „Großzügigkeit" im Geben und Nehmen, in der Verwendung der Mittel und der Menschen. Während nun diese Großzügigkeit beim Führer der Rebellion als menschliche Jovialität im Vordergrund des Persönlichkeitsbildes steht, profilieren sich viele seiner Mitstreiter durch Großzügigkeit ganz anderer Art, eben durch Maßlosigkeit im sozialen, Hemmungslosigkeit im moralischen Sinn. Ein Großteil des *Shui-hu* ist mit der drastischen und ausführlichen Schilderung extremer Taten und Akte angefüllt: der kühne Handstreich, der physische Kraftakt, der dreiste Betrug, die wilde Rache, die fabelhafte Kapazität für Speise und Trank ..., kurzum Taten und Verhaltensweisen, durch welche man sich als *hao-han*, als „wackrer Typ" – heute würden wir sagen als „ganzer Mann" – qualifiziert. Also einfach die Primitivmoral unserer Groschenromane und Comic Strips? Nicht doch. Davon unterscheidet sich der Stil der *Shui-hu*-Rebellen in nahezu jeder Hinsicht. Denn wir sagten ja, der dreiste Betrug – und nicht irgendeine Betrügerei, der waghalsige Handstreich – und nicht irgendein Ausfall, die wilde und grausame Rache – und nicht irgendeine Vergeltung, die Fähigkeit, Unmengen von Speisen und Alkohol zu konsumieren – und nicht die bloße Freude am Essen und Trinken zeichnen die „wackren Typen" vor den übrigen Menschen aus. Um mit dem Letztgenannten zu beginnen, Gefräßigkeit, Völlerei und Trinkfestigkeit kennzeichnen alle besonders sorgfältig gezeichneten Charaktere des Romans. Denn bei diesem — das ist eine der konstanten Unterstellungen im *Shui-hu* — wird die Überfülle an Speise und Wein direkt in übermenschliche Kraftakte und Heldentaten umgesetzt. Als schlechthin klassisch gilt folgende Szene (23/343):

„Nachdem Wu Sung einige Tage gewandert war, kam er in den Kreis Yang-ku. Zur Kreisstadt selbst war es allerdings noch ein weiter Weg. An jenem Tag, es ging auf Mittag, knurrte ihm vom Laufen der Magen, und Durst hatte er auch, als er vor sich ein Wirtshaus erblickte, vor dem eine Reklamefahne hing mit den Worten: ‚Drei Näpfe nur, sonst schaffst du nicht den Berg'. Wu Sung trat ein, setzte sich, lehnte seinen Stab beiseite und rief: ‚Wirt! Schnell Wein her!' Und schon eilte der Wirt herbei, brachte drei Näpfe, ein Paar Eßstäbchen und einen Teller dampfendes Gemüse vor Wu Sung auf den Tisch. Auch seihte er einen Napf voll heißen Weins ab. Wu Sung ergriff den Napf, leerte ihn auf einen Zug und rief: ‚Der Wein hat Kraft! Wirt, was kann ich bestellen, wovon ich satt werde?' Der Wirt sagte: ‚Ich hab' nur gekochtes Büffelfleisch da'. Wu Sung darauf: ‚Gut also schneid' mir zwei bis drei Pfund in Stücke und bring' sie her'. Der Wirt ging, schnetzelte zwei Pfund gekochtes Büffelfleisch, füllte es in eine große Schüssel und stelle sie vor Wu Sung auf den Tisch. Dann seihte er einen zweiten Napf Wein ab. Wu Sung trank ihn aus und sagte dann: ‚Gut, der Wein!' Der Wirt seihte bald noch einen dritten Napf ab, machte dann aber keine Anstalten, weiteren Wein abzuseihen. Deshalb schlug Wu Sung auf den Tisch und rief: ‚Wirt, wo bleibst du mit dem Wein?' Der Wirt sagte: ‚Wenn der Gast noch Fleisch wünscht, werd' ich's bringen'. Wu Sung entgegnete: ‚Wein will ich — Fleisch auch noch'. Der Wirt: ‚Das Fleisch schneide ich gleich und bringe es dem Gast. Wein bringe ich keinen mehr'. Wu Sung murmelte: ‚Ja, hat man sowas schon gesehen!' und fragte dann: ‚Warum willst du mir eigentlich keinen Wein mehr verkaufen?' Der Wirt antwortete: ‚Herr Gast, sicher habt ihr gesehen, was auf der Fahne vor meiner Tür steht; klar und deutlich steht dort geschrieben: Drei Näpfe nur, sonst schaffst du nicht den Berg'. Wu Sung fragte: ‚Was heißt das denn Drei Näpfe nur, sonst schaffst du nicht den Berg?' Der Wirt entgegnete: ‚Unser Wein ist zwar nur ein Dorfwein, kann sich aber dennoch mit einem guten abgelagerten Wein messen. Deshalb ist jeder Gast, der bei mir hier drei

Näpfe dieses Weins getrunken hat, so beschwipst, daß er kaum mehr über den Berg, der da vorn liegt, gelangen kann. Das also ist der Sinn der Worte Drei Näpfe nur, sonst schaffst du nicht den Berg. Alle Gäste, die schon einmal hier eingekehrt sind, halten sich daran, trinken ihre drei Näpfe und fordern nicht mehr'. Wu Sung sagte lachend: ‚Soso. — ich hab' nur drei Näpfe getrunken. Warum spüre ich da noch nichts?' Der Wirt antwortete: ‚Mein Wein hier nennt sich noch Bouquet, das durch die Flasche schlägt, außerdem Vor der Tür kippst du um. Wenn man ihn trinkt, schmeckt er süffig und vollmundig. Erst nach einer Weile kippt man um'. Wu Sung entgegnete' ‚Jetzt red' weiter keinen Unsinn! Ich zahl' dir ja, was ich bestell'. Also seih mir noch drei Näpfe voll ab!' Als der Wirt sah, daß Wu Sung sich absolut nicht rühren wollte, seihte er noch drei Näpfe voll Wein ab. Wu Sung trank und sagte dann: ‚Also wirklich, ein guter Wein! Wirt, machen wir's so, ich zahl' dir jeden Napf, sobald ich ihn ausgetrunken habe, und du seihst einfach weiter ab, ohne zu fragen!' Der Wirt aber sagte: ‚Herr Gast, ihr dürft nicht einfach so forttrinken. Dieser Wein macht die Leute wirklich stockhagelbetrunken, da hilft dann keine Arznei!' Wu Sung antwortete: ‚Hör' auf mit dem Quatsch! — Übrigens, wenn du ein Schlafmittel in den Wein tätest — ich hab' eine gute Nase!' Der Wirt, der ihn nicht überzeugen konnte, seihte also drei weitere Näpfe Wein ab. Wu Sung sagte dann: ‚Nochmals zwei Pfund Fleisch!'"

Die Szene setzt sich fort. Wu Sung bricht erst auf, nachdem er insgesamt fünfzehn Näpfe Wein, das Fünffache der kritischen Menge genossen hat. Beim Gehen macht ihn der Wirt auf eine amtliche Verfügung aufmerksam. Das nahe Gebirge werde durch einen Tiger verunsichert, dem schon an die dreißig Menschen zum Opfer gefallen sind. Daher dürfe die Gebirgsstraße nur von größeren Reisegesellschaften und nur in der Zeit von 9 bis 15 Uhr benützt werden. Wu Sung hält die Warnung zunächst für eine Erfindung des Wirts, um mehr Gäste zum Übernachten zu bewegen. Erst als er schon tief im Wald auf einen Tempel stößt und an diesem ein Exemplar der Verlautbarung mit amtlichem Siegel vorfindet, erkennt er, daß es ernst damit ist. Nun kann er aber nicht mehr ohne Gesichtsverlust zum Wirtshaus zurückkehren. Auch ist die Sonne schon untergegangen und der Wein macht ihn schläfrig. Als er im Wald vor sich einen großen Felsbrocken leuchten sieht, beschließt er, sich darauf zur Ruhe zu betten. Da kündet ein Windstoß das Nahen des Tigers an. Wu Sung rollt rasch vom Felsen herunter, als das Tier auch schon zum Sprung ansetzt. Wu Sung weicht diesem, einem nächsten und schließlich einem dritten Angriff des Tigers durch blitzschnelle Seitenbewegungen aus. Nun versucht er selbst einen Gegenangriff. Mit beiden Händen schwingt er seinen Kampfstab und fällt – nicht den Tiger, sondern einen Baum. Dabei ist allerdings auch seine einzige Waffe in die Brüche gegangen. Erneutes Ausweichen vor dem Tiger. Schließlich bekommt er das etwas zu kurz springende Tier von vorn am Kopffell zu fassen, dann am Hals. Unter Wu Sungs eisernem Würgegriff verendet die Bestie nach wenigen Minuten ermattender Gegenwehr.

Einen Tiger mit bloßen Händen erwürgen, das kann doch wirklich nicht jeder! So ist es denn auch eine der wichtigsten, wenngleich unausgesprochenen Konventionen des *Shui-hu*, daß ein „wackrer Typ" sich nicht nur durch mutigen, sondern stets und vor allem durch originellen Kampf auszuzeichnen habe. Kaum zwei der 108 großen Helden des Werks kämpfen im gleichen Stil, jeder ist Spezialist an einer für ihn maßgefertigten Waffe. (So gibt es etwa ein Schwert mit einer oder zwei Schneiden, mit einer oder zwei oder gar drei Spitzen, ein kurzes oder langes Schwert, eine Steinschleuder, verschiedene Arten der Morgensterne, Bogen der unterschiedlichsten Stärke, Kampfäxte in vielen Formen, Kampfstäbe aller Gewichtsklassen . . .)

Anders gesagt, die Verfeinerung des kämpferischen Stils, die Pflege martialischer Tugenden wird im Rebellenepos *Shui-hu* als höchstes Kriterium der Persönlichkeitsentfaltung verherrlicht. Aber diese chinesischen Romanklassiker, wir sagten es ja schon, bedeuten dennoch nicht entfernt das Lob irgendeiner Ritterehre. Man beachte: Der kriegerische Habitus wird ausnahmslos jedem einzelnen Helden des *Shui-hu* zugeschrieben, gleichgültig ob es sich nun wirklich um einen Soldaten oder aber um einen Mönch, einen taoistischen Adepten, einen Schankwirt oder einen Schulmeister handelt. Das ist möglich, weil die hier gefeierten martialischen Tugenden längst nicht mehr direkte Spiegelung der Wirklichkeit und auch nicht die Projektion eines künftigen Ideals sind, sondern ganz eindeutig die literarisch-fiktive Kompensation der herrschenden psychisch-sozialen Verhältnisse.

Nicht reale, historisch gewachsene Martialität, sondern kompensatorisch exaltierte Männlichkeit – diese Diagnose wird eindrucksvoll bestätigt, wenn wir die im *Shui-hu* erfolgende kategorische Abwertung des Weiblichen, die pauschale Verteufelung der Frau in Betracht ziehen. Von drei Ausnahmen abgesehen – die keine Ausnahmen sind, weil es sich durchwegs um waffentüchtige, also männlich sich bewährende Amazonen handelt –, von diesen scheinbaren Ausnahmen abgesehen, spielen alle im *Shui-hu* irgendwie näher charakterisierten Frauen grundsätzlich verderbliche oder verwerfliche Rollen. Sie erscheinen als Verräterinnen, Ehebrecherinnen, Giftmischerinnen, Erpresserinnen, Verleumderinnen, Mörderinnen und werden alle das Objekt männlicher Racheakte.

Wem das Weib als etwas so Schlechtes und Minderwertiges, ja zumeist geradewegs als die Verkörperung des Bösen erscheint, der muß natürlich jeden intimen Kontakt, jede geschlechtliche Vereinigung mit einem solchen Wesen als regelrechte Entehrung, als Schwächung der Männlichkeit empfinden. Und tatsächlich, die Helden des *Shui-hu*, die sengen und rauben, die in Bächen von Blut waten, die prassen und saufen, daß sich die Tische biegen, leben in geschlechtlicher Hinsicht enthaltsam wie Asketen oder wie muffige und frustrierte Sittenrichter. Typisch und aufschlußreich ist folgende Szene (73/1229):

Auf einer Reise hat Li K'uei mit einem Begleiter in einem Weiler um ein Nachtlager gebeten. Der Hausherr, der den Li K'uei für einen taoistischen Meister hält, weil er zufällig ein Haar in zwei Knoten aufgebunden hatte, offenbart ihm bald eine Sorge, die ihn schwer drückt: Seine zwanzigjährige Tochter, das einzige Kind des Hauses, sei seit einem halben Jahr von einem Dämon besessen, so daß sie seither ihr Zimmer niemals mehr verläßt, sondern sogar ihre Mahlzeiten darin einnimmt. Und wenn jemand versuche, bei ihr einzudringen, so werde er mit Steinwürfen und fliegenden Ziegeln empfangen. Li K'uei ist von der Geschichte nicht sonderlich beeindruckt, verspricht aber dem Alten, daß er diese Nacht den Dämon fangen werde – vorausgesetzt, daß man ihm selbst erst einmal ausreichend zu essen und zu trinken schaffen wird.

Nachdem er also große Teile eines Schweins und eines Schafs gegessen und zehn Kannen Wein getrunken hat, fragt er den Hausherrn: „Also willst du wirklich, daß ich den Dämon fange? –

Dann schick mir jemand, der mich zur Wohnung deiner Tochter führt". Der Alte antwortete: „Jetzt ist aber gerade der Geist darin. Da hagelt es nur so Steine und Ziegel. Wer würde sich da trauen mitzugehen?„ Li K'uei ergreift also seine beiden Breitäxte, heißt einen Mann ihm von weitem mit einer Fackel leuchten und stapft mit großen Schritten auf das Gebäude zu. Darin brennt gedämpftes Licht. Li K'uei blickt hinein und sieht einen jungen Mann, der eine Frau umfangen hält und mit ihr plaudert. Li K'uei bricht mit einem Fußtritt die Tür auf, wobei seine wildgeschwungenen Äxte sogleich auf etwas treffen, das blitzt und kracht. Als er genauer hinblickt, sieht er, daß es die Lampe gewesen ist. Dann wird der junge Mann, der sich zu fliehen anschickt, mit einem Axthieb niedergeworfen. Jetzt kriecht die Frau hastig unter das Bett. Li K'uei schlägt dem jungen Mann mit einem Axtstreich den Kopf ab und stellt ihn auf das Bett. Dann klopft er mit der Axt an das Bettgestell und ruft: „Weib! Jetzt schnell da unten raus! Sonst hau' ich dich mitsamt dem Bett in Stücke!" Sogleich schreit sie: „Schone mich nur, ich komme schon!" Als sie den Kopf hervorsteckt, packt er sie bei den Haaren, schleift sie zu der Leiche und fragt: „Wer ist der Kerl, den ich da erschlagen hab'?" Das Weib antwortete: „Der junge Wang, mein heimlicher Liebhaber". Li K'uei fragt weiter: „Die Ziegel, das Essen, woher hast du die?" Das Weib antwortet: „Ich hab' ihm das Geld aus meiner Aussteuer gegeben; er hat dann die Sachen immer um Mitternacht über die Mauer hereingeschafft". Da sagt Li K'uei: „So ein schmutziges Weib! Wozu könntest du noch taugen!", zerrt sie zum Bett und haut ihr mit einem Axtstreich den Kopf ab.

Daß in China das Weibliche, unbeschadet aller idealen Philosophie, sehr oft als eine Gefahr für die Männlichkeit, die Frau als eine Bedrückung des Mannes, als eine Tyrannin gesehen wurde, davon geben nahezu alle großen Romanklassiker Chinas beredtes Zeugnis. Hinter der Fassade der konventionellen Anpassung war in China zu allen Zeiten – ist es wahrscheinlich noch heute – das Verhältnis der Geschlechter ein überaus gespanntes und kritisches, sich zuspitzend zu der Alternative: die Frau als Herrin oder Sklavin. Die taoistische Betonung der weiblich-hingebungsvollen, reaktiven Haltung, der Akzent, den der chinesische Buddhismus auf irrationale, d.h. also emotionale Disziplinierung legte, und nicht zu vergessen das seit dem 12. Jahrhundert vom Konfuzianismus in den Vordergrund gerückte Ideal von Maß und Mitte (*chung-yung*), sie alle begünstigten, ja forderten auch beim Mann eine spezifisch weibliche Bewußtseinshaltung. Anders gesagt, unter dem überwältigenden Druck einer philosophisch-ethischen Konvention fand in China eine Überlagerung des männlichen Habitus durch weibliche Verhaltensweisen und als Folge davon oft eine Überlagerung des weiblichen Habitus durch typisch männliche Funktionen statt — was äußerlich im sozialen Verhalten durch regelrechte Umpolungen in der Rolle der Geschlechter sichtbar wird.

Die in der chinesischen Literatur ungewöhnlich zahlreichen Amazonenfiguren (auch im *Shui-hu* finden wir deren drei), die im chinesischen Alltagsleben auffallend häufig — übrigens auch unter den Auslandschinesen — anzutreffenden Frauen, die selbständig und aus eigener Initiative ein Geschäft führen, zeigt uns dies für die Frau. Die vollzogene Verwandlung der männlichen Rolle hingegen illustriert sehr eindrucksvoll eine Episode, welche die intime Chinakennerin Pearl S. Buck in ihrer Autobiographie berichtet. Ein chinesischer Beamter, mithin ein Angehöriger der Bildungselite, wird in der Nacht durch ein Geräusch aus dem Schlaf geweckt. Er nimmt an, daß Einbrecher in das Haus gedrungen sind. Sofort weckt er seine Frau, damit sie nach dem Rechten schaue. Denn niemand kann erwarten, daß er als gebildeter Mann jene Art von elementarer Courage entwickelt, die zum Vertreiben von Einbrechern notwendig ist.

Wenn wir bedenken, daß *Shui-hu* als klassischer Volksroman zwar seine Motive aus der Alltagserfahrung des chinesischen Volkes bezog, daß es seinen literarischen Schliff und seine moralische Patina jedoch von sensiblen Literaten empfangen hat, so bleibt uns kaum noch Raum zu zweifeln, daß auch die übrigen der seltsamen Verwerfungen im Ehrenkodex der in diesem Werk gezeichneten Rebellen die Folge der Überkompensation einer sich minderwertig fühlenden Männlichkeit sind. Im einzelnen: die Verengung des konfuzianischen Grundpostulats der Rechtlichkeit (*i*), die hier eigentlich nur die unbedingte Freundschaft oder Nibelungentreue zwischen den „wackren Typen" bedeutet, die Selbstlosigkeit und Opferbereitschaft, derer hier nur die „wackren Typen" fähig und würdig sind, und nicht zuletzt die grausamen Metzeleien und sadistischen Racheakte, durch welche die Schwurgemeinschaft der Männer mit den starken Nerven von Zeit zu Zeit neu erprobt und besiegelt wird.

Die Chinesen wären nicht die Realisten, die sie sind, hätten sie nicht die Lebensfeindlichkeit und Sterilität bemerkt, die sich in einer so übersteigerten und verkrampften Haltung äußert. Also kann diese Haltung nicht als Norm aufgerichtet oder auch nur von einem Einzelnen dauernd beibehalten werden. Der Ausweg, der aus dem Dilemma zwischen Resignation gegenüber den Verhältnissen oder krampfhaft kämpferischer Selbstbestätigung herausführt, wird auch im *Shui-hu* in mehreren eindrucksvollen Szenen angedeutet. Wir sagen ‚auch', weil dieses Thema in fast allen klassischen Romanen Chinas in irgendeiner Weise anklingt. Es ist der Entschluß, in bewußter Selbstbeschränkung die eigene Persönlichkeit zu bilden, um zur rechten Zeit der menschlichen Gemeinschaft dienen zu können (*Hsiu-shen tai shih* in *Ju-lin wai-shih*). So treffen wir also in einem Werk, das unter den Klassikern der chinesischen Literatur, wenn nicht in der Realistik, so gewiß nach der Zahl der Szenen brutaler Gewalt, niederträchtigen Betrugs und sadistischer Rache nicht seinesgleichen hat, auch dieses mit wenigen meisterhaften Strichen gezeichnete Stimmungsbild (90/1471 f):

Zwei Helden des Romans besuchen das Gehöft des einen: „Hsü Kuan-chung sagte: ‚Dies hier ist mein abgeschiedenes Zuhause. (...) Kuan-chung seihte einen Becher ab und reichte ihn dem Yen Ch'ing mit den Worten: ‚Du bist jetzt hier meiner Einladung gefolgt. Aber wie sollten meine dörfischen Mahlzeiten taugen einen Gast zu bewirten'. Yen Ch'ing gab dankend zurück: ‚Wer bin ich, dir solche Ungelegenheiten zu machen?' Nach einigen Bechern erhellte vor dem Fenster der Mond die Landschaft deutlich wie bei Tag. Yen Ch'ing schob das Fenster wieder auf und blickte hinaus: Alles erschien in wiederum anderer Weise schön und erhaben: Die Wolken verflüchtigt zu leichtem Dunst, der Wind beruhigt, der weiße Mond, im klaren Bach glitzernd und das Abbild der Berge im Wasser spiegelnd, warf Licht ins ganze Zimmer. Yen Ch'ing brach in immer neue Ausrufe der Bewunderung aus und sagte schließlich: ‚Vor langer Zeit, in der Präfekturhauptstadt Ta-ming, da hatten wir den allerinnigsten Umgang. Seit du aber die Militärprüfungen bestanden hattest, haben wir uns nicht mehr gesehen. Inzwischen hast du dieses gute Zuhause gefunden. Wie vollkommen schön hier alles ist! Sehe ich dahingegen mich an, bald nach Osten marschierend, bald nach Westen stürmend, wann gibt es für mich nur einen Tag der reinen Muße?' Kuan-chung warf lachend ein: „Sung Chiang und seine Führer sind Helden, die in dieser Zeit so sehr alle anderen überstrahlen, daß man sie gar für Verkörperungen von Sternbildern hält. Gerade haben sie mit ihrer Macht die mächtigen Barbaren niedergeworfen. Indessen hause ich hier einsam im wilden Gebirge. Wie könnte ich nur entfernt mich mit dir messen. Im übrigen entspricht mein Wesen so gar nicht den Erfordernissen der Zeit. Allenthalben sieht man, wie korrupte Beamte die Macht an sich ziehen und das Licht des Herrschers verdunkeln. Deshalb steht mein Sinn nicht nach Karriere und Beförderung, sondern ich bin scheinbar ziellos im Lande umhergezogen, habe verschiedene Plätze kennengelernt und darüber meine aufmerksamen Beobachtungen gemacht'".

Die chinesischen Revolutionen unseres 20. Jahrhunderts, im Grunde die Revolution Mao Tse-tungs, die, wie wir wissen, zwar das *Shui-hu* als historisch-literarisches Exempel einer Volksrevolution interpretierten, haben dennoch dem in diesem Werk entfalteten Ehrenkodex für die Gegenwart und Zukunft keine Verbindlichkeit zuerkannt. Ob der in China kultursoziologisch bedingt extreme Antagonismus der Geschlechter in der neuen Ordnung tatsächlich entspannt ist oder aber nur überdeckt wurde, ist eine Frage, die sich erst aus einigem zeitlichen Abstand wird mit Sicherheit beantworten lassen.

DAS CHINESISCHE THEATER UND SEIN PUBLIKUM

Heute, wo weltweit Fernsehen und Motorfahrzeuge auch in die entlegenste Bauernhütte Eingang finden, wo die zweckmäßige Gleichförmigkeit internationaler Flughäfen und internationaler Hotels durch lokaltypische Dekors nur oberflächlich aufgelockert wird, ist das chinesische Theater eine der wichtigsten unter jenen Attraktionen, welche die Touristenwerbung als „Exotik des Fernen Ostens" anpreist. Dessen ungeachtet nimmt der westliche Tourist – und nicht nur dieser – aus dem Besuch einer klassischen chinesischen Theateraufführung einen höchst vordergründigen und zufälligen Eindruck mit. Denn abgesehen von der Barriere der Sprache, den Unzulänglichkeiten der Fremdenführer (die oft selbst nicht wissen, was auf der Bühne gespielt wird), unterscheidet sich das chinesische Theater nach Geschichte, Form und Intention sehr einschneidend vom europäischen Theater.

Ein direkter und enger Zusammenhang zwischen Theater und Kult ist in der Geschichte aller Kulturen feststellbar. Aber während im Abendland die Trennung dieser beiden Bereiche zwar langsam, aber nahezu vollkommen gedieh, erfolgte sie in China in der Form früh und radikal, nach moralischer Absicht und Praxis hingegen blieben in China Theater und Kult bis zur Gegenwart verschwistert.

Das klassische chinesische Theater – für das die sogenannte Peking-Oper nur eine besonders typische und besonders verbreitete Variante ist – erhielt seine entscheidende, bis heute gültige Ausformung in der Yüan-, zum Teil auch noch in der Ming-Zeit, d.h. im 13. und 14. Jahrhundert unserer Zeitrechnung. Ganz äußerlich hat es mit unserem Singspiel oder unserer Operette Ähnlichkeit, insofern darin gesprochene Passagen mit Rezitativen und Arien abwechseln. Damit endet aber auch schon die Vergleichsmöglichkeit. Die chinesische Theatermusik ist – wie alle anderen Elemente dieser Kunstform – weitgehend ritualisiert und formalisiert. Sie ist niemals das Produkt irgendeines berühmten Komponisten, sondern das Ergebnis einer über Jahrhunderte fortgeführten Aufführungstradition, deren jeweilige Eigenart allein aus regionalen und familientraditionellen Besonderheiten resultiert: Von Gegend zu Gegend und von Schauspielertruppe zu Schauspielertruppe wurden und werden bestimmte Melodien oder Aufführungspraktiken bevorzugt gepflegt, andere zurückgewiesen.

Die chinesische Theatermusik ist im wesentlichen Programmmusik, thematische Musik: Bestimmten Handlungen, Gefühlen, Absichten der auf der Bühne agierenden Figuren sind streng und zwangsläufig bestimmte musikalische Klangbilder, Leitmotive zugeordnet. Erzeugt werden diese Klangbilder überwiegend von Schlaginstrimenten: Trommeln, Gongs, Pauken, Glocken, Schlagbrettern, Rasseln, zu denen sich in einem vollständigen Orchester noch Trompeten und Fiedeln gesellen. Bei kleinen Aufführungen in Häusern oder Tempeln, bei improvisiertem Straßentheater genügt oft eine Trommel und ein Gong als musikalische Begleitung. Aber selbst in den raffiniertesten Aufführungen renommierter Schauspieltruppen oder in Film und Fernsehen bleibt die chinesische Theatermusik stereotype Gebrauchsmusik: Sie bedient sich der gleichen Instrumente und beschränkt sich auf die nämlichen Motive und Klangbilder, die auch bei religiösen Zeremonien, Familienfeiern, politischen Amtshandlungen und bei Volksfesten zu hören sind. Die solistische, virtuose Kunstmusik, die in China vor allem auf Laute und Zither erzeugt wird, hat als Begleitung des klassischen chinesischen Theaters keinen Platz, keine Funktion.

Aber nicht nur ist die Musik des klassichen chinesischen Theaters Gebrauchsmusik, das ganze Theater selbst ist Gebrauchstheater. Theateraufführungen haben in China nicht den Charakter entweder festlicher und sakraler Anlässe oder moralische Lektionen oder unbeschwerter und heiterer Kurzweil, sondern sind stets gleichzeitig all diese Dinge. Das müssen wir uns gegenwärtig halten, wenn wir des besseren Verständnisses halber trennend betrachten, was im Grunde zusammengehört, also:

Erstens, das chinesische Theater ist festlicher und sakraler Anlaß. Kein chinesisches Fest, aber auch kein Amts- oder Geschäftsjubiläum, das, sofern es die Mittel des einzelnen oder der Gemeinde erlauben, nicht erst durch die Aufführung von Sing- und Puppenspielen seinen rechten Glanz erhielte. Unerläßlich jedenfalls sind bis heute solche Aufführungen an allen Festen des chinesischen Kalenders, darüber hinaus an den Festtagen der lokalen Gottheiten, nach Bitt- und Dankesprozessionen. Denn nach chinesischer Überzeugung sind Feste vor allem dazu da, die Verbindung zwischen den Göttern und den Menschen, aber auch zwischen den Menschen untereinander zu erneuern, zu bekräftigen, zu beleben. Haß trennt, Freude verbindet. Und nichts schafft und bekräftigt Verbindung, Kommunikation zwischen Mensch und Mensch und zwischen Menschen und Göttern leichter und gewisser als die gemeinsame Freude bei theatralen Aufführungen.

Der Bezug zum Sakralen wird dabei unaufdringlich, doch unübersehbar hergestellt, indem überall dort, wo heute die Kulte blühen, in der gesamten chinesischen Diaspora Ostasiens, in Singapur, Malaysia, Indonesien, aber auch in Hongkong und Taiwan, die Theaterbühnen einem Tempel – oder, bei einmaligen Festen, ein provisorischer Tempel der provisorischen Theaterbühne zugeordnet sind. Bühne und Hauptaltar bilden die beiden gegenüberliegenden Pole einer gemeinsamen Achse: Kein namhafter Tempelbezirk ohne die zugehörige Theaterbühne oder zumindest ohne den Raum für eine solche Theaterbühne. Aber auch dort, wo diese Kulte infolge einer „Säkularisierung" des öffentlichen Lebens untergetaucht oder geschwunden sind, stehen die Theateraufführungen unter zeremoniellem Vorzeichen: Man rezitiert zunächst Aussprüche Mao Tse-tungs oder spielt die Nationalhymne ab, wobei sich das Publikum von den Sitzen erhebt.

Zweitens, das chinesische Theater ist moralische Lektion, es ist eine moralische Anstalt. Wer die Geschichte der Bewegung betrachtet, die zur Errichtung der chinesischen Volksrepublik geführt hat, ist frappiert von der überragenden Rolle, welche dort seit den Anfängen bis heute das politische Volkstheater bei der Erziehung und Umformung des Allgemeinbewußtseins spielte und weiterhin spielt. Allerdings ist die Annahme, solche Politisierung, Aktualisierung, Zeitnähe, Direktheit, penetrant moralisierende Absicht sei eine neue und uneigentliche Verkehrung und Vergewaltigung der künstlerischen Intentionen des chinesischen Theaters, ist ebenso ein Irrtum wie die Behauptung oder Meinung, das klassische Theater sei volksfern, verstaubt, elitär gewesen.

Dieser Umstand verdient Beachtung. Zunächst einmal die unverblümt moralisierende Absicht. 1972 fragte uns in Taipei ein hoher Verwaltungsbeamter, der in Amerika seine Ingenieurs- und wirtschafts-wissenschaftliche Ausbildung erhalten und gewiß nur noch das allerlockerste Verhältnis zu den Traditionen seiner Kultur hatte, worin wir denn wohl den wesentlichen Unterschied zwischen chinesischem und westlichem Theater sähen. Auf unsere Entgegnung, wir wollten eigentlich seine Meinung dazu hören, sagte er: „Das westliche Theater verherrlicht die Leidenschaften, das chinesische Theater verherrlicht die Moral". — Auch wenn dieser klischeehafte Ausspruch der Nuancierung und Einschränkung bedarf, er verrät doch, daß auch der nur wenig gebildete Chinese sich der moralisierenden Absicht des Theaters sehr wohl bewußt ist. Daß solche Absicht nicht nur unterstellt, nicht nur akzeptiert, sondern geradezu erwartet und gefordert wird, erklärt sich aus dem Stoff der Stücke und aus seiner Darbietung.

Die Figuren des chinesischen Theaters erscheinen in zweifacher Weise gegenüber dem Publikum überhöht oder abgesetzt: nach ihrem Rang und nach ihrer zeitlichen Entfernung. Auf der Bühne agieren die Schauspieler (oder seltener die Puppen) in historisch stilisierten Gewändern als Kaiser, Minister, Beamte, Generale; auch als Soldaten, Zauberer, Mönche, Bauern, Fischer, Holzfäller, Diener und Mägde, Matronen und junge Mädchen ... Diese Kleidung der Schauspieler ebenso wie ihre äußerlichen Attribute, ihre Gesichtsbemalung, Bewegungsweise, Diktion folgen Kanones, die seit 600 und mehr Jahren kaum verändert wurden und mit denen sich jeder Chinese ohne Rücksicht auf seine formale Bildung von frühester Kindheit an allmählich und gründlich vertraut machen konnte — bei den überall gefeierten, sich alljährlich wiederholenden Festen und ihren Theateraufführungen. Denn, dies muß hier eingeflochten werden, der Besuch von chinesischen Theatervorstellungen war früher grundsätzlich, ist auch heute noch gemeinhin gratis. Die Kosten der Aufführungen werden von den Veranstaltern eines Fests, von den Behörden oder von einzelnen Mäzenen getragen. Deshalb mochte in der Vergangenheit der größte Teil der Bevölkerung — die Frauen, Bauern, Diener, Handwerksgehilfen — zwar vom Zugang zu formaler Bildung und die Ärmsten — die Bettler und Tagelöhner — auch vom Zugang zu den Fleischtöpfen ausgeschlossen gewesen sein, auf das Theater brauchte niemand zu verzichten. Für sie, für die große Mehrzahl der Chinesen war es die einzige Bildungsinstitution. Als solche taugte es nicht zuletzt dank der besonderen Auswahl und Darbietung der dramatischen Stoffe.

Nahezu das gesamte Repertoire des klassischen chinesischen Theaters besteht aus Stoffen, die außer in ihrer Bühnenfassung gleichzeitig in Form — ebenfalls klassischer — Romane und Novellen verbreitet sind. Denn jene (die Romane und Novellen) wie diese (die Theaterstücke) verkörpern die parallelen Zweige einer Tradition, die seit gut 2 000 Jahren zunächst von den berufsmäßigen Geschichtenerzählern auf Straßen und in Kneipen weitergetragen, vielleicht sogar begründet wurden und an die auch heute, wie immer wieder im Verlauf der Jahrhunderte, die offiziellen Mythenschmiede der verschiedenen chinesischen Regierungen anzuknüpfen versuchen.

Diese Tradition umfaßt die Taten und Figuren aus der *Geschichte der Drei Reiche*, die *Gesta des Kaisers Yang der Sui-Dynastie*, die denkwürdigen Geschehnisse unter den Herrschern der Han-, T'ang- und Sung-Zeit; ferner die Heroen- und Göttergestalten aus der *Ausgeschmückten Geschichte von der Belehnung der Genien* (s.o. S. 140ff) ein halbes Dutzend klassischer Liebespaare, den T'ang-zeitlichen Mönch Hsüan-tsang (Tripitaka) und vor allem seinen unverwüstlichen Mitstreiter, den Steinernen Affen Sun, zusammen mit der ganzen Götter- und Dämonenschar aus der *Reise nach dem Westen;* und nicht zu vergessen die pikaresken Abenteuer von Sung Chiang und seinen 107 Gefährten, (s. o. S. 150–182) jener Räuberschar vom Liang-shan See, in deren Taten schnöde Eigensucht und aufopfernde Treue in so seltsamem Nebeneinander erscheinen.

Die andauernde Beliebtheit dieser Stoffe und ihre nachhaltige bewußtseinsbildende Wirkung rührten einmal aus dem Sinn für ursprüngliche Echtheit und Lebensnähe, mit dem sie von den Geschichtenerzählern ersonnen und durch welche sie über Dutzende von Generationen hinweg tief in die Erinnerung der Chinesen gesenkt wurden; zum anderen aus der fortgesetzten Aktualisierung und Anpassung der Stoffe an lokale und gegenwärtige Verhältnisse durch zeitgenössische Bearbeiter oder im Verlauf der dramatischen Aufführungen. Wenn deshalb vor einigen Jahren in der Volksrepublik China die klassische Figur des Chu Ko-liang — eines Ministers der Chu-Han-Dynastie im 3. Jahrhundert unserer Zeitrechnung — als Vertreter der unterdrückten Intellektuellen interpretiert wurde, wenn man in Taipei in Stücken, deren Handlung ursprünglich im 12. Jahrhundert spielte, einzelne Figuren plötzlich die Schwierigkeiten auf den Provinzbahnhöfen glossieren läßt, so sind dies nicht politische Verballhornungen und alberne Anachronismen, sondern vielleicht etwas gewaltsame, aber dennoch dem Stil des chinesischen Theaters durchaus gemäße Anknüpfungen an das heutige Leben.

Ein weiteres Element der Popularität des klassischen chinesischen Theaters ist seine Sprache. Zwar sind die Bühnenstücke in einer gehobenen Umgangssprache, die Arien oft gar im poetischen Stil geschrieben. Oder richtiger, die wichtigsten Protagonisten, die gelehrten Beamten sprechen in einer solchen Sprache. Aber nicht nur waren und sind die Stücke, je nach der Gegend, in der sie aufgeführt werden, von den dort beheimateten Truppen deren dialektalen Eigenheiten angepaßt; es fehlen auch kaum jemals in einem Stück jene Rollen der naseweisen, vorlauten Diener, Mägde und Einfältigen usw., die im reinsten Patois gespielt werden müssen.

Nicht zuletzt trägt die Lebensweise der Schauspieler selbst noch ganz entscheidend zur Volksnähe des klassischen Theaters bei. Die chinesischen Schauspieler sind, unbeschadet der hohen künstlerischen und technischen Anforderungen, die ihr Beruf stellt, oft genug ihre eigenen Impresarios und Dienstboten. Mehr als einmal haben wir beobachtet — etwa in Singapur oder auf Taiwan (nicht in der Volksrepublik China) — wie die Männer und Frauen einer Truppe in der Gluthitze des frühen Nachmittags in einer Straße oder auf einem Dorfplatz die Bühne errichteten, auf der sie am gleichen Abend spielen würden. Bis heute ist es so, daß die chinesischen Schauspieler nicht bildlich gesprochen, sondern buchstäblich einen Großteil ihres Lebens auf der Bühne zubringen — wie folgende typische Erlebnisse aus dem Jahre 1972 bezeugen, die wir im Dorf Lam (Lin) in den New Territories bei Hongkong hatten.

Das Dorf Lam für sich mochte kaum an die 300 Einwohner zählen. Man veranstaltete ein Dankesfest für die Lokalgottheit, das sich über fünf aufeinanderfolgende Tage erstrecken sollte. Außer den an jedem dieser Tage zu vollziehenden kultischen Handlungen, den Opfern, Prozessionen, Messen und Tänzen fanden den Festessen und — selbstverständlich kostenlose — Theateraufführungen hoher Qualität statt. Zu diesem Zweck hatte man auf dem Dorfanger ein gewaltiges, aber provisorisches Theatergebäude errichtet aus roh behauenen Holzstangen, die mit Hanfseilen zusammengebunden waren, aus schlichten Brettern und Blechtafeln und aus Reismatten zur Dachbedeckung. Abfallende Sitzreihen konnten mehr als tausend Zuschauern Platz bieten, und auf einer etwa zwanzig Meter breiten Bühne ließen sich prächtige Palastszenen, wildes Schlachtengetümmel, intime Familienbilder und ländliche Idyllen gleichermaßen gut in Szene setzen. Unterhalb der Bühne und in einem dahinter liegenden, mit Matten verkleideten kleinen Anbau waren die Schmink- und Umkleidekabinen der Schauspieler, zugleich die Räume, in welchen die Kisten mit den Kostümen und sonstigen Requisiten und mit den persönlichen Gebrauchsgegenständen der Truppe untergebracht waren.

Man hatte ein in der Kronkolonie ziemlich bekanntes Ensemble der Kantonesischen Oper (*Yüeh-chü*), also des in südchinesischem Dialekt spielenden klassischen Theaters engagiert, bestehend aus etwa 25 Schauspielern und Schauspielerinnen zwischen 18 und 60 Jahren, darunter vier oder fünf, die des öfteren in festen Theatern und im Fernsehen aufgetreten waren. An jedem der fünf Tage des Fests wurden jeweils zwei Vorstellungen von durchschnittlich dreieinhalb Stunden Dauer und mit wechselndem Programm geboten, so daß also insgesamt zehn verschiedene Stücke aufgeführt werden konnten. Da wir täglich zur Beobachtung des Kults in das Dorf kamen, konnten wir ganz beiläufig auch vom Tagesablauf der Schauspieler ein Bild gewinnen.

Am frühen Morgen, um halb sechs, noch vor Beginn der Dämmerung, lag alles in Stille und Dunkel. Das Dorf selbst hatte keine Straßenbeleuchtung. Aber im kleinen Tempel brannten einzelne Glühlampen. Hell erleuchtet war nur die kleine, in der Achse des Theaters errichtete provisorische Altarhalle. Dort führte ein einzelnes Mitglied der Kultgemeinde die Vigil zu Ende. Einen weiteren hellen Fleck innerhalb der dunklen Silhouetten des Festplatzes bildete die mit dem Arbeitslicht erleuchtete Bühne des nach drei Seiten offenen Theaterbaus. Auf dieser Bühne waren zum Zuschauerraum hin Bahnen ungefärbten Tuchs ausgespannt. Die Bühne so zum Schlafsaal für die weiblichen Mitglieder des Ensembles umgestaltend. Deutlich konnte man in der Nachtstille das Atmen und hin und wieder auch das Schnarchen der in wattierten

Schlafsäcken auf den bloßen Bühnenbrettern ruhenden Schauspielerinnen vernehmen. Die Männer der Truppe hingegen hatten sich in ihren Schlafsäcken an verstreuten Stellen zur Ruhe begeben; auf den Tischen der neben dem Festplatz gelegenen offenen Banketthalle, auf Tischen des Versammlungszimmers im Tempel, auf einigen Tischen in der winzigen Dorfschule. Erst nachdem die schwache Wintersonne — es war November — bereits etliche Grad über den Horizont emporgestiegen war, kam Bewegung in die ruhenden Gestalten. Längst hatten die Laienpriester, Ministranten und Musikanten die Morgenprozession um Dorf und Festplatz absolviert und die vorgeschriebenen Gebete und Litaneien rezitiert, längst hatten die sehr zahlreichen Dorfhunde ihre erste Inspektion des Dorfangers beendet, schon tauchte hier der eine oder andere Garkoch oder Limonadenverkäufer an seinem Stand auf, um seine Bestände zu überprüfen, und hier und dort bewegte sich bereits ein Bauer auf einem Feldweg aus dem Dorf. Auf der in einiger Entfernung am Festplatz vorbeiführenden Asphaltstraße vernahm man auch schon regen Autoverkehr.

Erst jetzt krochen die Schauspieler aus ihren Schlafsäcken, eilten in ihren dünnen Baumwollschlafanzügen entweder zuerst in die Ankleideräume hinter der Bühne oder direkt an den Hydranten, um Wasser für ausführliche Mundspülung und Zähneputz zu holen, oder zu den in einiger Entfernung aufgebauten Latrinen oder zu der zwischen Festplatz und Dorftempel gelegenen offenen Tempelküche, wo inzwischen die obligate Reissuppe auf sie wartete. Es mochte reichlich eine Stunde vergangen sein, ehe alle entweder mit Proben auf oder hinter der Bühne begonnen hatten oder in die etwa fünf Kilometer entfernte Kleinstadt Tai-po zu persönlichen Erledigungen entschwunden waren. Gegen Mittag kam man zu gemeinsamen Mahl in zwanglosen Gruppen hinter der Bühne und in der Bankettshalle zusammen. (Das Essen war gleichfalls in der Tempelküche bereitet worden). Danach mochten sich einige ein Mittagschläfchen leisten: für die meisten begann das umständliche Schminken für den ersten Auftritt gegen halb drei.

Die erste Vorstellung dauerte dann ohne Pause bis nach sechs Uhr. Das Publikum, zunächst überwiegend Bauern- und Fischerfrauen mit ihren Kindern, später auch zunehmend Männer, kam und ging auf den Zuschauerbänken. Aber dennoch war das Theater stets zu mehr als der Hälfte besetzt. Man naschte Eis oder Süßigkeiten, knabberte Nüsse, verzehrte Früchte oder Krapfen, stillte Kinder, rauchte oder schwatzte nach Herzenslust, denn die den meisten Zuschauern bekannte Handlung war von allen Plätzen aus gut zu sehen und die elektronisch verstärkten Stimmen der Schauspieler übertönten nicht nur mühelos die Geräusche auf den Zuschauerbänken und auf dem Festplatz, sondern sie dröhnten noch Hunderte von Metern in die grüne Landschaft hinaus.

Nach der Vorstellung brannte man an der Bühnenrampe ein Weihrauchopfer ab. Während einige Schauspieler ihr Abendessen bei der Küche oder im Bankettsaal verzehrten, hatten sich andere auf abgeräumter, doch hell erleuchteter Bühne um einen zum Dekor gehörenden Tisch gruppiert, zuerst beim Abendessen, dann zu einem entspannenden Dominospiel. Andere waren im Bühnenhaus bereits mit dem Auftragen oder dem Ausbessern ihrer Schminke, mit einer letzten Textlektüre beschäftigt. Auch waren zwischen den Vorstellungen die Zuschauerbänke nicht leer geblieben: alte und junge Besucher, die nach einem Budenbummel ausruhten, mit Freunden schwätzend oder nur neugierig umherblickend, später zunehmend Leute, die nach der Arbeit aus der nahen und weiteren Umgebung auf Fahrrädern, Mopeds und in Autobussen herangekommen waren, um, nachdem sie all den Göttern auf dem Festaltar Weihrauch und vielleicht auch Gebäck oder Fische geopfert hatten, die Abendvorstellung zu sehen. Diese begann gegen 8 Uhr und dauerte bis kurz vor Mitternacht. Aber ein oder zwei Stunden später erst konnten die Schauspieler wieder ihre Schlafsäcke entrollen.

So wie hier sah seit vielen Jahrhunderten, sieht noch heute der Alltag der meisten chinesischen Schauspieler aus. Weiß man das, so erhalten sonst widersprüchliche Informationen ihren realen Hintergrund, etwa: Als in der Volksrepublik China in den 50er Jahren die große Rückbesinnung auf das eigene kulturelle Erbe stattfand, zahllose und sorgfältige Editionen der Repertoirestücke veröffentlicht wurden und das klassische Theater großzügige staatliche Förderung und publizistische Aufmerksamkeit genoß, war einer der konstant wiederholten Vorwürfe gegen das Kuo-mintang-Regime, daß unter seiner Herrschaft die Provinzschauspieltruppen ein Kümmerdasein fristen mußten. Als man wenige Jahre später einige der neugebildeten Theatergruppen, ja selbst Mitglieder der sogenannten Peking-Oper zu Landarbeit und Tourneen auf das flache Land schickte, war in der westlichen Presse von Prostitution der Kunst die Rede. Wir verstehen jetzt, warum der eine wie der andere Vorwurf an der historischen wie der praktischen Wirklichkeit vorbeiging.

Fügen wir hier noch ein, daß das chinesische Theater von jedem einigermaßen guten Schauspieler, auch von jeder guten Schauspielerin dreierlei fordert: a) ein beständiges, oft akrobatisches Körpertraining – zur körperlich richtigen Darstellung der ritualisierten Bewegungstypen und vor allem der obligaten Kampf- und Zauberszenen; b) eine intensive und andauernde Stimmausbildung – zur Interpretation der technisch subtilen Arien und Parlandi; c) ein geschärftes Sprachgefühl und eine anpassungsfähige Vortragsweise – um die bei der Lektüre fast durchweg glanzlosen Texte innerhalb überaus enger Aufführungskonventionen zu leidenschaftlichem Leben zu erwecken. Denn die chinesische Schauspielkunst entfaltet sich auf mehreren künstlerischen wie technischen Ebenen, ein Grund mehr, weshalb sie literarisch Gebildete wie Ungebildete, Leute vom Land wie aus der Stadt gleichermaßen anzusprechen vermag. Denn:

Drittens, wir sagten es schon, das klassische chinesische Theater bietet Unterhaltung, Kurzweil, Ausgleich, Entspannung.

Die abendländische Unterscheidung von Tragödie und Komödie hat für das chinesische Theater keine Gültigkeit. Auch in einem ernsten Stück haben in China humorvolle oder komische Passagen oder Figuren ihren Platz, die den Zuschauern schallendes Gelächter entlocken. Zu vielen Stücken gehören auch die höchst diszipliniert durcheinander und übereinander purzelnden Soldaten und die akrobatischen Schwert- und Stabkämpfe, Szenen, an denen sich Alt und Jung und selbst noch der ausländische Tourist kommentarlos ergötzen können.

Die Kampfszenen deuten indes schon wieder auf einen hintergründigen Aspekt des chinesischen Theaters und offenbaren eine subtilere Ursache seiner Faszination und Wirkung: es ist Kompensation, Surrogat für Dinge, die von der herrschenden Moral nicht geduldet, unter den obwaltenden historischen Bedingungen schlechthin nicht erreichbar sind oder waren. – Die konfuzianische Ethik, aber in gleicher Weise auch Taoismus und Buddhismus hatten seit gut 2 000 Jahren jede Art von Gewaltanwendung, jede Art kriegerischer Maßnahme verurteilt, tabuisiert und damit allmählich eine tatsächliche Abwertung und Entmachtung der Militärs und von allem, wofür diese standen, bewirkt. In gleichem Maße hat der agonale Trieb der Chinesen, außer in bescheidenem Umfang in bestimmten Sport- und Gymnastikarten, am zwanglosesten im Theater eine unerläßliche Ersatzbefriedigung gefunden. Kaum ein Theaterstück, in dem nicht wenigstens eine, dramatisch oft völlig unmotivierte Kampfesszene vorkommt. Und es gibt Stücke, die eigentlich aus nichts als einer ununterbrochenen Aufreihung von Kampfesszenen bestehen. – Schöne Illusion auch war und ist in vielen chinesischen Gemeinschaften noch heute die prächtige Kleidung, die prunkvolle Atmosphäre, in der viele der Hauptfiguren des klassischen Theaters auftreten. Sie gestattet es, dem Einfachsten und Bedürftigsten aus seinem grauen Alltag für einige Sunden in eine Welt von Glanz und Farbe zu entweichen, an den vermuteten überhöhten Gefühlen und Entscheidungen der Reichen und Mächtigen teilzunehmen.

Schließlich ist die Kompensation weiblicher Frustrationen in einer kompromißlos patriarchalischen Gesellschaft nicht zu übersehen, ein Problem, dem in China besondere Brisanz zukam, vielleicht noch zukommt. Wir wissen, daß – ohne dieses Thema nun weiter entfalten zu können – in China die Frau stets größere Schwierigkeiten hat, die von den Philosophen schon früh postulierte Rolle ebenbürtiger Partnerschaft mit dem Mann zu verwirklichen. Ungleich öfter als im Abendland scheint sie entweder in sklavische Unterwürfigkeit oder in aggressive Herrschsucht abzugleiten. Es ist frappierend, wie in der großen Mehrzahl der klassischen chinesischen Theaterstücke demgegenüber Moral und Tugend bei den weiblichen Charakteren, Betrug und Laster hingegen bei den Männern zu finden sind; ebenso, daß der weibliche General, die Kriegerin außerordentlich beliebte und häufige Figuren sind. Kein Zweifel, daß eine solche Tendenz der Stücke den Frauen, denen bis vor zwei Generationen der Zugang zu höherer Bildung ebenso verschlossen war wie typisch männliche Vergnügungen wie Sport und Weinhausbesuch, das Theater geradezu unwiderstehlich anziehend gemacht haben muß. Eben von hier her auch kann heute und in Zukunft das traditionelle chinesische Theater von seinem Kern her fragwürdig werden.

Wir deuteten ja an, daß es bisher in jahrhundertelanger Entwicklung aus den Bedürfnissen des Landes organisch gewachsen, als kulturelle Institution gleichermaßen nachhaltig im städtischen wie ländlichen Milieu wirksam gewesen ist, ja noch immer wirkt. Dennoch, wo das Bedürfnis nach Erbauung, Bildung, Zerstreuung durch andere Einrichtungen nachdrücklicher und massiver wahrgenommen wird, wo gar die sozialen und psychischen Spannungen, deren Kompensation eine wesentliche, wenn auch oft uneingestandene Funktion des klassischen chinesischen Theaters gewesen war, verschwunden, oder richtiger, durch völlig andere abgelöst worden sind, muß das Interesse des Publikums an dieser Kunstform zwangsläufig nachlassen.

In gewisser Weise am vitalsten ist das chinesische Theater als volkstümliche Einrichtung in der Volksrepublik China. In seinen Inhalten dem radikal veränderten Zeitbewußtsein angepaßt, auch in seiner künstlerischen Form behutsam modernisiert, durch verstärkte Heranbildung von Amateurschauspielgruppen in seinen Wurzeln verjüngt, spielt es dort, kaum bedrängt durch Film und Fernsehen, sondern im Gegenteil im Verein mit diesen, wie eh und je die Rolle einer Institution, in der politische und moralische Erziehung und dramatische Kurzweil unlösbar miteinander verquickt sind; einer Institution, die bei allen Alters- und Bildungsschichten Resonanz findet. Wenn Außenstehende beklagen, daß hiermit die alten, die klassischen Bühnenstücke weitgehend der Vergessenheit anheimfallen müssen, so ist zu bedenken, daß hier deren vermehrter Wiederaufnahme – sofern dafür Interesse besteht – jetzt und in Zukunft weniger im Wege steht als andernorts. Denn die technisch-interpretatorischen Voraussetzungen bleiben ja nicht nur erhalten, sie werden fortentwickelt und in jüngere Generationen weitergetragen.

Die Volksrepublik China bildet allerdings insofern einen Sonderfall, als dort heute, wie unter der konfuzianischen Staats- und Gesellschaftsordnung, eine im großen und ganzen einheitliche Moral verkündet wird, eine Moral, auf die alle Bildungsmedien, Schule, Funk, Film und Fernsehen ebenso wie das Theater, gleichermaßen verpflichtet sind. Anders in allen übrigen Ländern Ostasiens, wo zwar nicht offiziell, doch in der Praxis das Platz greift, was man moralischen Pluralismus nennt. Die Folgen für das traditionelle chinesische Theater lassen sich am extremen Beispiel Taipeis stellvertretend für alle anderen Gemeinschaften chinesischer Zunge eindrucksvoll darstellen.

Taipei, mit heute nahezu zwei Millionen Einwohnern, ist die Hauptstadt der Provinz Taiwan und, wie man heute immer zögernder sagt, die Hauptstadt der Republik China. An Festtagen trifft man auch dort in vielen Stadtteilen noch Puppen- und Schauspielbühnen an, die die klassischen Stücke in künstlerisch eher anspruchsloser Weise darbieten. Aber einigermaßen regelmäßige Aufführungen des klassischen Theaters gibt es nur in dem Kunstzentrum der Nationalarmee, in dem etwa drei Dutzend Spitzenkräfte des klassischen Stils ein mehr oder weniger festes Auskommen haben und, zusammen mit Talenten aus den drei Waffengattungen in den Nebenrollen, ein anspruchsvolles, im besten Sinne klassisches Programm bestreiten. Diese Bühne ist heute nicht nur in Taipei, nicht nur auf Taiwan, sondern außerhalb der Volksrepublik China überhaupt die einzige verbleibende Stätte, an der, regelmäßig von den besten Schauspielern dargeboten, das klassische Repertoire des chinesischen Theaters zu sehen ist.

Wie ist es möglich, daß eine Kunstform, die mit Recht als eines der Glanzlichter der viertausendjährigen chinesischen Kultur gepriesen wird, in der Millionenstadt Taipei nur an einer einzigen Stelle, und in der gesamten volkreichen chinesischen Diaspora Ostasiens und Amerikas überhaupt nicht mehr in anspruchsvoller Weise gepflegt wird? Wir deuteten die Gründe bereits an. Im alten China war das Theater nicht irgendeine kulturelle Institution, sondern es übertraf alle anderen, die Schulen wie die Kulte, in der Katholizität seiner Ausstrahlung als Anstalt moralischer Bildung und historischen Bewußtseins. Heute, nein schon seit zwei Generationen, sind, politischen Lippenbekenntnissen zum Trotz, die Werte der traditionellen Kultur fragwürdig, ja unerheblich geworden. Alle Schulen, alle Medien vermitteln Wissen, das mit der kulturellen Tradition Chinas nichts mehr zu tun hat, und zwar je höher die Schule umso konsequenter die Abkehr. Für die mittlere, erst recht für die junge Generation der Chinesen auf Taiwan, in Hongkong und Singapur sind die Titel der klassischen chinesischen Romane, sind die Gestalten des chinesischen Theaters wenig mehr als leere Namen, mit denen sie nichts assoziieren kann. Die Schule führt nicht an das Theater heran, sondern vom Theater weg.

Hinzu kommt die Konkurrenz von Film und Fernsehen. Das klassische Theater entsprach der weichen, weiblichen, pädagogisch förderlichen, konzilianten Seite der volkstümlichen Erzähltradition, der klassische Roman hingegen der harten, männlichen, ja misogynen, oft hintergründigen, gedanklich spröden, aggressiven, ja brutalen Seite dieser Tradition. Aus guten Gründen sollte letztere nur auf die Phantasie überwiegend männlicher Leser wirken und war niemals dramatisiert worden. Aber seit einigen Jahren hat sich Hongkong, das chinesische Hollywood, der Romantexte angenommen. Während auf der Bühne die Kämpfe Demonstrationen atemberaubender Geschicklichkeit und präziser Körperbeherrschung waren, zeigt der Film sie als Orgien der Blutrunst, als sadistische Metzeleien. In den Kinos, vor allem aber im Fernsehen, treten zu diesem Unterhaltungsangebot die Streifen amerikanischer Provenienz, Crime in jedem Fall, Crime und Sex, wenn immer möglich.

Zu solchen Verlockungen ist die klassische Dramatik kein Gegengewicht. Wer nach Einkommen und Ausbildung glaubt, sich eine niveauvollere Unterhaltung schuldig zu sein, begibt sich in jene Kümmerform der Oper, in die Music Hall. Dort wechseln bis an die Schmerzschwelle elektronisch verstärkte Gesangsdarbietungen hübscher, züchtig gekleideter, mit psychedelischem Licht angestrahlter junger Mädchen ab mit völlig harmlosen kabarettistischen Einlagen im Stil des klassischen Theaters. Das Publikum dieser Vorstellungen besteht ganz überwiegend aus der neuarrivierten Intellektuellenschicht, aus Ingenieuren, Ärzten, Verkaufsmanagern, Facharbeitern und ihren ganzen Familien.

Gewiß, die gleichgültige Preisgabe alter Kulturtraditionen oder, vielleicht richtiger, ihr bedenkenloser Konsum, ihr Verbrauch, ist ein weltweites Phänomen. Aber selten sieht man dieses Aufzehren eines Kulturerbes so lehrstückhaft demonstriert wie in dem erwähnten Kunstzentrum der Armee in Taipei. Eintrittskarten können gekauft werden. Sie kosten etwa den Preis eines billigen bis mittleren Mittagessens. Allerdings, die besten Plätze, 400 bis 500 Sitze im vorderen Parkett, sind nicht im freien Verkauf. Allabendlich wiederholt sich deshalb im Zuschauerraum das gleiche Schauspiel. Bei Beginn der Vorstellung, um halbacht, ist der Rang und das hintere Parkett dicht besetzt mit zahlenden Zuschauern, das vordere Parkett fast leer. Auf der Projektionswand neben der Bühne erscheinen die Worte: „Die Nationalhymne! Erheben Sie sich ehrfurchtsvoll!" Aus den Lautsprechern ertönt ein Geräusch, hinter dem man die beim Bau des Theaters vor 25 Jahren angeschaffte und seither benützte Schallplatte der Nationalhymne vermuten darf. Danach erlischt das Licht, die Bühnenmusik setzt ein, der Vorhang öffnet sich. Es dauert eine Stunde und länger, ehe die vorderen Reihen sich einigermaßen gefüllt haben. Oft sind einige der wichtigsten Szenen schon vorüber. Während der Pause sieht man, wer gekommen ist: Minister und Staatssekretäre, aktive vor allem pensionierte Generale, Oberste, mit und ohne ihre Frauen, hohe und mittlere Beamte aller Art, ausnahmslos zwischen fünfzig und achtzig Jahren, also die privilegierten Vertreter jener Generationen, die sich 1949, mit Kunstschätzen und Pretiosen beladen, unter dem Schutz der Kanonen der 7. amerikanischen Flotte nach Formosa begeben hatten, um dort das jahrtausendealte kulturelle Vermächtnis Chinas vor dem Zugriff der „kommunistischen Banditen" (*kung-fei*, so bis heute die offizielle Sprachregelung) zu retten. In einem Theater mit etwa 1 200 Sitzen erblickt man auf den Plätzen der zahlenden Besucher zwei bis drei Kinder, vielleicht zehn Jugendliche.

Über den Autor: Der Autor, 1933 geboren, ist derzeit Professor für Sinologie und Mitglied der Leitung des Instituts für Ostasienkunde der Universität München.
Als Gastdozent hat er an Universitäten Ostasiens, der U.S.A., Australiens und verschiedener europäischer Länder, so zuletzt im WS. 1977/78 an der Université René Descartes in Paris Vorträge und Vorlesungen gehalten. Seine internationale wissenschaftliche Reputation gründet zwar vor allem auf seinen im Verlauf der letzten zwei Jahrzehnte durchgeführten grundlegenden Arbeiten zur Methodologie und praktischen Erschließung der chinesischen Medizin. Andererseits waren die auf diesem Spezialgebiet gewonnenen Ergebnisse nur möglich dank der Vertrautheit und anhaltenden Beschäftigung des Autors mit dem weiteren Spektrum des chinesischen Denkens und der chinesischen Philosophie. Hiervon vermitteln die hier zusammengefaßten nichtmedizinischen Aufsätze einen Eindruck. Sie setzen beim Leser das Interesse an der existentiellen Problematik unserer Epoche, nicht aber irgendwelche China betreffenden Spezialkenntnisse voraus.

Bücher des Autors in deutscher Sprache:
Die theoretischen Grundlagen der chinesischen Medizin, Wiesbaden 1973
Lehrbuch der chinesischen Diagnostik, Heidelberg 1976
Klinische chinesische Pharmakologie, erscheint im Sommer 1978

ferner, als Herausgeber und Übersetzer:
Marcel Granet: *Das chinesische Denken*, München 1963.

Vom gleichen Verfasser:

Die theoretischen Grundlagen der chinesischen Medizin
Das Entsprechungssystem.
*Münchener Ostasiatische Studien, Bd. 5. 1973. VI, 301 S.
und 65 Abb. auf 20 Taf. kart.*, DM 80, –

Die traditionelle chinesische Medizin gründet im wesentlichen auf der Erkenntnis von Funktionen, d.h. von energetischen Abläufen im Organismus und in seiner Umwelt. Die für die eindeutige Beschreibung aller medizinisch relevanten Funktionen erforderlichen Wertkonventionen sind in China in einem Entsprechungssystem zusammengefaßt. Dieses System besteht aus den allen chinesischen Wissenschaften gemeinsamen Wertnormen (Yinyang, Fünf Wandlungsphasen) sowie aus ihren spezifisch medizinisch-technischen Ableitungen in den theoretischen Disziplinen Phasenenergetik, Orbisikonographie und Sinarteriologie. Die Kenntnis des Entsprechungssystems ist eine unabdingbare Voraussetzung für den rationalen Zugang zu den Ergebnissen der chinesischen Medizin. Porkert geht ausschließlich von den klassischen chinesischen Quellen aus, berücksichtigt aber auch die chinesische Sekundärliteratur. Eine normative lateinische (und deutsche) Terminologie und ausführliche Register erleichtern die Benutzung des Werks für westliche Leser ohne sinologische Vorkenntnisse.

FRANZ STEINER VERLAG GMBH WIESBADEN

In gleicher Ausstattung sind lieferbar:

Von Weizsäcker
Die Tragweite der Wissenschaft

1. Band: Schöpfung und Weltentstehung. Die Geschichte zweier Begriffe
Von CARL FRIEDRICH VON WEIZSÄCKER
5., unveränderte Auflage 1976. XI, 243 Seiten. Kst. flex. DM 16,–

Von Weizsäcker
Zum Weltbild der Physik

Von CARL FRIEDRICH VON WEIZSÄCKER
12., unveränderte Auflage 1976. 378 Seiten. 1 Abbildung. Kst. flex. DM 20,–

Heisenberg
Physik und Philosophie

Von WERNER HEISENBERG
2. Auflage 1972. 201 Seiten. Kst. flex. DM 16,–

Heisenberg
Wandlungen in den Grundlagen der Naturwissenschaft

Zehn Vorträge

10., unveränderte Auflage 1973. 183 Seiten. Kst. flex. DM 16,–

Bitte verlangen Sie unser Verzeichnis über die lieferbaren Titel dieser Reihe.

S. Hirzel Verlag Stuttgart
Birkenwaldstr. 44 · Postfach 347 · 7000 Stuttgart 1